Dienen und leisten – Welcome to Service Science

Eine Kompendium für Studium und Praxis

von

Prof. Dr. Helmut Hofstetter
Berlin School of Economics & Law

Oldenbourg Verlag München

Bibliografische Information der Deutschen Nationalbibliothek

Die Deutsche Nationalbibliothek verzeichnet diese Publikation in der Deutschen
Nationalbibliografie; detaillierte bibliografische Daten sind im Internet über
http://dnb.d-nb.de abrufbar.

© 2012 Oldenbourg Wissenschaftsverlag GmbH
Rosenheimer Straße 145, D-81671 München
Telefon: (089) 45051-0
www.oldenbourg-verlag.de

Lektorat: Christiane Engel-Haas
Herstellung: Constanze Müller
Titelbild: thinkstockphotos.de
Einbandgestaltung: hauser lacour
Gesamtherstellung: Grafik + Druck GmbH, München

Dieses Papier ist alterungsbeständig nach DIN/ISO 9706.

ISBN 978-3-486-59730-1

Inhaltsverzeichnis

Einführung: Service als Science?

Der Weg zum Ziel beginnt an dem Tag,
an dem du die hundertprozentige Verantwortung für dein Tun übernimmst.
(Dante Alighieri)

Verpacken Sie liebevoll ein Geschenk, das ein Kunde bei der Konkurrenz gekauft hat!?

Bügeln Sie ein Hemd für einen Klienten, der nachmittags ein Vorstellungsgespräch hat!?

Besorgen Sie einem verzweifelten Gast in der letzten Minute das passende Abendkleid!?

Klingt irgendwie überzogen. Was hat das noch mit Dienstleistung zu tun, geschweige denn mit „Science"?

Derartige Stories sollen wie ein Flugsimulator das Gehirn aufmerksam machen auf Probleme und deren Lösung. Oder finden Sie ein abstraktes Postulat wirksamer, wie „outstanding customer service is a key source of competitive advantage"? Wohl nicht, denn „good messages must move from common sense to uncommon sense".[1]

Wir wollen hier die Trennung zwischen Theorie und Praxis aufheben, d.h. im Sinne der Hegelschen Dialektik auflösen und auf eine höher Stufe heben: das bedeutet theoretische Konzepte auf ihre Tragfähigkeit zu prüfen und Praxisbeispiele hinsichtlich ihrer Wirkung zu hinterfragen. Die vorgestellten Fälle stammen zum größten Teil aus unseren Workshops und aus Projekten unserer Studenten in ihren Unternehmen und wir bedanken uns ausdrücklich für die vielen Impulse und Anregungen.

Entlang einer Vielzahl von Beispielen für guten und schlechten Service soll ein Konzept für gelungene Leistung heraus geschält werden, frei nach Poppers Motto: „Erkenntnis beginnt nicht mit Definitionen, sondern mit *Problemen.*" Nach Sir Karl Raimund Popper solle sich Wissenschaft nicht mit Definitionsstreitigkeiten aufhalten, ihre Aufgabe sei es, Probleme zu lösen.[2] Ziel dieses Werkes ist es deshalb nicht die Welt der Dienstleistung zu interpretieren, wie das im theoretischen Diskurs gern geschieht, sondern konkret aufzuzeigen, wie sie positiv verändert werden kann. Es geht also tatsächlich um *Wissen schaffen*, aus der Fülle von Daten die Informationen herauszufiltern, die „einen Unterschied machen".[3] Wir haben dazu intentional Quellen in Originalfassung belassen, um den mit der Übersetzung häufig einher-

---

[1] und bleiben damit besser haften als trockene Theorien oder triviale Praxisrezepte; Heath, Chip: Made to stick, why some ideas survive and others die, New York 2007, p.73, 237

[2] Popper: Logik der Forschung, Tübingen 1971; „observation always presupposes the existence of some system of expectations; the scientific process begins when observations clash with existing theories or preconceptions. To solve this scientific problem, a theory is proposed and the logical consequences of the theory (hypotheses) are subjected to rigorous empirical tests. The objective of testing is the refutation of the hypothesis " (Objective Knowledge, 1972, p. 344f.)

[3] Bateson, Gregory: Ökologie des Geistes, Frankfurt 1985

gehenden Sinnverlust zu vermeiden und den Reichtum der dahinterstehenden Kulturwelten nicht zu verlieren.

Die Schwierigkeiten bei Dienstleistungen führen schnell zu einseitigen Schuldzuweisungen. Aber schlechten Service auf Missmanagement oder ungeschicktes Personal oder einfach den „Computer" zu schieben, löst das Problem nicht. Zu echten Lösungen gelangt man nur, wenn das gesamte *toxische Dreieck* entfaltet wird.

Wir werden in Theorie und Praxis zeigen, wie ignorantes Personal, destruktive Manager und verkrustete Prozesse und Praktiken zusammenwirken und was man tun muss, um diese entgleiste Situation konstruktiv zu entwickeln.

ignorantes Personal   destruktive Manager

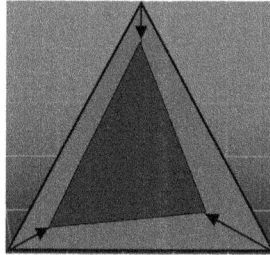

verkrustete Prozesse und Praktiken

In der Frage „Service: Art or Science?" sehen wir Wissenschaft als „die Kunst Unsinn zu entlarven".[4] Tatsächlich schwappen in schöner Regelmäßigkeit geradezu Modewellen über die Unternehmen, und Akademiker wie Praktiker versuchen sich mit der neusten Feder aus der Kollektion von „Scientific-" bis „Lean-Management" zu schmücken, um zur Avantgarde zu gehören. Auch wenn Fontane meint „gegen eine Dummheit, die gerade in Mode ist, kommt keine Klugheit auf", wollen wir wohlfeile Konzepte auf ihre Wirkung abklopfen und Patentrezepte von „echten Lösungen" (sog. Lösungen zweiter Ordnung) trennen. Letztere zeichnen sich dadurch aus, dass sie

- sich nicht auf den vermeintlich „gesunden Menschenverstand" gründen (z.B. mehr desselben), sondern unerwartet und ungewöhnlich erscheinen;
- sich nicht mit der Suche nach Ursachen aufhalten, sondern auf die Wirkungen konzentrieren;
- das Problem aus dem selbstrückbezüglichen Teufelskreis herausheben und in einen neuen, weiteren Rahmen stellen.[5]

---

[4]   Sagan, Carl: Der Drache in meiner Garage, die Kunst der Wissenschaft Unsinn zu entlarven, München 2000. „Art & Science of Service" Conference IBM Research, Almaden 2010, 2011. „Science" hat im Englischen nicht die Bedeutungsschwere wie im Deutschen, man denke nur an Taylors sog. „Scientific Management" oder an „Corporate Universities", die sich dem kritischen deutschen Auge als bloße Arbeitsteilung bzw. als Schulungszentrum darstellen.

[5]   Basis dieser Logik sind die Erkenntnisse aus Mathematik und Psychiatrie nach Watzlawick, Paul: Lösungen, zur Theorie und Praxis menschlichen Wandels, München 1988

Die Szene der Dienstleistungen spannt sich von Wissenschaftlern, Herzchirurgen über Filial-leiter, Köche bis zu Gebäudereinigern und Pflegekräften; trotz dieser große Bandbreite und geringen Homogenität sind die Probleme wie dessen Lösungen bemerkenswert ähnlich.

Kundengerechte Dienstleistungen entstehen erst, wenn sich ein Bewusstsein für „Dienen" und „Leisten" auf allen Ebenen entfaltet und in tägliches Handeln und effektive Prozesse umgesetzt wird. Dabei sind „Erkenntnis und Voraussicht mit Führung verknüpft, und Er-kenntnis hilft dabei, Chancen zu ergreifen."[6]

---

[6]   Zhou Ming, Executive Vice President und Secretary General, China Council for International Investment Promotion

1 Der grobe Charme des Personals: was Dienstleister unter Service verstehen

„Herr Ober, Sie hätten Gast werden sollen"
Alfred Polgar Wiener Feuilletonist

1.1 Kunde König – König Kunde?

Was ist das Problem?

Ein guter Einstieg in unser Thema ist die Frage „wie sind Ihre persönlichen Erfahrungen mit Dienstleistung und Service?" [7] Den meisten Befragten, unabhängig von ihrer Position in der Betriebshierarchie, fallen dazu vor allem negative Beispiele ein. Gilt also nach wie vor das einst vom Spiegel ausgerufene Klischee der „Servicewüste Deutschland"?[8] Ist die Wahrnehmung als Kunde subjektiv verzerrt? Ist der Service in den letzten Jahren besser geworden? Ist es in anderen Ländern besser oder schlechter?

Empirische Erhebungen verraten *niedrige Kundenzufriedenheit* insbesondere in ehemaligen Staatsbetrieben (siehe Abbildung 1) und ein niedriges Serviceniveau Deutschlands im Vergleich mit den USA.[9] Zwar prägen „how can I help you" und „keep smiling" unser Bild amerikanischer Servicekultur, aber wer einmal versucht hat, leicht anspruchsvollere Dienstleistungen zu wünschen, z.B. eine Kontoeröffnung, findet schnell die Grenzen der Kompetenz der dortigen „Professionals". Der „Managementguru" Tom Peters (In Search of Excellence) hat diese Defizite (und Auswege) plastisch beschrieben.[10] Auf der anderen Seite finden sich auch bei uns hoffnungsfroh stimmende Beispiele vom Massenbetrieb Metro C&C[11] bis zum individuellen Partyservice Käfer.[12]

Um dem Problem gerecht zu werden, muss man tiefer schürfen. Denn die Reaktionen auf Meinungsumfragen sind individuell und kulturell geprägt, das gilt aber auch schon für die Erwartung welche Leistung mich persönlich zufriedenstellt.

---

[7] Zum Einstieg siehe Supplement Übung (2) „Kawa", Übung (3) „Tagebuch zur Serviceleistung"

[8] Der Spiegel Nr. 26 27.6.1994 „Störenfried Kunde"

[9] Michael Johnson University of Michigan: Comparing customer satisfaction across industries and countries, Journal Economic Psychology, 12/2002, p.749ff. Accenture: Global Consumer Survey 2009

[10] Tom Peters Bücher aus den frühen 90er

[11] Reichmann, Christin: Stärken und Schwächen des Qualitätsmanagements bei Metro, Dipl.Arbeit HWR Berlin, 2003.

[12] „Einmal haben wir vor einer Party die Stühle geföhnt; die waren über Nacht draußen" (Michael Käfer, SZ 3.7.2009, S.30)

Zum Beispiel beeinflusst der Preis die Wahrnehmung von Qualität in Europa, Nordamerika und Asien viel stärker als in Lateinamerika.[13]

Was der Kunde bekommt und wonach er sich sehnt, ist das Ergebnis eines interaktiven Prozesses und einer kulturellen Prägung: als Konsument, Klient, Gast, Patient trägt er mit seinen unreflektierten Ansprüchen einerseits und seiner Knausrigkeit andererseits einen gewichtigen Anteil.

Was man behauptet, muss man auch belegen, deshalb ein kleiner Blick in zwei typische Dienstleistungssegmente. In der Medizin ist die „Mehr-ist-besser-Erwartung" verbreitet; das zeigt sich z.B. darin dass in Deutschland die Menschen 17 mal im Jahr zum Arzt gehen, in Norwegen dagegen nur 3 mal; damit und mit unserem gesamten Anspruchsniveau leisten wir uns, ähnlich wie die USA, das teuerste Gesundheitssystem der Welt (ohne deshalb gesünder zu sein).[14]

Abb. 1: Servicewüste Deutschland (aus SZ 3. Mai 2008)

---

[13]   Iacobucci, Dawn: Mapping the World of Customer Satisfaction, Harvard Business Review 5/6, 2000, p.30ff.

[14]   Moynihan, Ray/Smith, Richard: Too much medicine, British Medical Journal, April 2002, p.859f.

Überraschen mag vielleicht auch das Ergebnis einer Umfrage zur Beliebtheit von Hotelgästen verschiedener Länder: am angenehmsten gelten Japaner, Deutsche werden zwar als sau-
ber aber unhöflich und respektlos bewertet, als besonders „unkultiviert" gelten arabische und
russische Gäste.[15]

Service rückt in deutschen Augen nahe an „Servilität" und gilt eher als „untertänig"[16], diese
Mentalität hat Tradition, wie Mozarts Oper Don Giovanni zeigt: sein Diener Leporello ärgert
sich heftig über seine Diener-Existenz, singt, Molto Allegro in F-Dur, „no, no, no, non voglio
più servir".[17]

1.2   Was ist an Dienstleistungen so besonders?

1.2.1   Bedeutung von Dienstleistung

Bevor Probleme gelöst werden sollen, lohnt sich die Frage, wie *wichtig* das Problem überhaupt ist. Schließlich gibt es in Markt und Gesellschaft viele Schwierigkeiten und gerade in
krisenhaften Zeiten gilt es Prioritäten zu setzen.

Ein quantitativer Blick auf das Wachstum der Serviceindustrie zeigt den Stellenwert für Geschäft, Politik und Forschung:

Um 1800 waren 90% der Arbeitskräfte in der Landwirtschaft tätig; heute sind in Deutschland
und den USA dort gerade noch 3% beschäftigt („A" in Abb. 2). Die Blüte der produzierenden
Industrie in den 6oer Jahren ist auf ein Drittel der Laborforce gefallen („G") und der Service-
sektor auf zwei Drittel gestiegen („S"), was in Deutschland einem Wachstum von 44% in den
letzten 25 Jahren entspricht! Und dieses Phänomen ist nicht auf die entwickelten Länder
beschränkt, wie ein Blick in die Tabelle der 10 beschäftigungsstärksten Länder zeigt („% ww
labor"): China hatte demnach einen Zuwachs der Dienstleistungsindustrie von 191% und
bestätigt damit die alte Drei-Sektoren-Hypothese der Volkswirtschaftler Fourastié/Clark.[18]

Der Management-Vordenker Peter Drucker schätzte schon in den 90er Jahren den weltweiten
Anteil der Arbeitsbevölkerung, die Dienstleistung und Wissen erzeugen, auf vier Fünftel![19]

IBM hat unter dem Eindruck dieser Entwicklung, der gewaltigsten Arbeitsmigration in der
Geschichte der Menschheit, eine „Science of Services" (SSME) ausgerufen. Diese „Wissenschaft" soll erforschen, wie ein „Service System" Millionen von Geschäften effizient und
effektiv gestaltet und verbindet.[20]

---

[15]   expedia-Studie 2008; TNS Infratest 2008; www.hotelguestsfromhell.com; Feory, Ana: Deutschland, mein
Herz schlägt nicht für Dich, München 2011.

[16]   Pepels, Werner: Servicemanagement, Rinteln 2005, S.17

[17]   zu Lösungen dieses Problems siehe unser Kap. 1.6.2

[18]   In „Die postindustrielle Gesellschaft" beschrieb der Soziologe Daniel Bell schon 1973 die Konsequenzen der
Veränderung von einer produzierenden zu einer Dienstleistungsgesellschaft

[19]   Drucker, Peter: Dienstleister müssen produktiver werden; Harvard Manager 2/2002, S.64

[20]   typischerweise war Peter Drucker einer der ersten, der diesem Trend nachspürte, (Drucker, P: The new productivity challenge, HBR 11/12, 1991). IBM Almaden Services Research: Services Sciences, Management & Engineering, 2005.

| SSME: Education, Innovation, and Economic Growth   IBM |

Why is SSME so important?
Because the world is becoming a service system.

Top Ten Nations by Labor Force Size
(about 50% of world labor in just 10 nations)
A = Agriculture, G = Goods, S = Services

Nation	% ww Labor	% A	% G	% S	25 yr % delta S
China	21.0	50	15	35	191
India	17.0	60	17	23	28
U.S.	4.8	3	27	70	21
Indonesia	3.9	45	16	39	35
Brazil	3.0	23	24	53	20
Russia	2.5	12	23	65	38
Japan	2.4	5	25	70	40
Nigeria	2.2	70	10	20	30
Banglad.	2.2	63	11	26	30
Germany	1.4	3	33	64	44

>50% (S) services, >33% (S) services

Innovation   Productivity

Technology — Demand · Revenue Growth — Transformation
Business Value
Process · Cost Reduction
Organization

2004
United States   2004

(A) Agriculture:
Value from harvesting nature
(G) Goods:
Value from making products
(S) Services:
Value from enhancing the capabilities of things (customizing, distributing, etc.) and interactions between things

1800   1850   1900   1950   2000   2050

*The largest labor force migration
in human history is underway,
driven by global communications,
business and technology growth,
urbanization and low cost labor.*

2   IBM Research   © 2005 IBM Corporation

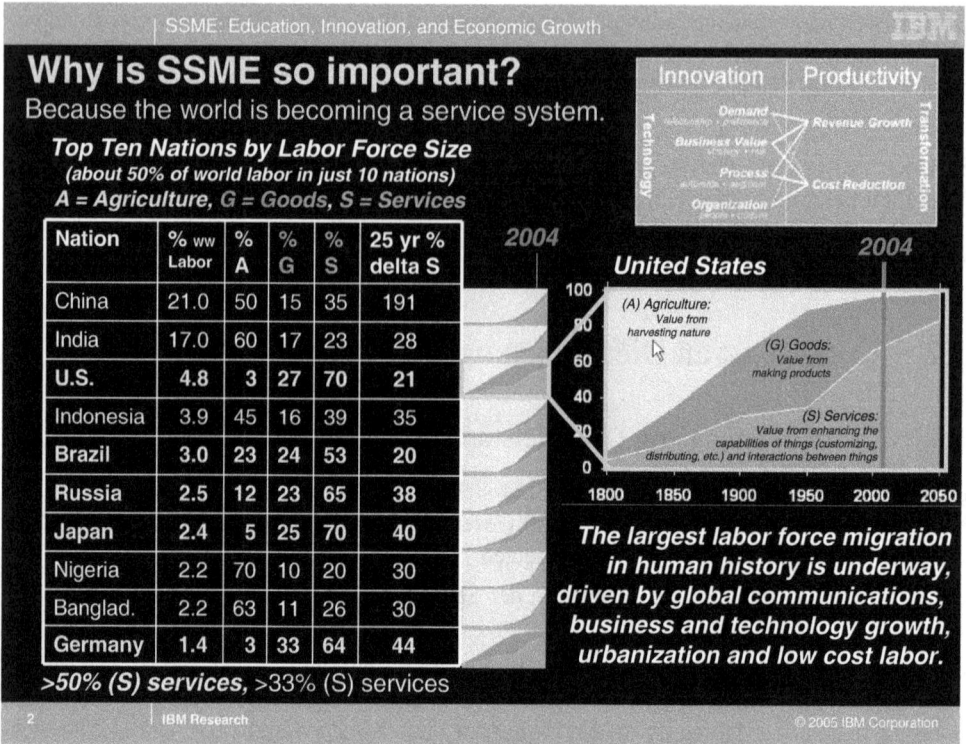

Abb. 2: IBM Service Science (mit freundlicher Genehmigung von IBM)

IBM ist auch das Unternehmen, das am konsequentesten diese Entwicklung in seiner Business-Strategie umsetzte: über 50% des Umsatzes kommen mittlerweile aus dem Servicegeschäft und IBM Global Business Services ist die größte Unternehmensberatung der Welt. IBM hat sich in seiner hundertjährigen Geschichte geradezu neu erfunden und ist erfolgreicher denn je.[21]

Nicht immer ist dieser Umbau einer traditionsreichen Industrie so erfolgreich. Die Metamorphose des Old Economy-Unternehmens Preussag in den Reisekonzern TUI verlief wenig glücklich, die Zeichen stehen seit längerem auf „Zerschlagung". Die Herausforderung gilt auch für ganze Nationen: in Großbritannien ist der Anteil der Industrie und des produzierenden Gewerbes in den vergangenen Jahren von einst mehr als 30% auf nur noch 13% des BSP gefallen und es fragt sich, ob so wenig industrielle Substanz noch tragfähig genug ist; vom schönen Schein der Dienstleistungsgesellschaft sind seit dem Finanzcrash von 2009 viele Briten desillusioniert.

---

[21] Der Börsenwert überflügelt 2011 den von Google! IBM erwirtschaftet mit etwa 400 000 Mitarbeitern weltweit 100 Mrd. $, dabei erbringt das Servicegeschäft (GBS) nach Übernahme von PricewaterhouseCoopers Consulting den Löwenanteil, das traditionelle PC-Geschäft wurde an Lenovo verkauft: aus einer Computerfirma ist ein Serviceunternehmen geworden. Siehe unsere Kapitel zu Vertriebskompetenz (1.5.5) und Strategie (3.3.4).

1.2.2 Charakter der Dienstleistung

Was ist an Dienstleistungen Besonderes, dass sie Unternehmen, ja ganze Länder umwälzen? Bildhaft gesprochen sind „services anything of economic value that cannot be dropped on your foot". Genauer sind es folgende Charakteristika[22]

1. *Intangibilität*: Service ist immateriell, somit ist dessen Qualität schwer messbar; dem Kunden muss eine gewisse Sicherheit vermittelt werden, nicht „die Katze im Sack zu kaufen"
2. *Integrativität*: Dienstleistung geht nur mit Mitwirkung des Klienten. die Qualität seines Inputs bestimmt mit den Erfolg
3. *uno actu Prinzip*: Leistungserstellung und -verwertung findet simultan statt; die Leistung kann deshalb nicht gelagert werden
4. *Heterogenität*: Dienstleistungen sind sehr individuell; es ist deshalb wenig Standardisierung möglich.

Dies hat eine Fülle drastischer Konsequenzen. So zeigen Surveys in vielen Ländern deutlich bessere Werte der Kundenzufriedenheit bei Produkten[23]; es fällt den Nutzern einer Dienstleistung offenbar schwer, „nicht Greifbares" zu bewerten, ihren notwendigen Eigenbeitrag und die Individualität des Services einzuschätzen. In vielen Fällen sind weder Empfänger noch Erbringer der Leistung glücklich!

Probleme der Kundenintegration

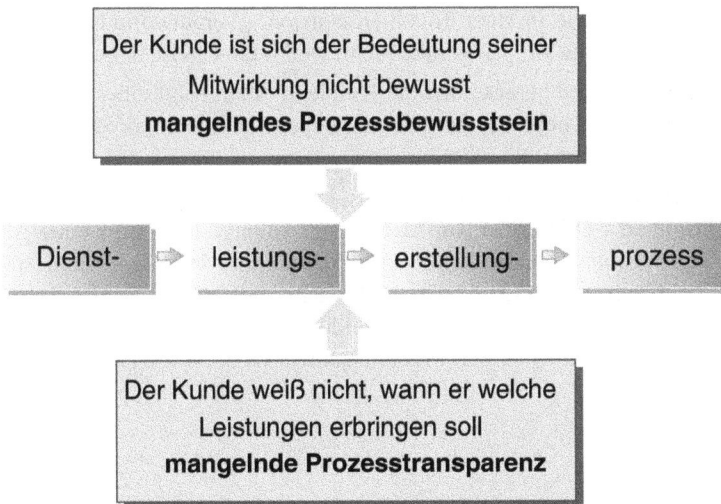

Der Kunde ist sich der Bedeutung seiner Mitwirkung nicht bewusst
mangelndes Prozessbewusstsein

Dienst- leistungs- erstellung- prozess

Der Kunde weiß nicht, wann er welche Leistungen erbringen soll
mangelnde Prozesstransparenz

Abb. 3: Kundenintegration

[22] Fitzsimmons; James: Service management, operations, strategy, IT, New York 2008, ch.2
[23] Johnson (2002) 749ff.

Dienste werden für und unter Beteiligung jedes einzelnen Kunden erbracht; der Service-Prozess ist deshalb nicht autonom disponierbar. Der Kunde ist Co-Produzent und *Prosumer*, die Qualität des Services hängt deshalb stark von seiner Kooperationsfähigkeit und -willigkeit ab und ist damit so individuell wie dieser. Aus Kosten- und Wettbewerbsgründen ist zudem ein gewisses Maß an Standardisierung von Potenzial, Prozess und Ergebnis notwendig.

Als ersten Lösungsschritt für das Problem der Zufriedenheit mit Dienstleistungen kann man ableiten: [24]

- es reicht nicht, nur an der „Schraube Servicequalität" zu drehen, es ist auch die *Erwartung* und die *Mitwirkung* des Kunden zu steuern[25]; z.B. was bedeutet für den Gast hinsichtlich Auswahl, Mitwirkung und Tempo „Fastfood" im Gegensatz zu einem Gourmetmahl. Unprofessionelle Dienstleister zeichnen sich dadurch aus, dass sie genau das unterlassen oder gar manipulieren (z.B. sog. „Drücker" in der Vermögensberatung); und naive Kunden sind sich ihrer utopischen Erwartungen nicht bewusst (hohe Rendite bei minimalem Risiko).
- Die Unsicherheit, dass zunächst ein Leistungsversprechen gegeben wird und dieses erst in einem *Prozess* eingelöst wird, muss reduziert werden durch Vereinfachen und Transparentmachen des Leistungsprozesses, durch Vereinbaren von (Qualitäts-) Standards (z.B. Bearbeitungszeiten) und durch Materialisieren der Leistungsergebnisse (z.B. Pflichtenheft, Prototyping in der Software-Entwicklung).
- Der Erbringer der Dienstleistung (Professional) *selbst* hat die *Verantwortung* für die Kosten (d.h. wie kann ich die Potenzialbereitstellung produktiver machen), die Prozessflexibilität (d.h. Zeiten und Personen integrieren) und die Ergebnisqualität (d.h. Funktionalität, Nachhaltigkeit des „Produkts" und Zufriedenheit des Nutzers). Und das sowohl in einer Tech-Dimension wie in einer Touch-Dimension. „Verantwortung" heißt, keine Exkulpationen nach dem Muster „ich konnte nicht, weil mein Chef/Computer ..."

Die empirische Wissenschaft fand heraus, dass der Kunde mit dem Kauf einer Dienstleistung ein höheres Risiko verbindet als beim Produktkauf. Er hat es nicht leicht, deren drei typische Facetten zu bewerten[26]:

- die *Sucheigenschaften* bzgl Potenzialqualität (z.B. kann der Geruch eines Parfüms leicht vor dem Kauf inspiziert werden, aber was sagt mir das volle Wartezimmer eines Arztes?)
- die *Erfahrungseigenschaften* hinsichtlich Prozessqualität (z.B. lässt sich der Geschmack einer Restaurantmahlzeit erst im Laufe „des Verbrauchs" prüfen; wie seriös ist das Beratungsgespräch in der Bank vor der Anlageentscheidung?)
- die *Glaubenseigenschaften* hinsichtlich Ergebnisqualität (z.B. ist die Diagnose des Arztes glaubwürdig?).

---

[24]   Übung (4) im Supplement

[25]   Pepels, (2005) S.41ff.

[26]   Murray, K./Schlachter, J: The impact of services versus good's on consumer's assessment of perceived risk and variability; in: Journal of Academy of Marketing Science, 1/1990, p.51ff.

Dienstleistung als Potenzial	Dienstleistung als Prozess	Dienstleistung als Produkt
Stellt meine DL einen Nutzen für den Kunden dar? Was tue ich, damit meine (nicht lagerfähige) Leistung zügig nachgefragt wird?	Wie binde ich den „externen Faktor" Kunden ein? Wie vermittle ich dem Kunden, warum was wie geschieht?	Wie mache ich meine Leistung „anfassbar"? Wie bringe ich Individualität und Standardisierung unter einen Hut?
Besonderheiten der Leistungsbereitschaft	Besonderheiten der Leistungsproduktion	Besonderheiten des Leistungsvertriebs

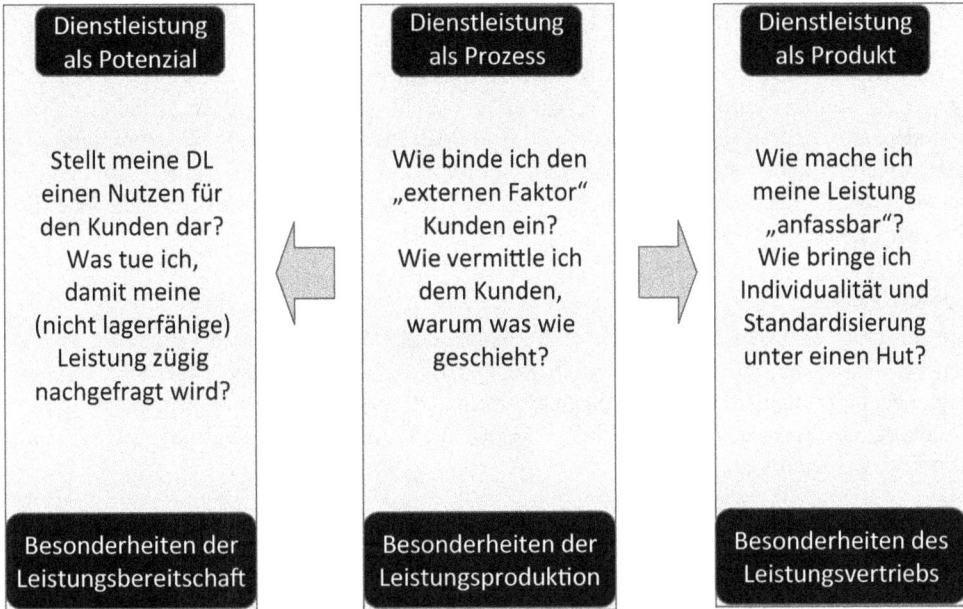

Abb. 4: die drei Facetten der Dienstleistung

DLM Douglas-Stiftungslehrstuhl für Dienstleistungsmanagement   FernUniversität in Hagen

Beispiele für Tech- und Touch-Qualitäten

	TECH-Dimension WAS	TOUCH-Dimension WIE
Potenzial- qualität (erwartet)	Gebäude-, Raumausstattung, technische Ausstattung Ausbildung, Zertifizierung	Bekanntheit, Aussehen, Persönlichkeit des Personals
Prozess- qualität (erfahren)	Zeitdauer, Ablauf, Ausmaß der Kunden- integration	Atmosphäre, Klima, Art der Kundenintegration, Interaktionsverhalten
Ergebnis- qualität (erhalten)	Funktion, Dauerhaftigkeit, Folgen, Folgeleistungen	Zufriedenheit, kommunikative Nachbetreuung

Abb. 5: was der DL-Kunde erwartet: harte Fakten und mehr

1.2.3   Wer ist überhaupt Dienstleister?

Immer wieder wurde versucht, in die schier unendliche Fülle von Dienstleistungen eine gewisse Taxonomie zu bringen. Uns geht es hier nicht um das folgenlose Sortieren in verschiedene Kategorien und Systeme, sondern um das Lösen der angerissenen Probleme. Im letzten Kapitel haben sich hierfür die Kosten/Produktivität und die Eigenart der Interaktion herausgeschält. Kategorisiert man Serviceleister danach, ergeben sich verschiedene Lösungsstrategien.

Service Factory:

bei konsumtiven Dienstleistungen (z.B. Transport und Logis) muss man versuchen. die hohen Personalkosten zu reduzieren durch weniger Interaktion und Mass Customization, d.h. zugleich Individualisierung und Standardisierung. Beispiele hierfür Lufthansas Online Check-in, Southwest Airlines no frills, Budget Hotels, Microsoft, mein Ebay, ADAC, Lidl, Fastfood, Bankautomaten.

Service Shops:

sind die Problemfälle des Kunden persönlich, aber häufig und ähnlich, lässt sich durch geschickten Einsatz von Systemen und durch Prozessoptimierung der aufwändige Spezialisteneinsatz rationalisieren und der Zeitaufwand für Kunden minimieren, trotzdem genießt der Klient genügend Varianten. Beispiel hierfür sind „Fließband"-Augenoperationen, Automuffler/body-shops, Restaurants, T-Punkt (Telekom).

Professional Services:

Freiberufliche Dienstleister erstellen „professionell" auf Basis von speziellem Expertenwissen, komplexe Dienstleistungen, z.B. Ärzte, Anwälte, Architekten, Werbeagenturen, Software-/Web-Designer, Consultants. Typisch dafür sind drei erfolgskritische Ressourcen: Wissen, Beziehungskompetenz und Reputation. Die starke, meist auch durch persönliches Vertrauen geprägte Bindung zum Klienten ist jedoch nicht zeitlos. Durch Veränderung der Wettbewerbsbedingungen, Nachfragepräferenzen und technologische Innovation können die Leistungen an Einzigartigkeit verlieren und sich zu Commodities entwickeln, bei denen es vorwiegend um den Preis geht (Beispiel Eintritt von DocMorris in den Apothekenmarkt).[27]

Gilt es für Dienstleister aus den Erfahrungen der Güterindustrie zu lernen, wie Produktivitätssteigerung[28] und kontinuierliche Qualitätsverbesserung, so gilt es für produzierende Unternehmen das Differenzierungspotenzial mit Dienstleistung zu entdecken. Und zwar nicht nur als Marketing-Gag oder bloßes add-on.

Die Notwendigkeit für Industrieunternehmen die Herausforderungen des Service Business anzunehmen, ergibt sich aus der zunehmenden Austauschbarkeit ihrer Produkte. Nehmen wir als Beispiel die Autoindustrie. Die Funktionalität und das Qualitätsniveau von BMW, Mercedes, Audi und Lexus sind so ähnlich, dass man sich über spezielle Services unterscheiden muss.

---

[27] Ringlstetter, M. et al: Strategien und Management für Professional Service Firms, Weinheim 2004
[28] Toyota durch Eliminieren von Verschwendung 10% p.a.

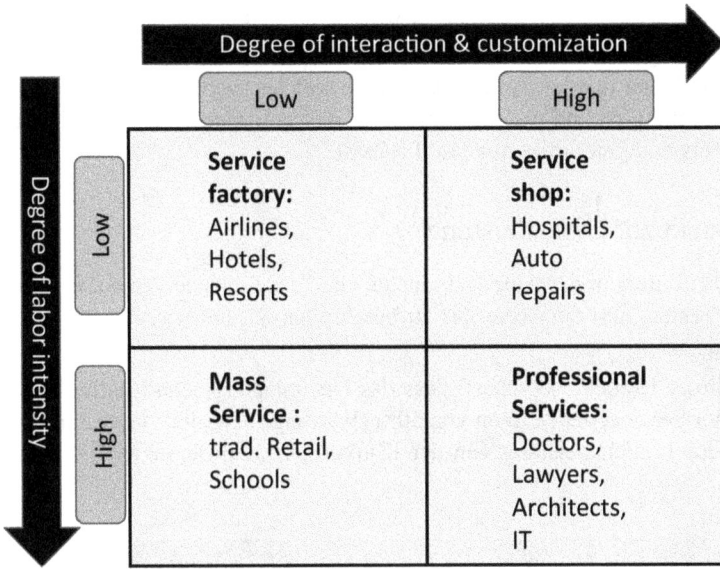

Abb. 6: Service Classification.[29]

Intro: Chancen von Dienstleistungen

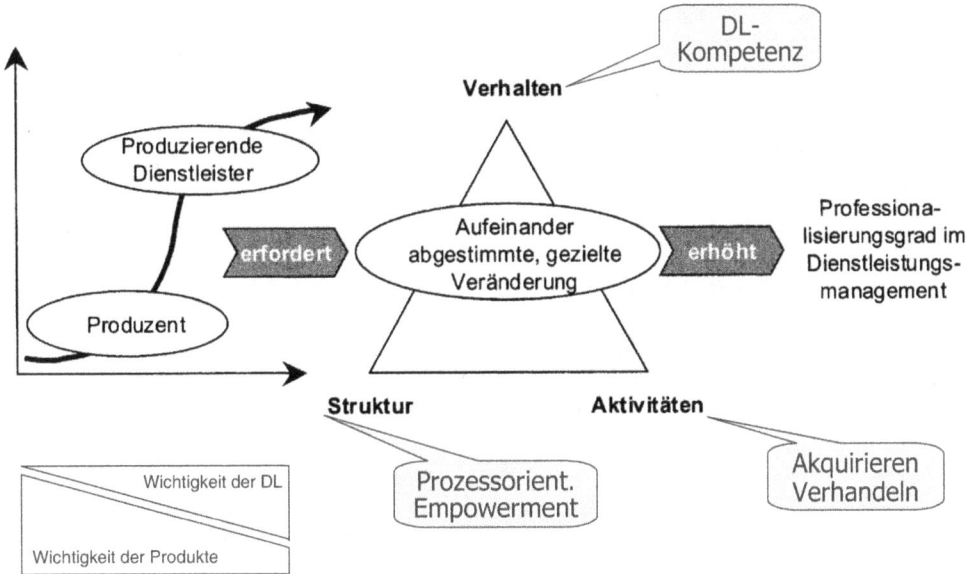

Abb. 7: Produkte differenzieren durch DL-Kompetenz [30]

---

[29] Fitzsimmons (2008) p. 24

[30] nach Schuh, Günther, et al: Fit für Service, Industrie als Dienstleister, München 2004, S. 10ff

Der Weg dazu erfordert eine gezielte Veränderung in Verhalten, Aktivitäten und Strukturen/ Prozessen, um den notwendigen Professionalisierungsgrad zu erreichen. Wir werden im ersten Teil anhand von Modellen und best practices zeigen, welches Verhaltensmuster, welche Kompetenz dafür notwendig ist und welche Aktivitäten hier gefordert sind. Kapitel zwei und drei beleuchten die notwendigen Strukturen und Prozesse.

1.2.4 Vom Produkt zur Dienstleistung

Das Bespiel des Weltmarktführers in der Aufzugsbranche, Otis[31], soll uns zeigen warum und wie der Weg vom Produzenten zum Serviceleister zu beschreiten ist und was das für jeden einzelnen Mitarbeiter bedeutet.

Der Wettbewerb ist in dieser Branche so scharf, dass das Neuanlagengeschäft defizitär ist; gewinnbringend ist nur der Service, der Margen von 50% (Wartung) bzw. 40% (Reparaturen) genießt. Der Weg, sich durch Dienstleistung von der Konkurrenz zu differenzieren, erfolgt über Etappen:

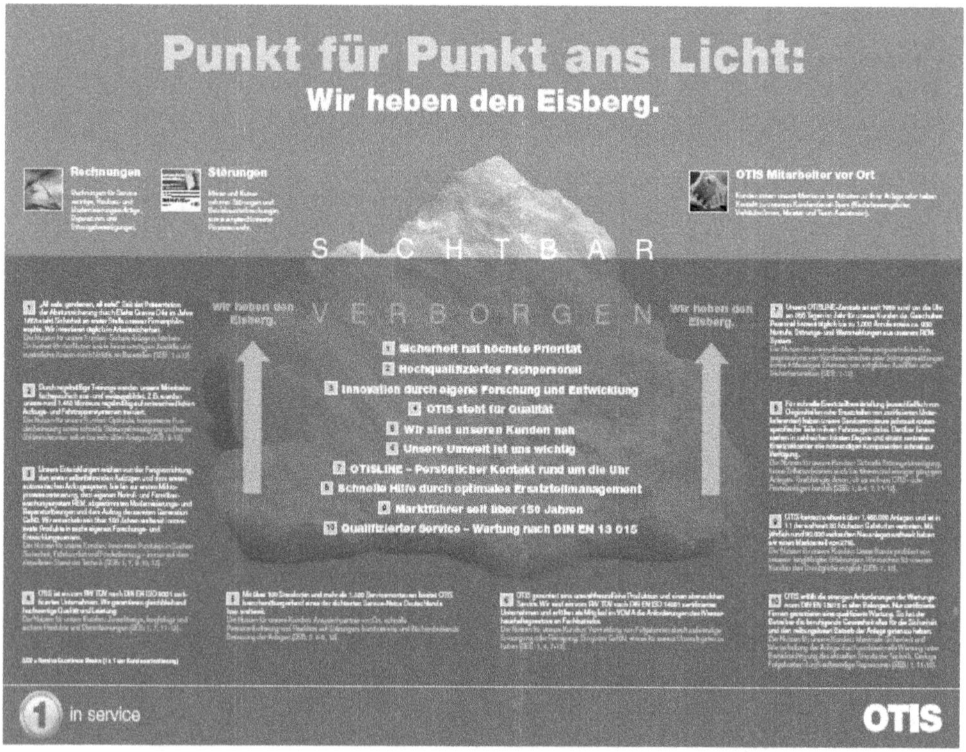

Abb. 8: „Otis hebt den Eisberg" (mit freundlicher Genehmigung von Otis United Technologies)

---

[31] 63 000 Mitarbeiter, 12 Mrd $ Umsatz, Niederlassungen auf der ganzen Welt, gegründet 1853 in New York, Tochter des UTC-Konzerns, Referenzen Eiffelturm Paris, Petronas Twin Towers Kuala Lumpur, Kreml Moskau, Sony Center am Potsdamer Platz, Main Tower Frankfurt/M. KaDeWe Berlin, Flughafen Leipzig/Halle. Wettbewerber: Schindler, Kone, ThyssenKrupp

- Services erhöhen den Nutzwert, insbesondere durch schnelle Reparaturen,
- Services bieten einen Zusatznutzen, wie vorbeugende Instandhaltung, Updates
- Produkt wird durch Dienstleistung ergänzt, z.B. Fernwartung, Simulationen
- Produkt wird durch Dienstleistung ersetzt, z.B. Leasing, Consulting.

Der Pfad ist steinig und es gibt keine Abkürzung, denn „Service Excellence" ist ein mühsamer Lernprozess und es muss immerhin ein „ganzer Eisberg gehoben" werden. Denn was der Kunde vom sichtbaren Teil erlebt, weckt nicht unbedingt seine Begeisterung: der Lift, die Rolltreppe geht mal wieder nicht und Blaumänner fummeln daran herum, und dann kommt auch noch eine Rechnung …

Die Kunst besteht also darin, den Kunden die 7/8 unter Wasser zu zeigen, die für ihn einen direkten Nutzen bedeuten, also den „Eisberg zu heben".

Und dieser Weg vom Produkt zum Service, vom sichtbaren Teil zum Intangiblen beginnt an der „eigenen Nase". Otis hat z.B. dafür ein eigenes „Einmaleins" als Schulung und Merkheftchen.

1.3   Selbsterkenntnis ist der Weg …

Wer seinen Blick vom Produkt zum Menschen wendet, wird sich vermutlich Maliks Erfahrung als Unternehmensberater und Wirtschaftswissenschaftler anschließen, dass „die Selbstbeurteilungsfähigkeit der meisten Menschen bezüglich ihrer Realitätsnähe fragwürdig bis miserabel ist".[32]

Um hier eine Lösung zu finden, muss man die wissenschaftliche Psychologie zu Rate ziehen. Nach Carl Rogers[33], dem Gründer der klientenzentrierten Psychologie, ist das Selbstkonzept eine durch Erfahrungen gebildete und sich verändernde Summe von Wahrnehmungen, Empfindungen und Werthaltungen, die diese Person bezogen auf sich selbst hat. Das Selbstkonzept ist für das Individuum ein ständiger Bezugspunkt, an dem es sein Handeln ausrichtet. Ansatzpunkt für ein realistisches Selbstbild ist der Vergleich von Selbst- und Fremdwahrnehmung.

Wir hatten oben schon skizziert, dass „Dienen" als inferior wahrgenommen wird. Nicht viel besser ergeht es dem „Verkaufen" als Klinkenputzen. Empirische Studien[34] zeigen, dass im Verkauf eine eher reaktive Haltung verbreitet ist und dass man seine Kunden eigentlich viel zu wenig kennt. Die Interaktion mit Kunden ist geprägt durch „*Transaktionsmarketing*": man versucht ein Produkt „inside – out" zu „pushen", der Kontakt zum prospektiven Abnehmer ist nur ein episodisches Ereignis. Die Fakten belegen, dass das wenig bringt: die Kunden fühlen sich nicht gebunden und die ständige Neuakquisition kostet viel mehr, als wenn man die alten Kunden gehalten hätte.[35]

Der Marketing-Wissenschaftler Leonard Berry[36] schlug deshalb schon Mitte der 80er Jahre vor, *Relationship-Marketing* zu pflegen.

---

[32]   Malik, Edmund: Führen, Leisten, Leben, München 2001, S.119

[33]   Rogers, Carl: On Becoming a Person, London, 1961

[34]   Gündling, Christian: Merkmale einer exzellenten Vertriebsstrategie, FH Oldenburg 1999

[35]   Bergmann, Katja: Angewandtes Kundenbindungsmanagement, Frankfurt 1998, S.105. Payne, Adrian/Rapp, Reinhold: Handbuch Relationship Marketing, München 2003

[36]   Berry, Leonard: On great service, a framework for action, New York 1995 (University of Texas)

Abb. 9: Der Kunde als bloße Black Box

Aufbau und Erhalt tragfähiger Beziehungen zum Klienten/Kunden ist ein Vorhaben mit vielen Facetten; hier in Kapitel 1 beschäftigen wir uns mit der ganz persönlichen Ebene (die Unterstützung durch Tools und Prozesse finden sich in Kap. 2, die Rolle des Managements dabei in Kap.3).

Das Selbstverständnis von Verkauf, auch wenn es sich wie bei Finanzdienstleistern „Beratung" nennt, ist also „Distribution", d.h. die Transaktion mit dem Kunden erscheint als *„Black Box"*[37]

Drastisch offenbart sich das im Einzelhandel: was zählt sind Kennzahlen wie Umsatz, Rohertrag, Flächenproduktivität, Bestandsreichweite; ignoriert werden mit diesem Selbstverständnis Kundenverhalten, Käuferreichweite, Markenwahrnehmung, Loyalität u.ä.

Und folgenreich zeigt sich diese „Beziehungsstörung" im Finanzsektor: „the trusted relationship, the very foundation of wealth management, has been damaged. Clients are feeling bruised and have become disillusioned with financial institutions. There is a sense that shortterm revenue goals – and not client interests – were placed at the heart of business... It is a time for change – redefining the delivery of trusted advice".[38]

Wie dieser Wandel zu bewerkstelligen ist, zeigen früheste Hinweise am Apollotempel in Delphi: „erkenne Dich selbst"[39], bis hin zu den aktuellsten Erkenntnissen der Hirnforschung: es gibt einen Zusammenhang zwischen der Schärfung der Wahrnehmung und der Fähigkeit zur Empathie; wenn wir uns selbst beobachten, können wir auch besser die Gestimmtheiten des Gegenübers entschlüsseln.[40]

Selbsterkenntnis beginnt mit Selbstreflexion. Reflexion ist ein Prozess, in dem wir erkennen, wie wir erkennen. Das Dilemma dabei ist der „Blinde Fleck": wir erkennen nicht, dass wir nicht erkennen. Nur wenn eine Interaktion uns aus dem Lot bringt und wir darüber reflektieren, können wir sehen, was uns vorher nicht bewusst war oder was wir für selbstverständlich hielten.[41] In unseren Trainings und Workshops haben sich für diese „Entdeckungsreise" geführte Explorationen bewährt, typische Übungen dafür finden sich im Anhang.[42]

---

[37]   nach Christian Gündling FH Oldenburg

[38]   PricewaterhouseCoopers: Global Banking & Wealth Management Survey 2009, p.3. Und im Gesundheitssektor ist es nicht besser: „Hoffentlich nicht privatversichert" SZ 27.6.2009, S.V2/1

[39]   etwa 8.Jahrhundert vor Christi (transkribiert gnōthi sautón)

[40]   Singer, Wolf: Der Beobachter im Gehirn: Essays zur Hirnforschung, Frankfurt 2007 (MPI)

[41]   Maturana, Humberto/Varela, Francisco: Der Baum der Erkenntnis, München 1987, S.260f.

[42]   und weitere Details in „Knowledge is the Key" Kap. 1.6.1

Entgegen ubiquitärer Befürchtung geht es hier weniger um das Aufdecken und Ausmerzen persönlicher Schwächen, als vielmehr um das Identifizieren und Ausbauen von Stärken.[43]

1.4   Das Vorspiel (Pre-Sales)

Es geht also darum, eine tragfähige Beziehung zum Abnehmer meiner Dienstleistung herzustellen. „Tragfähig" heißt, sowohl die eigenen Stärken zu kennen, als auch einzuschätzen, worauf ich mich bei meinem Klienten verlassen kann. Damit wird deutlich, dass professioneller Service kein einmaliger Akt ist, sondern ein Prozess, der lange vor dem eigentlichen Kauf beginnt und mit diesem auch nicht aufhört.

Kernphasen dabei sind das Gewinnen des Kundeninteresses (Pre-Sales), Kaufentscheid und Erfüllung (Selling & Service), Kundenbindung (After-Sales):

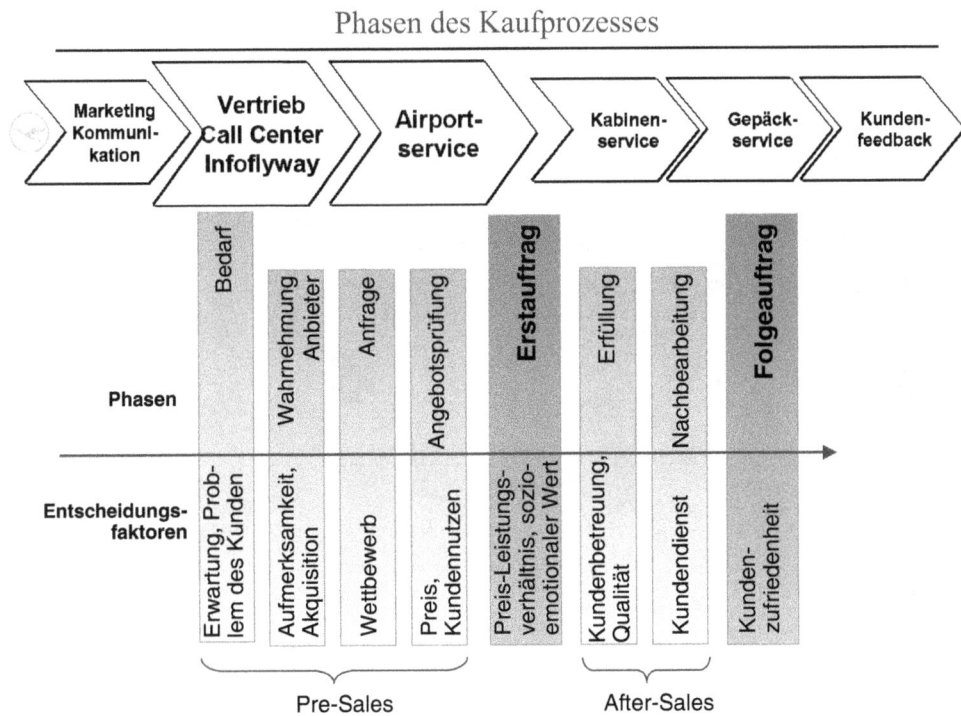

Abb. 10: Phasen der Kundenbeziehung

Abbildung 10 zeigt die einzelnen Phasen der Kundenbeziehung (hier am Beispiel der Dienstleistung „Flug") und die wesentlichen Entscheidungsfaktoren. Da hier jede Menge Schwierigkeiten lauern, gehen wir diesen Prozess Schritt für Schritt durch.

Traditionell wird das *Kundeninteresse* über Werbung geweckt. Was bei Produkten mehr oder weniger funktioniert, ist jedoch bei Dienstleistungen eher heikel. Es ist kein Zufall, dass

---

[43]   Übung 5 im Supplement

klassische professionelle Dienstleister wie Ärzte, Anwälte, Steuerberater den Einsatz von Werbung wenig mit ihrem Standesrecht vereinbaren können. Auch im Finanzbereich kommen die typisch „flotten" Werbesprüche weder bei Kunden noch bei Mitarbeitern gut an (z.B. „Leben Sie! Wir kümmern uns um die Details").[44]

Besser ist es Gelegenheiten zu nutzen, in denen der Professional eine Kostprobe seines Könnens im persönlichen Kontakt zeigen kann, wie auf Messen und Kongressen. Allerdings zeigt der Tod der Musikmesse Popkomm 2009, dass schwer ausstellbare, körperlose Dienstleistung anderer Foren bedürfen, als eines lösungsunorientierten Branchenpalavers. Anspruchvolle Kunden erwarten mehr! Und die Avantgarde verständigt sich anders!

Die Schwierigkeit liegt in der knappen Ressource „Aufmerksamkeit".

1.4.1   Ökonomie der Aufmerksamkeit

In den Zeiten des Information-Overloads ist Aufmerksamkeit die neue Leitwährung. Unsere Aufmerksamkeit ist das Wertvollste, was wir geben, aber gleichzeitig auch das Wichtigste, was wir von anderen Menschen erhalten können. Wir sind täglich mit zahllosen Wahrnehmungsangeboten konfrontiert: Nachrichten, Unterhaltung, Kaufaufforderungen und das multimedial über Radio, Fernsehen, Veranstaltungen, Zeitungen, Zeitschriften, E-Mails, SMS, Bücher und Telefonanrufe. Doch das Wenigste davon dringt ins Bewusstsein vor.

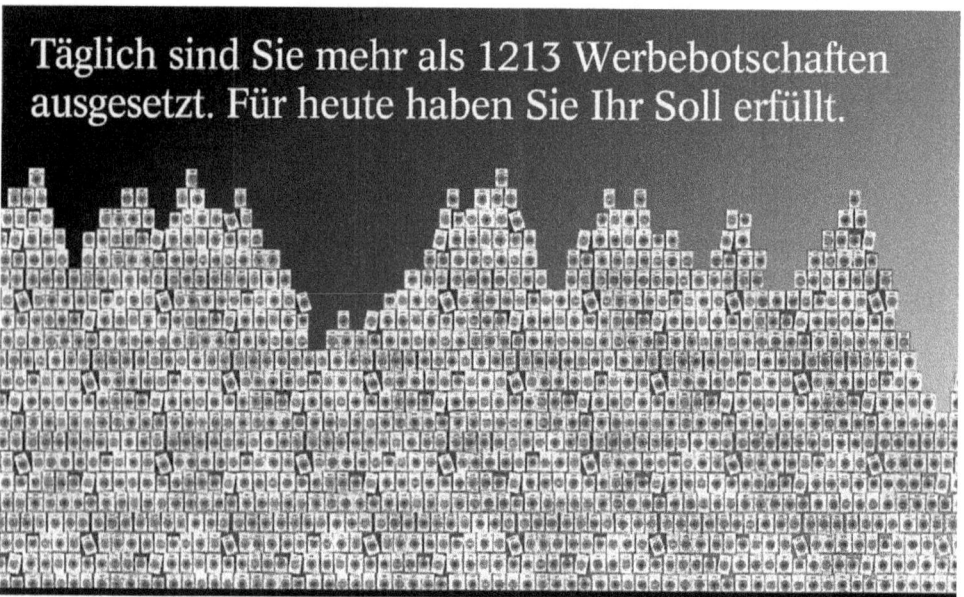

Abb. 11: Ökonomie der Aufmerksamkeit

---

[44]   Stiftung Warentest 4/2000 „HVB mangelhafte Anlageberatung" und die Kundenforen zu „beraten und verkauft"; Thomas Öchsner: „HVB sortiert Problemkunden aus", SZ 5/2008

Dass menschliche Aufmerksamkeit tatsächlich knapp und wertvoll geworden ist, zeigt sich daran, dass sie jeden Tag sorgfältig gemessen wird mit Einschaltquoten, Auflagenzahlen, click-through-rates, captured-eyeballs, etc.[45]

Wie gewinne ich die Aufmerksamkeit prospektiver Klienten?

Hardselling oder vordergründiges Verkaufen, ohne auf den Kunden wirklich einzugehen ist schon länger „out". Da dem potentiellen Kunden, insbesondere bei erklärungsbedürftigen Dienstleistungen, wichtige Informationen und Know-how fehlt, ist es „in", ihn mit maßgeschneiderte Präsentationen einzustimmen. Prototypisch im Beratungsgeschäft sind dafür Powerpoint-Projektionen. Aber für die Ökonomie der Aufmerksamkeit gilt „in" ist „out"! Spätestens seit Bell gilt „geh nicht immer auf dem vorgezeichneten Weg, der nur dahin führt, wo andere bereits gegangen sind".[46]

Bullet points und textlastige Präsentationen tun sich schwer, Interesse und Motivation der Klienten zu wecken, sie haben eher einschläfernde Wirkung.[47] Die Lösung liegt in kreativer und persönlicher Kommunikation.

„Kreativ" bedeutet nicht nur die rationale, analytische, vernunftgeleitete Kapazität anzusprechen, sondern die Vielfalt der Imagination zu nutzen. Folgendes Beispiel zeigt prägnant, wie das funktioniert: welche der beiden Präsentationen in Abbildung 12 wirkt stärker?[48]

Damit das Buhlen um Aufmerksamkeit kein „Strohfeuer" bleibt, sondern nachhaltig wirkt, lohnt es sich, neuere Forschungsergebnisse zu beachten.[49] Es ist nicht der hippe Slogan, die idiosynkratische Superidee, die einen bleibenden Eindruck hinterlässt, sondern eine systematische Kreativität, die sich an einen ganz bestimmten Satz von Prinzipien hält:

- Simplicity
- Unexpectedness
- Concreteness
- Credibility
- Emotional
- Story

Chip Heath von der Stanford University hat unter dem Akronym **„succes"** ein Brevier zusammengetragen, wie man einen bleibenden Eindruck hinterlässt.

Es beginnt damit, die Masse an Information in eine prägnante, einfache Kernidee zu destillieren. Als professioneller Dienstleister unterliegt man nämlich dem *„Fluch des Wissens"*, d.h. man kann sich gar nicht vorstellen, dass der Klient anders und nicht wie geplant „tickt".

---

[45] Davenport, Thomas/ John Beck: The Attention Economy, understanding the new currency of business, Boston, 2001. Lanham, Richard: The Economics of Attention, style and substance in the age of information, Chicago 2006. Paschler, Harold: The Psychology of Attention, Cambridge 1999. Franck, Georg: Ökonomie der Aufmerksamkeit, dtv 2007

[46] Alexander Graham Bell, Erfinder des Telefons 1876

[47] Pöhm, Matthias: Präsentieren Sie noch oder faszinieren Sie schon, Heidelberg 2006.

[48] aus LeRoux, Paul: Visual Selling, Wiley 2007, p.5f.

[49] Heath (2007) 21ff.

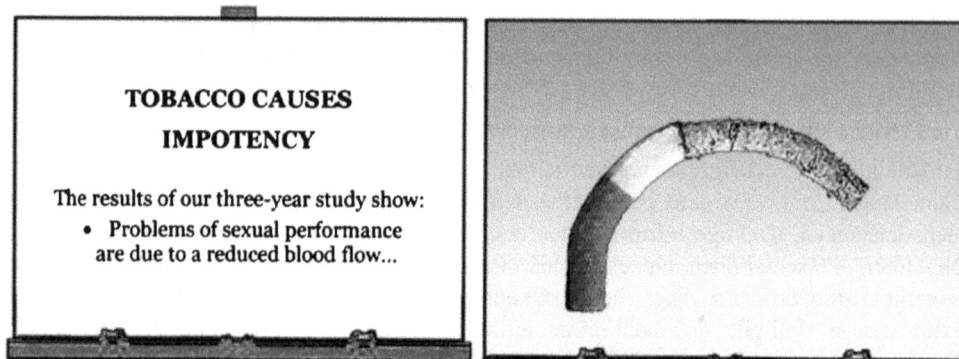

Abb. 12: „S.U.C.C.E.S.S." (aus LeRoux, Paul: Visual Selling, 2007, p. 5f)

Wichtig ist weiterhin, einen Überraschungseffekt zu erzielen. Jemand neugierig machen, kann durch das Brechen der üblichen Muster geschehen; haftende Botschaften schlagen den „common sense" durch „uncommon sense".

Dienstleistungen und Ideen merkt man sich dann, wenn sie „greifbar" sind, die menschlichen Sinne ansprechen. Am wirksamsten ist es, das visuelle Denken zu nutzen. Das „Augentier" Mensch spricht besonders auf optische Reize an, es geht aber auch um das „innere Auge", die Imagination. „Solving problems and selling ideas" von Dan Roam[50] zeigt an einer Fülle von Beispielen wie kraftvoll dieser Weg ist.

Da bei Dienstleistungen der Klient persönlich miteinbezogen ist, spielt die Glaubwürdigkeit des Serviceerbringers eine zentrale Rolle. Heath zeigt wie man erfolgreich dafür Autorität, überzeugende Details und Referenzen einsetzt.

Beim Kunden erfolgreich ist man nur, wenn bei ihm emotionale Elektrizität gezündet wird. Wir werden im Kapitel „Selling" zeigen, wie Enthusiasmus, Empathie und Emotionen funktionieren. Hier kurz der Tipp von Heath: „whiffy – what's in it for you", also man packt Menschen, indem deren Eigeninteresse, Eigennutz angesprochen wird.

Und schließlich die enorme Wirkung von Erlebnisgeschichten. „stories are like flight simulators for the brain".[51] Lebendiges Erzählen spannender Erlebnisse ist für den Kunden unterhaltsam und instruktiv zugleich und stimuliert ihn, aktiv zu werden.

1.4.2   Akquisition

Die Flüchtigkeit des Dienstleistungsgeschäfts erfordert also, dass es geschickt „verkauft" wird; es reicht nicht professionell zu sein, wie viele Dienstleister aus ihrer Expertenattitüde heraus glauben. Und dies beginnt schon vor dem allerersten Kundenkontakt.

Experten tun sich schwer sich zu vermarkten, weil sie leidenschaftlich ihrer Profession verhaftet sind und von ihrem Selbstverständnis heraus erwarten, dass ihrem Knowhow alle Welt zuflöge. Aber auch begnadete Friseure, renommierte Ärzte und erfolgreiche Consultants müssen Neukunden anziehen.

---

[50]   Roam, Dan: The Back of a Napkin, solving problems and selling ideas with pictures, New York, 2008

[51]   Heath (2007) 213

Vielleicht ist Akquisition deshalb so unbeliebt, weil sie sehr mühsam und mit viel Frustration verbunden ist. Die Erfolgsquote lässt sich jedoch erheblich steigern, wenn der Dienstleister an die Gewinnung von Neukunden ähnlich professionell heran geht wie an sein Fachgebiet. Für die Ingenieure des HiTec-Unternehmens IABG haben wir dafür folgendes Vorgehen entwickelt:

- Wer ist überhaupt mein Kunde?
- Kenne ich sein Problem, kann/will ich dieses lösen?
- Wer entscheidet überhaupt über den Nutzen/Kauf?
- Wie ist unsere Beziehung mit ihm?

> Vertrieb
> Call Center
> Infoflyway

Akquisition

- Kennen wir den Kunden?
- Kennen wir sein Problem?
- Können wir ihm Nutzen verkaufen?
- Kann er uns bezahlen?
- Mag er uns?

> Akquise beginnt weit vor dem Kundenkontakt

Abb. 13: Akquisition

Es beginnt mit der Frage, *wie gut man seine (potentiellen) Kunden überhaupt kennt*: was sind seine Interessen, Probleme, Bedürfnisse? Kennt er diese selber ausreichend?

Wir neigen dazu, Kunden als Leute zu sehen, die wir informieren müssen. „The cure of knowledge" (wie wir im letzten Kapitel hörten) hindert uns aber daran zu erkennen, was der Kunde wirklich will.

Die weltgrößte Hotelkette Marriott fand heraus, dass die gravierendsten Fehler durch Missverständnisse entstehen und hat sich deshalb dem Motto verschrieben: „He who listens will learn well".[52] Zuhören ist schon mal ein guter Anfang, weil es leider sehr wenig verbreitet ist.

Oft muss man allerdings gemeinsam mit dem Kunden eine Art Entdeckungsreise unternehmen, weil dieser selbst nicht genau weiß, wo ihn der Schuh drückt oder was ihm gefallen würde.

---

[52]   Marriott, Bill: The Spirit to Serve, New York 1997, p.50ff.

Beispielsweise bietet *IBM* eine kostenfreie Stärken-/Schwächen-Analyse, um Kunden zielgerichtete Lösungen bieten zu können.[53]

Kunden des NewYorker Buchhändlers *Barnes & Noble* können in dessen „B&N University" kostenlose Online-Kurse unterschiedlichster Fachrichtungen von „Yoga für Anfänger" oder „Business- Etikette" über „Klassische Weihnachtsliteratur" und „Einführung in die Shakespeare-Tragödien" bis hin zur „Gestaltung der eigenen Homepage" oder einer „Hundeschule" in Anspruch nehmen. Ein Renner ist „Einführung in die Weinkunde". Geweckt werden soll damit das Interesse der Kunden an den kommerziellen Produkten zu diesen Themenfeldern aus dem Sortiment von Barnes & Noble. Tatsächlich wurden damit die Akquisitionskosten gegenüber dem Branchendurchschnitt um 98% gesenkt; die Besucher-Umwandlungsrate in diesem Online-Shop hat sich um den Faktor 10 erhöht.

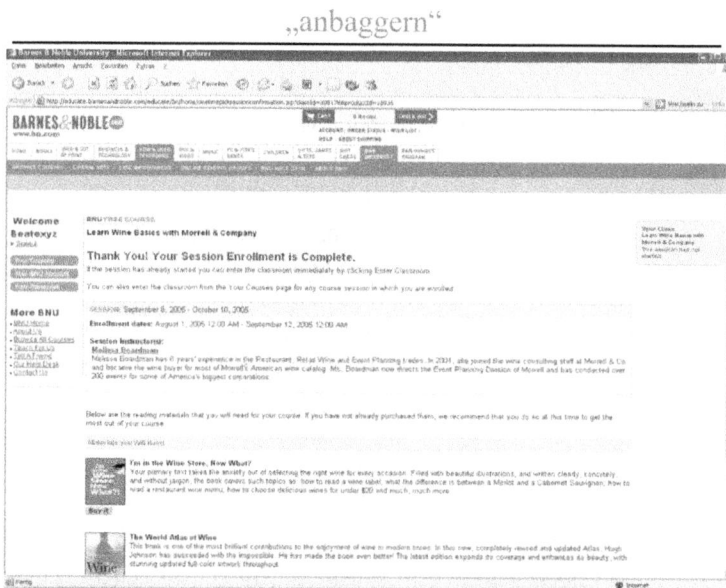

Abb. 14: anbaggern

1.4.3   Wer entscheidet warum über den Kauf?

Nicht zu unterschätzen ist eine genauere Betrachtung, wie beim Kunden die Entscheidungen fallen. Nicht zufällig wird kolportiert, dass beim Autokauf zwar der Mann als Käufer auftritt, die eigentliche Entscheidung aber von seiner Frau getroffen wird, auf die wiederum die Kinder großen Einfluss haben.

Ernsthaft untersucht wurde diese Entscheidungskonstellation im B-2-B-Geschäft und man konnte die Rollen „User, Influencer, Buyer, Decider, Gatekeeper" identifizieren. Da die Mitglieder dieses sog. „Buying Centers" gern unvereinbare Absichten verfolgen, wird ein differenziertes, gruppendynamisches Vorgehen empfohlen, um sich in diesem interpersonel-

---

[53]   so überzeugte IBM z.B. CargoBull mit einer kostenlosen, differenzierten SWOT-Analyse

len Entscheidungsdschungel zurechtzufinden und die disparaten Interessen unter einen Hut zu bringen.

Ähnlich dem Stakeholder-Management bei Projekten ist zu klären:

- Welche Entscheidungskriterien sind die wichtigsten für die einzelnen Rollen?
- Welches Gewicht hat die einzelne Rolle für die finale Entscheidung?
- Wie werden sich die Rollenträger in Konfliktsituationen typischerweise verhalten und welche Situationen sind das?

Daraus leiten wir für uns folgende Taktiken ab[54]

- compete = keine Rücksicht nehmen
- accomodate = Ziele des anderen akzeptieren
- collaborate = eigene Ziele und die des andern erreichen
- avoid = aufschieben
- compromise = eigene und andere Ziele nur zum Teil erreichen

Wer ist überhaupt mein Kunde?

Lernen Sie die wirklichen Entscheider kennen!

‖ Zielgruppen?
‖ Medien?

Wer entscheidet warum über den Kauf ihres Produktes?

Produkt	Käufer	Konsument	Entscheider	Beeinflusser
B – t – C				
Windeln	Mutter	Baby	Mutter/Vater	Schwiegermutter?
Auto Urlaub etc.	Mann	Mann	Frau	Kinder?
B – t – B				
Software	CIO	Mitarbeiter	Inhaber	Kfm.-Leiter?

Abb. 15: „Buying Center"

1.4.4   Was ist uns der Kunde wert?

Unternehmen müssen Werte schaffen. um zu überleben. Damit ist nicht ein Freibrief für Profitgier à la Maximieren des Shareholder Values gemeint, sondern das Unterscheiden der Kunden nach Wert fürs Unternehmen. Schließlich ist seit Pareto die „80-20-Regel" bekannt, wonach 80% des Erfolgs auf 20% der Ursachen beruhen.[55]

Es geht also um die Frage, wie viel Umsatz generiert der Klient? Betriebswirte werden hier einwenden, dass wohl der Deckungsbeitrag aussagekräftiger wäre. Aber abgesehen von der Schwierigkeit die Kosten richtig zuzuordnen, ist das Problem ist komplexer.

---

[54]   Webster, Frederik/Wind, Yoram: Organizational buying behaviour, Englewood Cliffs 1972

[55]   law of the vital few: the richest 20% have 80% of income

So weiß die *Lufthansa*, dass 3% ihrer Kunden 47% des Ertrags bringen und pflegt deshalb die Premiumkunden (Frequent Traveler, Senator, Hon) durch besonderen Service. In der großen Weltwirtschaftskrise 2008/09 war allerdings der Rückgang der Reisenden in der First- und Businessclass besonders heftig, da viele Konzerne ihre Budgets für Geschäftsreisen gekürzt oder ganz gestrichen haben. Der Gewinn der Lufthansa wurde vollständig aufgezehrt![56]

Abb. 16: Kunde ist nicht gleich Kunde (mit freundlicher Genehmigung der Lufthansa)

Aber auch bei *Ärzten* ist die „Geschäftsidee" zerstoben, nur die lukrativen Patienten zu behandeln: zwar bringen privat Versicherte tatsächlich überdurchschnittlich hohe Einnahmen, aber nur 10% der Bevölkerung ist privat versichert. Ohne Kassenpatienten sind Praxen i.d.R. nicht zu unterhalten, denn 75% der Einnahmen fließen aus den gesetzlichen Krankenkassen.[57]

Um die richtige Lösung für „customer equity" zu finden, ist auch eine nicht-monetäre Bewertung notwendig. Sie bildet die Mund-zu-Mund-Propaganda im geschäftlichen und sozialen Umfeld ab.

So erlitt die *Deutsche Bank* einen erheblichen Imageverlust, als sie 1999 den Privatkunden- und Filialbereich ausgliederte und in die Bank 24 überführte, die nun 6,8 Millionen Kunden betreute, so dass nur ein paar Dutzend vermögenden Privatkunden in der eigentlichen Bank übrig blieben.

---

[56]   je nach Kontinent 10–20% weniger Flugbuchungen, Nettoverlust 216 Mio €! (Financial.Times.de 7/2009)

[57]   Durchschnittswerte; niedergelassene Ärzte erzielen mit Kassenpatienten im Schnitt 140 T€, ein höheres Einkommen als ein KH-Oberarzt SZ 13.8.09, S.1; SZ 1.3.11, S.19

Der Managementmode, sich nur auf die Business-Kunden zu konzentrieren, erlag auch die weltgrößte Computermesse *Cebit* (und die gesamte herkömmliche IT-Industrie); mit dem Erfolg eines Rückgangs der Aussteller um ein gutes Viertel, denn die Geschäftskunden hielten sich in der Krise 2009 mit Investitionen schmerzhaft zurück, während Apple mit iPods, iPhones und Macs *für Privatkunden* geradezu explodierte.

Die eigentliche Wurzel des Problems liegt darin, dass Professionals den Nutzer nicht ernst nehmen. So ist z.B. die heute in der IT groß propagierte Innovation Cloud-Computing für den Laien längst Alltag; er lagert seine Post in virtuellen Briefkästen.

Die *Lösung* liegt darin, den ROI des Kunden über den gesamten Lebenszyklus zu betrachten (vom Anbaggern bis zum Halten)[58] und die Mitarbeiter vor Ort zu befähigen, ihre Kunden wirklich zu kennen und deren Wert realistisch einzuschätzen. In einem unserer Service-Workshops bearbeiteten Callcenter-Professionals hierfür die Frage, wie lange es sich mit welchem Kunden lohnt „rum zu tun".[59]

1.5   Sell – Sell – Sell

1.5.1   Nutzen verkaufen

Die Auseinandersetzung mit der Frage, was der Kunde will, wird noch brisanter in der eigentlichen Verkaufsphase. Bei der success-Formel oben haben wir schon gehört, dass es darauf ankommt, den *Kundennutzen* herauszustellen.

In unserem Beispiel „*Otis* auf dem Weg zum Dienstleister" ist dieser veränderte Auftritt gegenüber dem Kunden gut zu sehen. Die Crew des Unternehmens nahm Abschied davon,

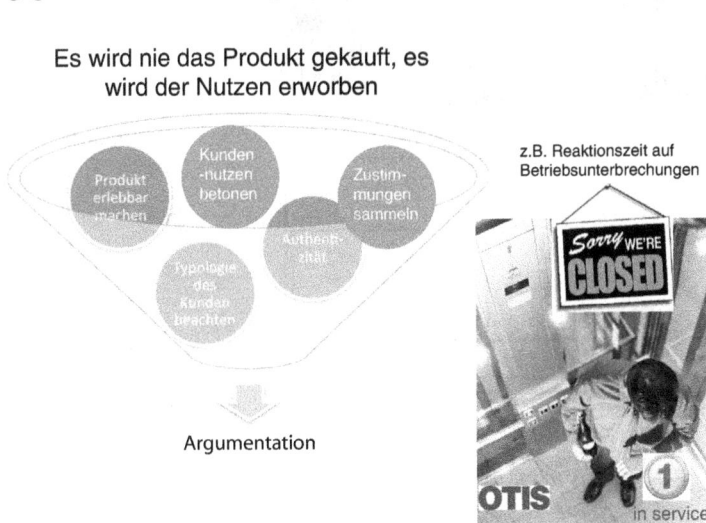

Abb. 17: Nutzenargumgentation bei Otis

---

[58]   vgl. Ahlert, Dieter: CRM im Handel, Heidelberg 2002, S.74ff
[59]   hierzu passt gut das Werkzeug Ishikawa-Diagramm (Supplement Übung 12)

die vielen, funktionalen Features zu betonen und versucht stattdessen, die Benefits für den Kunden klar machen: „**whiify** = what's in it for you!"[60]

Damit das überzeugend wirkt, ist zu achten auf

- **Authentizität:**
  Selbstüberzeugung und Glaubwürdigkeit des Dienstleisters; in unserem Beispiel, dass Otis Sicherheit an allererste Stelle setzt; dass das Personal für Schnelligkeit, Pünktlichkeit und Zuverlässigkeit steht
- **Produkt erlebbar machen:**
  indem alle Sinnesebenen angesprochen werden: sehen, spüren, riechen, anfassen; hier Stories, wie es sich anfühlt in einem steckengebliebenen Aufzug eingeschlossen zu sein[61]
- **Typologie des Kunden:**
  unterschiedliche Argumente für unterschiedliche Kunden; hier, der Otis-Mitarbeiter kennt den Kunden und dessen Anlagen im Detail und argumentiert überzeugend: Wie ist die Situation ihrer Personenbeförderung? Was können wir und warum? Was nützt es Ihnen?[62]
- **Zustimmungen sammeln:**
  viele „Ja" während des Gespräches erhöhen die Wahrscheinlichkeit eines „Ja" am Ende; hier, Otis kennt die Interessen der Nutzer, Entscheidungsträger und Meinungsmacher.[63]

1.5.2   Die Psychologie des Verkaufens (Interaktion)

Um zu verstehen, wie man als Dienstleister am besten auf den Kunden zu- und eingeht, hilft es das Stimulus-Reaktionsmodell des Käuferverhaltens zu betrachten.

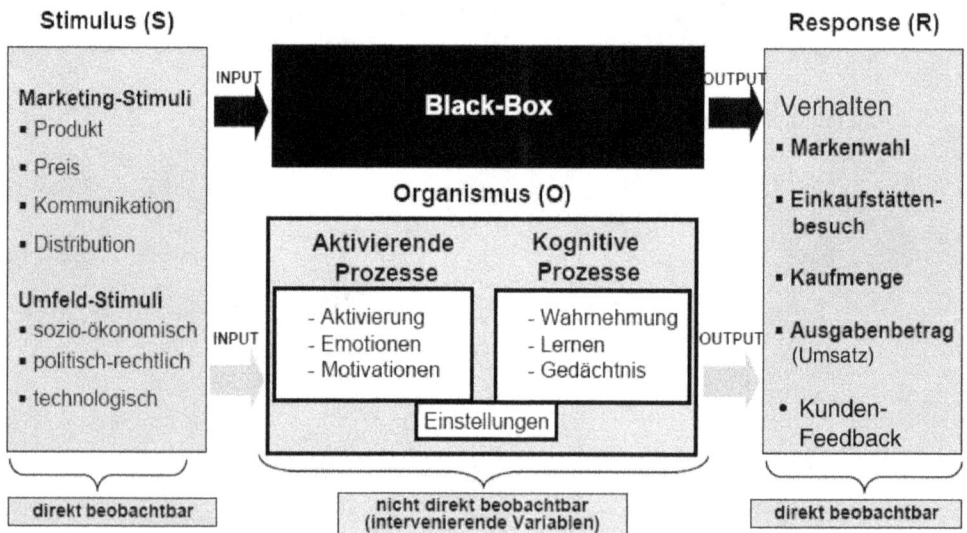

Abb. 18: SOR-Modell

---

[60]   Heath (2007) 179

[61]   es gibt hierfür im Unternehmen eine Sammlung der besten Anekdoten

[62]   z.B. Zielrufsteuerung im Nürnberger Business-Tower; Verkürzen der subjektiven Wartezeit

[63]   siehe Kap. 1.4.3

Die Nutzenargumentation mit einem überzeugenden Preis-Leistungsverhältnis setzt den *Stimulus* für unseren Klienten. Natürlich sind wir dabei nicht die einzigen, die auf ihn einwirken. Wettbewerber und das gesamte sozio-ökonomische *Umfeld* beeinflussen das (Konsum-) Verhalten, wie man in Abbildung 19 sehr drastisch sieht.

Abb. 19: was der Mensch so braucht (in Mali; in Deutschland)

Weil also Kundenerwartungen und -bedürfnisse stark schicht- & kulturgeprägt sind, differenziert die englische Supermarktkette Tesco seine 40 000 Produkte nach Lokation, z.B. Reissäcke für Vietnamesen in Nordlondon versus Wachteln & Biosalbei im Villenvorort.[64]

Die Einflüsse des Umfelds sind relativ gut beobacht- und messbar, ebenso die Wirkung: was und wie viel kauft der Kunde, wie markenselektiv ist er, wie zufrieden ist er.

Die „Bibel der *Verkaufspsychologie*" von Cialdini[65] zeigt uns wie man jemand anderen dazu bringt, einem etwas „abzunehmen" – nicht nur im Sinne von etwas abzukaufen:

Reziprozität (reciprocation): die soziale Grundregel des Gebens und Nehmens bewirkt, dass beim Empfänger einer netten Geste das Gefühl entsteht, sich revanchieren zu müssen. Wir sind geneigt, jemandem, der uns einen Gefallen getan hat, diesen Gefallen zu erwidern. Dieses Prinzip wird z. B. genutzt bei Kostproben, kleinen Gefälligkeiten und der Masche „Kaffeefahrt und Rheumadecken".

Knappheit (scarcity): Dinge, die schwer zu haben sind, erscheinen uns wertvoller und so bewirkt Verknappung eine stärkere Nachfrage. Der Gedanke, etwas zu verlieren, bewirkt eine stärkere emotionale Erregung als etwas zu gewinnen. Gut zu beobachten ist dieser Effekt bei Apple iPhone/ iPad und bei der Kelly-Bag von Hermès, die höchste Distinktion erlangte bei Preisen ab 4000 € und Wartezeiten von Monaten bis zu Jahren.

---

[64] gegründet 1929, 4000 Läden in 15 Ländern, 468 000 MA, Umsatz 60 Mrd. € 2009

[65] Cialdini, Robert: Die Psychologie des Überzeugens, Bern 2002. Carnegie, Dale: Besser miteinander reden, Frankfurt 2008

Autorität (authority): Erwachsene sind bereit, fast alles zu tun, was eine Autoritätsperson von ihnen verlangt; die Milgram-Experimente, bei denen Versuchspersonen auf Anweisung vermeintlicher Experten starke Stromstöße verpassten, sind eindrucksvolle Beispiele dafür. Die Werbung setzt erfolgreich auf Prominente in ständiger Wiederholung, z.B. George Clooney Nespresso. Friseure betonen ihre Besonderheit durch den „Vidal Sasoon-Schnitt", Unternehmensberatungen unterstreichen ihre Autorität durch fundierte Studien in ihrem Expertisefeld (typisch z.B. Cap Gemini).

Commitment (nibbling): Wenn wir bereits zu einem kleinen Aspekt einer Sache „Ja" gesagt haben, dann sind wir eher bereit, auch einem Aspekt mit weiter reichender Bedeutung zuzustimmen, z.B. etwas Konkretes dafür zu tun. Im Verkauf wird die „Fuß-in-der-Tür-Taktik" genutzt, indem man mit kleinen Dingen verführt, zu denen wir leicht „Ja" sagen, dann aber geschickt auf das eigentliche Thema kommt; es ist schwierig, sich da heraus zu winden, denn wir haben schließlich schon einmal zugestimmt. Spotmärkte im Energiesektor, auf denen stundenaktuell gehandelt wird, zeichnen sich besonders durch diese Salami-Taktik aus.

Sympathie (liking): Der „Halo-Effekt", das Abfärben von Sympathie, Komplimenten und Vertrautheit erleichtert es, andere zu beeinflussen. Dieses Prinzip entfaltet seine Wirkung, wenn wir von uns bereits bekannten Personen kaufen, oder wenn fremde Personen sich geschickt bei uns einschmeicheln. Wir sind dann viel eher geneigt, „Ja" zu sagen, denn es ist quasi eine befreundete Person, von der wir kaufen. Das Sympathie-Prinzip wird z.B. genutzt bei Tupperware-Parties. Das beste Beispiel sind Rechtsanwälte und Ärzte, Vertrauen spielt bei der Inanspruchnahme ihrer Dienstleistung die alles entscheidende Rolle und dieses entsteht, wenn gleich bei der ersten Wahrnehmung der sympathische Eindruck stimmt.

Soziale Bewährtheit (consensus): In Entscheidungen orientieren sich viele am Verhalten anderer, besonders dann, wenn die Vormacher den Nachahmern ähnlich sind. Menschen orientieren sich gern daran, was andere für gut und richtig halten. „Das meistverkaufte Produkt", „der führende Hersteller" signalisiert, wenn so viele etwas kaufen, dann muss es doch gut sein. Mit Test- und Umfrageergebnissen wird an diesen „Herdentrieb" der Kunden appelliert. Auch „Network-Marketing", setzt auf diesen Mechanismus.[66]

Konsistenz: (consistence): Hauptkriterien für die Konstruktion unserer Identität als Person und damit Kunde/Klient sind Kontinuität und Konsistenz; unser Selbstbild konstruieren wir mit dem Wunsch, in den Augen der anderen konsequent und glaubwürdig aufzutreten. Einmal getroffene Entscheidungen halten wir deshalb so lange aufrecht, dass keine Irritationen auftreten. Seit Festinger[67] wissen wir, dass es dabei darum geht, kognitive Dissonanz zu vermeiden. Da Dienstleistungsempfänger sich deutlich unsicherer fühlen als Produktkäufer, müssen Serviceleister alles tun, ihn in seinen Entscheidungen für die Dienstleistung immer wieder zu bekräftigen. Studien von IBM zeigen dass Konsistenz in Verkauf, Service und Lieferung (Cross-channel Marketing) einen markanten Mehrwert für Händler erwirtschaftet.[68]

---

[66]   z.B. Online Shopping mit stylefruits.de

[67]   Festinger, Leon: A Theory of Cognitive Dissonance. Stanford 1957

[68]   IBM: Vernetzte Vertriebs- und Lieferkanäle im Handel, der große Sterling Commerce Händlertest, 2010

1.5.3   Kundenbedürfnisse

Mit welchen Stimuli man Klienten lenken kann, ist – wie wir gerade sahen – in Forschung und Praxis wohl bekannt.

Welche aktivierenden und kognitiven Prozesse zwischen Reiz und Reaktion intervenieren, ist schwieriger heraus zu finden. Hier begegnet uns die zu Kap.1.6 korrespondierende Black Box, die wir schrittweise öffnen wollen, um populäre *Service-Irrtümer* aufzuklären, wie der Kunde will …

- die volle Auswahl (wie die Speisekarte seines Chinarestaurants)
- Produkte, die alles können
- das tolle Einkaufserlebnis (Brimborium)
- prompte Bedienung
- königlich behandelt werden
- Innovation und Abwechslung (Bedürfnis nach Konstanz)
- immer neue Sonderangebote.

Tatsächlich haben Kunden oft widersprüchliche Wünsche, die unvereinbar sind: sie wollen *alles* aber bevorzugen ihre Lieblingsleistung; Spektakel *und* Ruhe; schnelle Reaktion aber „slow food"[69], Bevorzugung bei aller Bescheidenheit, Neues aber keine Experimente.

Die Verkaufspsychologie befasst sich mit den (*verborgenen*) *Prozessen* die sich vor dem Kauf abspielen, um den Prozess der Kaufentscheidung verstehen und beeinflussen zu können

- Welche Bedürfnisse hat der Kunde?
- Welche neuen Bedürfnisse lassen sich wecken?

Dabei geht es darum, „die Welt *aus Sicht der Kunden* zu sehen".[70] So zeichnen sich z.B. erfolgreiche Wirte dadurch aus, dass sie die Bedürfnisse der Kunden richtig „lesen": sie platzieren Geschäftsleute in eine Nische, in der sie ohne fremde Ohren verhandeln und einsame Gäste so an die Bar, dass sie andere kennen lernen können. Dabei darf den mehr oder weniger bewussten Interessen der Klienten durchaus auf die Sprünge geholfen werden. Der Mineralwasserkonzern Perrier trainiert gezielt Restaurantpersonal, wie sie mehr Wasser an die Gäste verkaufen können; bei einer Profitspanne von 1000% eine gute Möglichkeit die Service-Wertschöpfung zu stärken.[71]

Das Schwierige an *Erwartungshaltungen* ist, dass sie sich laufend wandeln. Dies ist besonders ein Problem für Dienstleister mit vielen Routinen; das gilt für B2C: z.B. treten Hotelgäste zwar lockerer als früher auf, schätzen aber das konservative „Kissen-Menü"; das gilt aber genauso im B2B: reichte zu Beginn der Informationstechnologie eine überlegene Hardware (man denke an die berühmte VAX von Digital Equipment)[72], so musste nach und nach eine immer anwendernähere Software dazu angeboten werden und heute alle Arten von Services.

---

[69]   setzt als soziale Bewegung gegen Fast Food seit 1986 auf genussvolles, bewusstes und regionales Essen

[70]   Outside-in-Perspektive: „It is the customer who determines, what a business is, what it produces and whether it will prosper" (Drucker, Peter: The Practice of Management, New York, 1954)

[71]   Bryson, John/Daniels Peter: Service worlds, people, organisations, technologies, New York 2003, p.178

[72]   die Einstellung dieser Zeit wird deutlich im Statement meines damaligen Chefs, dem Gründer von DEC, Ken Olsen „there is no reason for any individual to have a computer in his home": ähnlich IBM, die damit Microsoft ungewollt zum Erfolg verhalfen

Unter der Flagge „*Brainselling*" und „Neuromarketing" werden aktuelle Erkenntnisse der Gehirnforschung kommerzialisiert und popularisiert. Nach deren Erkenntnissen werden Kaufentscheidungen weniger in dem Teil des Gehirns gefällt, der das rationale Denken steuert, als vielmehr im ältesten Teil (Reptilienhirn), der sich um die drei Grundbedürfnisse kümmert:

- *Dominanz* (Männer wählen z.B. maskuline Marken wie BMW, handeln wie Jäger, sex sells)
- *Stimulanz* (Frauen probieren viel aus, nehmen Dinge in die Hand, kaufen gern spontan, handeln wie Sammler)
- *Balance* (im Alter will man Sicherheit und wählt so die gleichen Geschäfte, Produkte).

Die im limbischen System verankerten Wertepräferenzen bestimmen das Kaufverhalten, Menschen kaufen, wenn es gelingt, im Gehirn ähnliche Reize wie Hunger und Begierde auszulösen.[73]

Geschickte Verkäufer wussten das auch ohne „Wissenschaft" und lockten mit Kostproben und Wettbewerb zwischen den Kunden. Sie folgen der alten Formel „AIDA":

Stimulus > Attention> Interest> Desire> Action.

Allerdings funktionieren die „Power-Selling-Tricks" immer weniger, da der Verkaufsprozess seinen Charakter von der Simplizität zur Komplexität verändert hat. Die Masche, den Nutzen möglichst simpel darzustellen, passt nicht mehr, wenn Produkte in Funktionalität und Qualität immer austauschbarer werden und auf eine psychologische und soziologische Patchwork-Identität treffen.

Tatsächlich ist Käuferverhalten immer ein Zusammenspiel von kognitiven und emotionalen Prozessen: es gibt keine Wahrnehmung und keine Entscheidung, in die sich nicht das Gefühl einmischt, keine Lernleistung, die nicht von der Motivation abhängt.[74] Der Mensch ist kein Espressoautomat, bei dem man auf einen Knopf drückt und das Gewünschte kommt heraus, bei uns sind input und output nicht fest verdrahtet, dazwischen ist ein Innenleben mit Emotionen, Erinnerungen, Glaubenssätzen; unsere Reaktion ist komplex d.h. es gibt immer eine Überraschung.

1.5.4   Vertrauen

Wenn ich jemand für mich und meine Leistung gewinnen will, kann ich mich nicht auf Überraschungen verlassen. Wir brauchen Konzepte, die uns beim Grundproblem des „Selling" helfen.

Nach einer Untersuchung des IT-Dienstleistungsunternehmens IBM resultiert beruflicher Erfolg im Vertrieb nur zu 10% aus Qualifikation und Kompetenz, 90% werden vom Image und Auftreten bestimmt.[75] Besonders Dienstleistungen überzeugen nicht prima facie, sondern brauchen Vertrauen. Es zählt zu den fünf „animal spirits", die jedes Wirtschaften bestimmen, betont John Maynard Keynes, der bedeutendste Ökonom des 20.Jahrhunderts.[76]

---

[73]   Lindstrom, Martin: Buy-ologie, warum wir kaufen, was wir kaufen, Frankfurt 2009
[74]   vgl. Kuss, Alfred/Tomczak, Torsten: Käuferverhalten, Stuttgart 2007, S. 8ff. Foscht, Thomas/Swoboda, Bernhard: Käuferverhalten, Wiesbaden 2005, S.30
[75]   Richtig präsentieren; der Controlling-Berater Heft 7, Dez. 2003, S. 105ff.
[76]   Akerlof, George/Shiller, Robert: Animal Spirits, wie Wirtschaft wirklich funktioniert, Frankfurt/New York 2009

Wie man *vertrauenserweckend* auftritt, ist schon seit Aristoteles bekannt: „Aufgabe der Rhetorik ist nicht zu überreden, sondern zu untersuchen, was an der Sache Glaubwürdiges vorhanden ist".[77] Dabei kommt es nicht nur auf die Kraft der Argumente an, sondern auch auf Empathie, d.h. man muss in die Welt der Zuhörer einsteigen.

Gute Tipps, wie man zum anderen einen Draht herstellt, bietet *NLP*[78]: erst mal das Gegenübers wahrnehmen, bevor man seinen Mund aufmacht, was sagt mir dessen Körpersprache? Darauf eine Art Resonanz herstellen (Rapport), indem man seinen verbalen und nonverbalen Ausdruck angleicht/spiegelt (Pacing). Politikern gelingt es meist sehr gut, sich auf die Zuhörer einzustellen und ihnen „nach dem Maul zureden". Warum genießen sie trotzdem so wenig Vertrauen? Weil vielfach die Interaktion nach dem Muster „ich bin o.k. du bist nicht o.k." verläuft und damit bei Wählern das Gefühl entsteht, nicht ernst genommen zu werden, insbesondere wenn Versprochenes nicht eingehalten wird.[79]

Das ist noch nicht alles, wenn Vertrauen erhalten werden soll, braucht es überdies

- Wohlwollen, Takt und Stil
- Zuhören um zu lernen, nicht um zu beurteilen
- Redlichkeit, keine Tricks
- klare Regeln und deren Einhaltung
- Deutlichkeit
- Kontinuität
- eindeutige Position bei Konflikten.

Natürlich kann man mit Manipulation gute Geschäfte machen, aber keine nachhaltigen. Die Strukturvertriebe in der Finanzindustrie (z.B. AMD, Ergo-Versicherung) haben deren Image ruiniert und verbrannte Erde hinterlassen, auf der für lange Zeit kein Vertrauen wachsen kann.

1.5.5   Begeisterung

Das Problem knowhow-geprägter und routine-gewohnter Dienstleister ist, dass sie ihre Leistung nur darin sehen, ihre Funktion zu erfüllen, z.B. als Fluggesellschaft ihre Passagiere sicher und preisgünstig zu transportieren. Aber warum zahlen die Kunden für ihren Kaffee bei Starbucks so viel mehr als bei Tchibo um die Ecke oder zuhause? Weil sie damit ein echtes Erlebnis verbinden, weil es sie beeindruckt, wenn die Dienstleistungen wie eine Show von begeisternden Akteuren auf der Bühne zelebriert werden.[80]

Die Unternehmen versuchen sich deshalb zu differenzieren durch „experiences, events", also etwas, das die Soziologen schon seit längerem als „Erlebnisgesellschaft" beschrieben. Unterhaltung, Spaß, Ambiente, Überraschungen sollen einen stimulierenden, bleibenden Eindruck beim Besucher/ Konsumenten hinterlassen.

---

[77]   Aristoteles schrieb im 3. Jahrhundert v.Chr. mit seiner Rhetorik das bis heute folgenreichste Lehrbuch der Argumentationstheorie

[78]   Neuro-Linguistisches Programmieren ist zwar umstritten (manipulativ, fragwürdig validiert), hat sich aber in der Praxis durchaus bewährt (Bandler, R/Donner, P: Die Schatztruhe, NLP im Verkauf, Paderborn 1999)

[79]   Übungen hierzu im Supplement

[80]   Pine, Joseph/Gilmore, James: Experience, work is theatre & every business is stage, New York 1999

Die Spanne beginnt beim simplen Euphemismus: Versicherungsvertreter sprechen nicht mehr von „Vertrag, Kosten, Risiko", sondern lassen träumen von „Altersruhesitz, Weltreise, Chefarzt am Einzelbett", Händler bieten nicht nur Delikatessen, sondern ein Einkaufserlebnis (Dallmayr, Käfer, Selfridges). Die Spanne geht über die Verbindung des bisherigen Produkts mit Entertainment (Hard Rock Cafe, Bubba Gump, Pomp Duck & Circumstances). Und endet bei gänzlich inszenierten, artifiziellen Welten wie Disneyworld und Las Vegas.

Immer mehr Unternehmen reiten auf dieser Welle: Flugbegleiter rappen ihre Sicherheitsdurchsagen[81], Autohersteller laden in ihre Erlebniswelt, Steve Jobs von Apple inszeniert Produktvorstellungen „radically thrilling & insanely great" und sogar die klassische Musik ist sich selbst nicht mehr genug, sie stilisiert zwei Tenöre und fotomodelltaugliche Künstlerinnen.

Das Problem, Dienstleistungsempfänger für sich zu gewinnen und zu binden, lässt sich aber nicht so einfach lösen. Zwar schätzen Kunden Erlebnisse, aber der Effekt verbraucht sich relativ schnell und die Kunden sind nicht mehr bereit, dafür mehr/weiter dafür zu bezahlen (z.B. ist Planet Hollywood schon pleite).

Will man wahre Begeisterung entfachen, muss man wohl tiefer in die Bedürfnisstruktur des Menschen eindringen. Die aktuellen Erkenntnisse der Motivationsforschung zeigen sehr deutlich, dass jede Art von Motivation (auch die so genannte intrinsische) auf gelingenden Beziehungen, zwischenmenschlicher Resonanz beruht.[82]

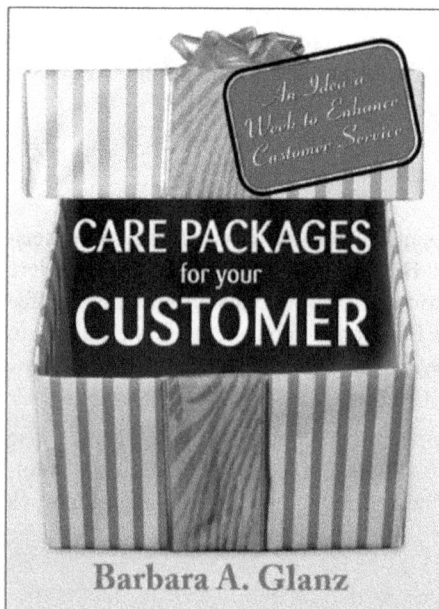

Abb. 20: Lovemarks (Cover Barbara Glanz: Care packages for your customers, McGraw-Hill, 2007)

---

[81]   z.B. bei Southwest Airlines

[82]   Joachim Bauer: Prinzip Menschlichkeit, Hamburg 2007

Ein plakatives Beispiel aus den Trainings von Barbara Glanz ist Johnny, ein Tütenpacker im Supermarkt mit Down's Syndrome: seit dieser für jeden Kunden einen persönlichen Spruch des Tages mit einpackt, stehen bei ihm die meisten Kunden an und viele Kollegen, versuchen ihm nachzueifern, ein „lovemark"[83] zu hinterlassen, indem sie ihrer Dienstleistung eine ganz persönliche Note geben.

Einen *ganz persönlichen Stempel* aufzudrücken hinterlässt also bei den Menschen einen tiefen, lange wirkenden Eindruck. Es geht also darum, „kleine Momente mit dem Kunden zu schaffen, die eine emotionale Verbindung herstellen, Design ohne Herz überzeugt nicht".[84]

Da reicht es nicht, mit einem anrührenden Spot[85] zu werben, man muss das gesamte Beziehungsgefüge mit dem Kunden personalisieren. IBM versucht mit dem Konzept „signature selling" den gesamten Beziehungsprozess, end-to-end, vom ersten now-or-never Moment bis zum keep-or-loose Moment so zu gestalten, dass nicht nur der Kopf, sondern auch das Herz des Geschäftspartners gewonnen wird:

- complete (client-based) planning before taking action
- use voice of the customer for a deeper, ongoing relationship
- sell total solutions
- bring business value with every interaction
- create lovemarks (personal signatures).[86]

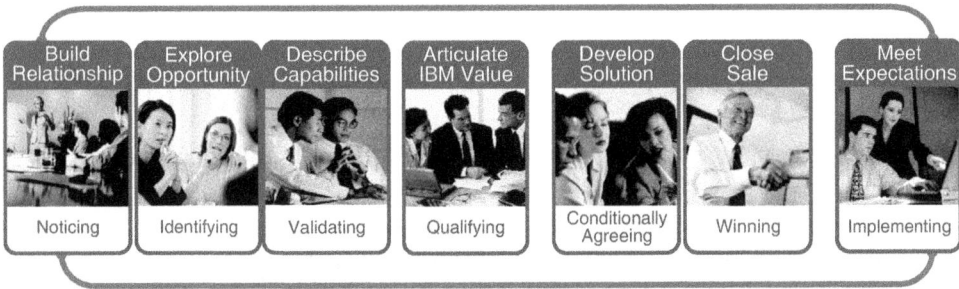

Abb. 21: IBM Signature Selling Method[87]

1.6 Der Akt der Dienstleistung (Service Delivery)

1.6.1 Wie schlau ist der Dienstleister: knowledge is the key

Der Augenblick der Wahrheit kommt, wenn den vollmundigen Versprechen Taten folgen sollen. Wer hat nicht schon den charakteristischen (ratlosen) Blick der Wichtigtuer und Klugschnacker erlebt, wenn sein ganz persönliches, manchmal nicht ganz einfaches Problem

---

[83] Barbara Glanz: CARE Packages for the Workplace, dozens of little things you can do to regenerate spirit at work New York 1996; Johnny the Bagger® DVD, barbaraglanz.com. Übung im Supplement Service from the heart
[84] Alex Calderwood von den übercoolen Hotels „Ace"
[85] Deutsche Telekom „Rosenregen" von Saatchi & Saatchi 2009
[86] Authentifikator, Erkennungsmelodie, Charakteristikum
[87] Learning@IBM Explorer >Sales Learning (w3 BluePages) oder: public.dhe.ibm.com/software/partners

tatsächlich gelöst werden soll. Der Klient spürt, wenn der Dienstleister am Ende seiner Weisheit angekommen ist und versucht, das mit Ausflüchten zu cachieren.

Dass Qualifikation und Erfahrung der Schlüssel zum Erfolg ist, erschließt sich bei Dienstleistungen der „Wissen"schaft wie Medizin, Jurisprudenz und Finanzwesen von selbst; aber auch bei traditionellen Serviceangeboten von Verkehr, Gastronomie und Verwaltung macht Expertise den Unterschied.

In Christian Rachs TV-Serie „Der Restauranttester" ist sehr schön zu sehen, dass es oft an vielen persönlichen Defiziten hapert, wenn Wirt, Koch und Kellner bei den Gästen nicht richtig ankommen. Auch am Beispiel Deutsche Bahn ist gut zu sehen, dass es nicht reicht das Bordpersonal in Kundenorientierung zu schulen, die Kunden erleben dort immer wieder aufgesetzte Freundlichkeit und Inkompetenz bei auftretenden Problemen.[88]

Denn *Kompetenz* geht über Wissen hinaus, es ist nämlich Problemlösungswissen oder angewandtes Wissen. Kompetenz ist eine Mischung aus Zuständigkeit, Fähigkeit und Bereitschaft.

Ein kompetenter Akteur erkennt seine attribuierte Zuständigkeit, ist fähig, passende Aktivitäten und Interventionen auszuwählen und bereit, die Verantwortung zu übernehmen. Seine Kompetenz ist die ihm insbesondere von Kunden zugesprochene Problemlösefähigkeit. Kunden tendieren zu Anbietern, die auf einem Gebiet als besondere und in weiteren Feldern als hinreichend gute Könner erkannt werden. Für Dienstleistung gilt, wie wir bereits hörten („Prosumer"), dass Kompetenz sich im Zusammenspiel mit dem Empfänger entwickelt. Dabei lernen auch die Kunden, sich besser zu verstehen und ihre Wünsche zu artikulieren.[89] Prägnant zeigt sich das bei Ikea „Entdecke die Möglichkeiten/Wohnst Du noch, oder lebst du schon?"

Kompetenter Dienstleister zu sein ist anspruchsvoll, es geht nämlich darum einen gesamten *Lösungszyklus* abzudecken:[90]

1. Erkennen: multiple Wirklichkeiten erfassen, erkunden
2. Klären: fokussieren, Probleme entdecken, Ziel gemeinsam beschreiben
3. Kreieren: mehr Möglichkeiten schaffen, Lösungen entwickeln
4. Bewerten und planen: gemeinsam selektieren und planen
5. Realisieren: ausprobieren, testen, Lösung umsetzen
6. Registrieren: Ergebnisse erfassen und bewerten
7. Lernen: reflektieren, Muster ableiten, Erkenntnistransfer („lessons learned").[91]

Wie wir unter „Vertrauen, Begeisterung" hörten, darf diese Lösungsentwicklung nicht nur auf der rationalen Ebene ablaufen. Schon beim Abschluss von Versicherungen, sagen uns Studien, ist die Persönlichkeit und das Engagement des Agenten wichtiger als das Fachwissen (und die Güte des Produkts).[92]

---

[88] Die Bahn investiert unter dem Motto „Servicewerkstatt" beträchtlich in Weiterbildung und Coaching. Zur weiterführenden Problemlösung siehe unser Kap.3!

[89] Dörner, Klaus: Der gute Arzt, Stuttgart 2001

[90] weiterentwickelt nach Bateson (1985)

[91] zu Knowledge-Management, wie man Professionals dazu bringt ihre Expertise zu teilen, siehe unser Kapitel 3

[92] vgl. Mayerhofer, Wolfgang: Einflussfaktoren auf den Abschluss von Versicherungen, Wien 2009

IBM nutzt diese Erkenntnis in seinem *T-Modell der Kompetenz (capabilities)*: um Erfolg beim Kunden zu haben braucht es Tiefe (die technischen Finessen der Lösung) und zugleich Breite (Branchenkontext und kultivierte Beziehung mit dem Kunden):[93]

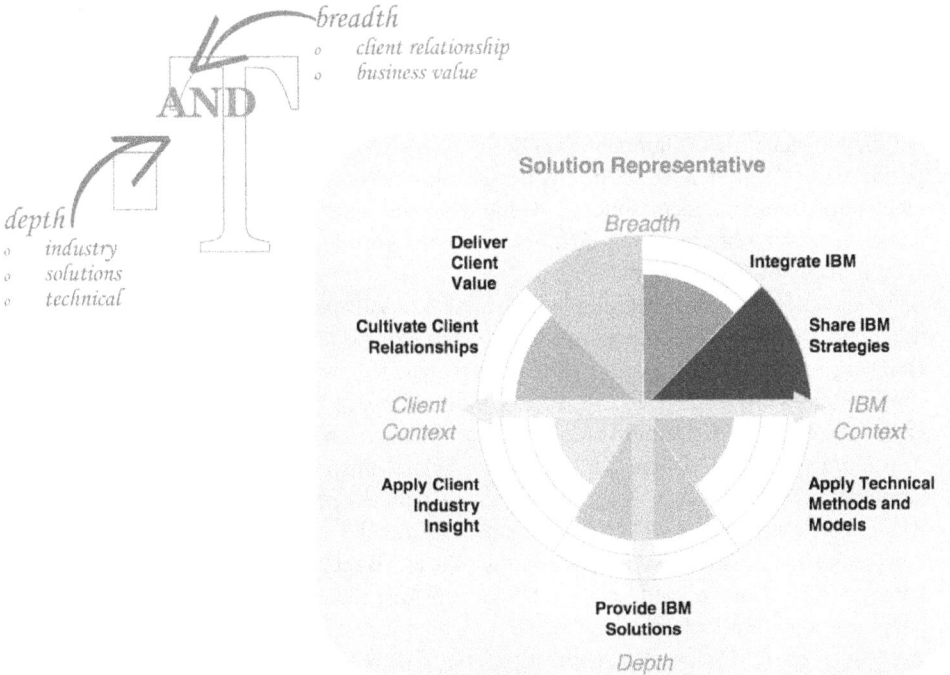

Abb. 22: IBM „T-shape model" for sellers (www.ibm.com/developerworks/wikis)

Dieses Konzept ist sehr praktikabel für die Selbstentwicklung, wenn es um ein Radarchart ergänzt wird, mit dem die Ausprägung der Kompetenz in den verschiedenen Dimensionen bewertet wird:

0 = keine Erfahrung, 25 = gelerntes Wissen; 50 = angewandte, bewiesene Fähigkeit; 75 = anerkannte Meisterschaft; 100 = Vorbild, Vordenker.[94]

1.6.2 Wie motiviert ist der Dienstleister?

Dass Können allein nicht reicht, erleben wir am deutlichsten bei Fußballprofis und Kellnern, wenn da die Motivation nicht stimmt, ist alles nichts. Die Spanne reicht von „anwesend ohne persönliches Engagement", über „keine Lust, sich mit dem Job zu identifizieren" bis hin zu „totalem Commitment".

---

[93] Learning@IBM/Sales Eminence/TshapedSellerGuide

[94] siehe unser Kapitel Selbsterkenntnis 1.3; um dem vielfachen Missverständnis von „Kompetenz" zu entgehen, wählt die aktuelle Fachdiskussion den Begriff „capabilities"

Welche Auswirkungen mangelndes *Engagement* der Mitarbeiter hat, zeigt das Beispiel der massiven technischen Probleme der S-Bahn Berlin: der zuständige Prüfingenieur protokolliert das gehäufte Auftreten von Radrissen, heftet diese bedrohliche Information ab, denkt nicht weiter und pflegt das Motto, solange mich keiner fragt, muss ich auch nichts sagen.[95]

Die *Quellen der Demotivation* sind vielfältig; beginnen wir bei der am häufigsten verdrängten, dem

- *Selbst:* es ist bequemer die Umstände für Schwierigkeiten verantwortlich zu machen als sich selbst. „Employees lack maturity, they identify with Ham & Haw in Johnson's Who moved my cheese[96]", Mitarbeiter sind demnach eher depressiv-pessimistisch eingestellt, als dass sie Selbstverantwortung übernehmen. Die eigene Unzufriedenheit überträgt sich auf die Umstehenden („Jammerzirkel"), bei Dienstleistern unmittelbar auf den Empfänger. Hier bestätigt sich in praxi was der Konstruktivismus[97] behauptet: die Realität sei nicht objektiv vorhanden, sondern werde von uns konstruiert. Wie man diese anders konstruiert, aus seiner inneren Kündigung heraus kommt, seine Opferrolle umgestaltet, zeigt sehr pragmatisch Stephen Covey.[98]

- *Arbeitssituation:* unangenehme Aufgaben, bürokratische Regelungen, Informationsdschungel, behindernde Organisation, rivalisierende Kollegen, u.ä. wurden schon in den Herzberg'schen Studien als die häufigsten Unzufriedenmacher identifiziert. Erfolgreichen Mitarbeitern gelingt es oft, diese Hindernisse flexibel umzugestalten, gleichwohl ist das Beseitigen von Demotivatoren eine der wichtigsten Führungsaufgaben.

- *Missmanagement:* hü & hott der Chefetage, Selbstbedienungsmentalität, Misstrauensorganisation (Kommando & Kontrolle), unfaire Arbeitsverteilung, zu wenig Autonomie, wenig Anerkennung, u.s.w. Wir werden uns im Kapitel 3 ausführlich damit befassen.

- *Unverschämte Kunden:* schon zu Beginn dieses Buches zeigten wir Berichte, dass Klienten nicht immer „nett" sind. Überzogene Ansprüche, Besserwisserei, falsche Behauptungen und verletzende Umgangsformen sind derart häufig, dass Southwest Airlines nicht wie heute üblich den Kunden in den Mittelpunkt stellt, sondern propagiert „employees come first, the customer is sometimes wrong; we don't carry those sorts of customer".[99] Diesen oft vernachlässigten Aspekt werden wir in einem eigenen Kapitel behandeln (1.7.1).

Es gibt demnach genug Gründe, demotiviert zu sein und tatsächlich weist das Meinungsforschungsinstitut Gallup nun schon im zehnten Jahr in Folge nach, dass zwei Drittel der deutschen Arbeitnehmer lustlos Dienst nach Vorschrift schieben und listet die damit verbundenen Probleme auf, von Krankenstand bis zu Finanzkennzahlen.[100]

Bei diesem negativen Grundrauschen lohnt es sich genauer hinzuschauen: wie unterscheiden sich die Länder, Konjunkturphasen, Branchen, Unternehmenskulturen, Jobs, Mitarbei-

---

[95] BZ 16.9.2010

[96] Kersten, El: The Art of Demotivation, Austin 2005, p.18f

[97] Watzlawick, Paul: Wie wirklich ist die Wirklichkeit, München 1976. Maturana (1987)

[98] Covey, Stephen: The 7 habits of highly effective people, first things first, New York 1994

[99] Freiberg:, Kevin Nuts, Southwest Airline's crazy recipe for business & personal success, New York 1996, ch.19

[100] Gallup Engagement Index 2010. In den USA schaut es nicht viel besser aus: HR Special Survey, engage the employee; in: Businessworld, 27/2008, p.677f.

tertypologie? So finden wir in Gastgewerbe und Handel zwar, im Durchschnitt gesehen, das höchste Engagement der Beschäftigten, gleichzeitig gibt es in dieser „Szene" vielfach Klagen über die unattraktivsten Arbeitszeiten, miserable Führungskultur, schroffer Umgangston, wenig spannende Tätigkeiten, schlechte Bezahlung. Und wie schnell sich die Motivation ändern kann, zeigt die DL-Branche Banken: sie hatte vor der Weltwirtschaftskrise die höchsten Werte für Mitarbeiterzufriedenheit[101], heute zeigt sie die höchste Burnout-Quote.[102]

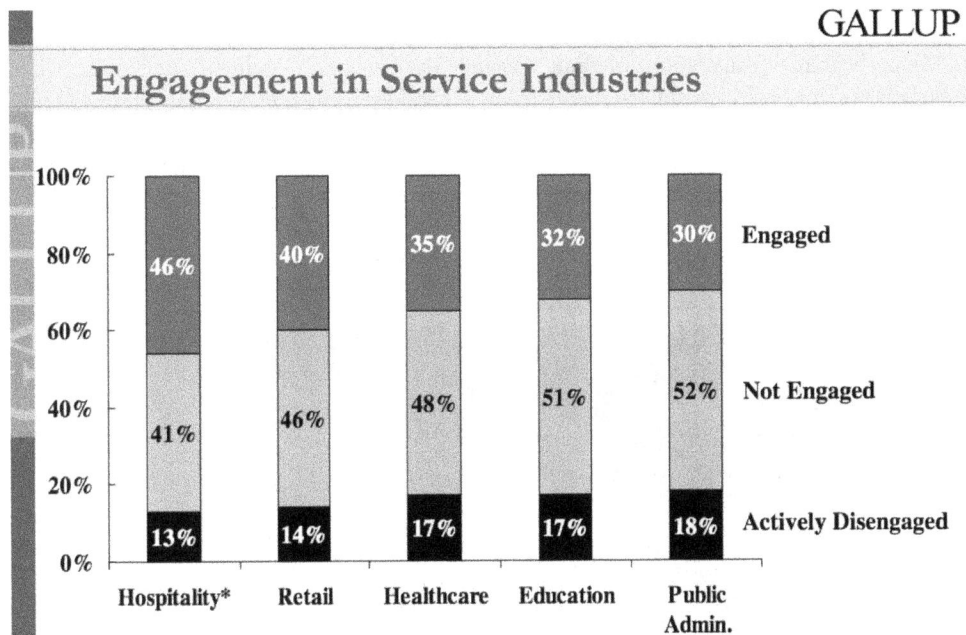

Abb. 23: Engagement des Personals[103]

Im Dienstleistungsgeschäft ist Motivation besonders wichtig, denn „value is created not on the factory floor, but when an employee meets – and interacts with – a customer. The quality of the employee-customer encounter is the vital sign, the heart rate".[104] Dieser „Herzschlag" kann in Heller und Pfennig gemessen werden: wenn sich Mitarbeiter und Kunden voll engagieren, wächst der ökonomische Erfolg exponentiell („240% boost") bzw. sinkt in Kliniken die Mortalitätsrate signifikant.[105]

Die Tiefe des Engagements, des Commitments zeigt sich darin, wie der Dienstleister dem Kunden begegnet, wie sich bei ihm Empathie und Resilienz verbinden.

---

[101] Bundesministerium für Arbeit & Soziales/Psychonomics: Unternehmenskultur, Arbeitsqualität und Mitarbeiterengagement in den Unternehmen in Deutschland, 2008
[102] „Jeder 5. Beschäftigte von Burnout betroffen"; Focus 26.3.2011
[103] Gallup: Manage your Human sigma, Princeton 2007
[104] Gallup: Manage your Human sigma, presentation 2005
[105] Gallup: Manage your Human sigma; Harvard Business Review, July/August 2005

Empathie bedeutet zum einen Mitdenken, die Perspektive des anderen übernehmen, d.h. nicht *an* den Kunden denken, sondern *wie* der Kunde denken, also wie eine indianische Redensart besagt, in den Mokassins eines anderen gehen. Ein Negativbeispiel sind hier etliche Preissysteme des ÖPV.

Es bedeutet zum anderen Mitfühlen, Einfühlungsvermögen, der richtigen Begegnung auf emotionaler Ebene. „When it comes to customers, feelings are facts".[106] Zum Beispiel ist in Restaurants „Grüßen wichtiger als Kochen"[107] und gute Kellner machen den Abend komplett fremder Menschen zu dem besten ihres Lebens: sie bedienen sie „hinten und vorne", sie kümmern sich aufmerksam um sie, geben ihnen das Gefühl wichtig zu sein.

Resilienz bedeutet Frustrationstoleranz; wegen der ziemlich intimen Begegnung des Dienstleisters mit Kunden unterschiedlichsten Charakters muss er sehr anpassungsfähig, belastbar, psychisch widerstandsfähig sein. Auch in aggressiv aufgeladenen Situationen gilt „kill them with kindness". Damit das aber auf gleicher Augenhöhe passiert und nicht in Servilität abgleitet, ist eine gute Portion Selbstvertrauen von Nöten.

Abb. 24: Resilienz & Empathie

1.6.3   Service ist Teamarbeit

Professionals sind nicht gerade auf Teamarbeit geeicht, sie „machen ihr Ding" und beäugen die Qualität der Arbeit anderer eher skeptisch. Sie sehen Teamwork gern als Vergeudung von Arbeitskraft in anstrengenden psychodynamischen Prozessen, in denen immer Labertaschen

---

[106] Simon Cooper, President, Ritz-Carlton Hotel Company

[107] Wolfgang Puck, bekanntester Koch USA, Spago L.A., Oscar Governors Ball, 70 Restaurants, 5000 Mitarbeiter, 400 Mio. $ Umsatz (SZ 4.3.10)

das Wort führen und die Fachkompetenz ignorieren. Profis haben den Eindruck, dass nur *sie* ernsthaft arbeiten und die anderen sich schmarotzerhaft dranhängen („Toll ein anderer macht's").

Dabei finden sie sich in guter Gesellschaft mit Malik[108]: „Viele große Leistungen, vor allem das, was man Durchbrüche zu nennen pflegt, waren die Leistungen einzelner Menschen, manchmal Einzelner mit Helfern, aber so gut wie nie von Teams". Empirisch bestätigt wird das durch den seit 1883 bekannten „Ringelmann-Effekt": wenn es nicht auffällt, neigen Menschen zum Drückebergertum.

Andererseits genügt ein kurzer Blick in Mannschaftssportarten (und Restaurantküchen!), dass alle verlieren, wenn man sich gegenseitig anzickt. Betrachtet man die Konstellationen Pilot & Crew, Arzt & Helferin, Projektteams unter schwierigsten Bedingungen, dann wird deutlich, dass bei Dienstleistungen die Akteure nicht bloße Produktionsfaktoren wie in einer Fabrik sind, Service ist ein *Produkt aus Wissen und Team*.

Und wenn sich die Gruppendynamik so entwickelt, dass der Funke überspringt, entstehen regelrechte high performance teams:

- alle halten zusammen wie Pech und Schwefel
- die Gemeinschaft fühlt eine starke Identität
- es bildet sich ein sense of eliteness
- man spürt die gemeinsame Aufgabe/Mission
- alle arbeiten hingebungsvoll mit großer Freude.[109]

Damit dieses starke „Wir-Gefühl", „tous pour un, un pour tous"[110], entsteht, muss die zusammen gewürfelte Gruppe so getrimmt werden, dass

- man Zeit und Gelegenheit findet, sich zusammen zu raufen[111]
- jeder sein Ego zurückstellt und sich an das Prinzip do ut des hält
- heterogene Talente in eine sich ergänzende Rollenverteilung münden[112]
- Entscheidungen im Konsens getroffen werden und nicht durch (demokratische) Abstimmungen oder von außen bestimmt[113]
- sich eine vertrauensvolle Feedback-Kultur entwickelt, in der man nicht übereinander, sondern miteinander redet
- gezielt Herausforderungen gesucht werden und nicht das bequeme, risikoarme Sich-Durchwursteln.

Wie man Teamgeist gezielt fördert, konnten wir in unterschiedlichsten Formen erfahren; vom simplen „Leberkäs-Montag" bei Spedition Häring bis zum ambitionierten „nobody is perfect, but a team can be" im Siemens „TOPplus-Programm".

---

[108] der populäre Managementprofessor der Universität St. Gallen im Manager Magazin 20.10.2003

[109] „Jelled Team" nach deMarco, Tom: People Ware, New York 1999

[110] Alexandre Dumas: Les trois Mousquetaires

[111] teamentwickelnde Maßnahmen orientieren sich an der klassischen „Teamuhr" nach Tuckman, Bruce: A model for the development of cooperation in groups, 1965 (group-dynamics.blogspot.com)

[112] Driver, coordinator, originator, monitor, supporter, implementer, finisher, investigator, insulator (Katzenbach/Smith: The wisdom of teams, creating the high-performance organization, HBS 1993); z.B. auf Rennyachten Steuermann, Navigator, Grinder, Trimmer, Pitmann etc

[113] nach dem japanischen „Ringi"-Prinzip

Ein nachahmenswertes Konzept findet sich in der Hotelkette Marriott: „each week three guests are asked to identify the associate who has been most helpful during their stay. The three winning associates are then asked to identify three colleagues in the heart of the house who have been most helpful to them during the week; that trio likewise receives awards". [114]

Man mag nun einwenden, man kenne einen Anwalt, Friseur, Pizzabäcker etc, der ganz allein arbeite. Dazu ist zu sagen, dass die aus dem Hintergrund Mithelfenden oft nicht sichtbar und selbst dem Dienstleister nicht bewusst sind: die Sekretärin in Teilzeit, die Schwester für die Buchhaltung, die unentgeltliche Mutter in der Küche. Und, es gibt <u>immer</u> noch einen der mitwirken muss: der Klient, Gast, Kunde. Nur wenn beide zusammen wirken, entsteht Wert.[115]

1.6.4   Moments of Truth

Der „Augenblick der Wahrheit" bei Dienstleistungen ist nicht, wenn der Kunde die erschre-ckende Rechnung bekommt oder Kakerlaken entdeckt, sondern weit davor, schon beim alle-rersten Kontakt, beim ersten Eindruck über den Dienstleister und dessen Organisation. Und dieses erste Urteil wird bestärkt oder revidiert in einer Kette weiterer Kontaktereignisse.

Moments of Truth

- ■ Each customer contact is called a moment of truth

- ■ You have the ability to either satisfy or dissatisfy them when you contact them

- ■ A *service recovery* is satisfying a previously dissatisfied customer and making them a loyal customer

Abb. 25: suerte de la verdad

---

[114]   Marriott (1997) p.129
[115]   s. Kap.1.2.2

„Every service employee has the choice to manage each of these moments of truth by having control over his behavior toward the customer. At each of these moments many things can go right or wrong to create a strong impression for the customer about the organization. Positive moments of truth are the building blocks of customer loyalty. Consider that every interaction we have with anyone has two levels: the Business Level which gets the work done or meets the customer's external objectives and the Human Level which is all about how the customer feels about the interaction".[116]

Im Gegensatz zum Produktgeschäft haben die *Kundenkontaktpunkte* eine ganz besondere Bedeutung, weil in diesen Momenten die gesamte Kompetenz und alle qualitätssteigernden Maßnahmen des Unternehmens durch einen Mitarbeiter Ausdruck finden müssen. Der Mitarbeiter spiegelt in diesen Kontakten gleichermaßen die Kompetenzen, Potentiale und Innovationen des Unternehmens, wie auch die gelebte Kultur des Unternehmens wieder. Aus Sicht des Kunden ist der Mitarbeiter der vollständig autorisierte Vertreter des dienstleistenden Unternehmens.[117] Fraglich ist, ob sich der Mitarbeiter dessen in der Praxis wirklich bewusst ist.

Nehmen wir ein Beispiel aus einer Situation, in der mehr Spaß und Erholung gesucht wird und weniger Arbeit und Stress, wie das Mieten eines Hauses, Campmobils, Schiffes für den Urlaub. Meine Freude über die bestandenen Lizenzprüfungen und den Anblick meiner gecharterten Yacht wurde schnell getrübt, als wir an Bord gingen und knietief im Wasser standen. Die Suche nach dem Leck, den Schäden an Takelage und Antrieb und deren Behebung kostete viel Zeit und Nerven. Dass solche lässigen Schlampereien der Vormieter, Mitarbeiter und Manager keine Ausnahmefälle sind, zeigt eine Studie zum Houseboating auf dem Lake Powell.[118] Die Charteragenturen rätselten, warum Gäste so selten wieder kamen, während vergleichbare Resorts von Stammgästen profitierten. In der Studie wurde der typische Ablauf eines derartigen Urlaubs nachgezeichnet und es wurde erschreckend deutlich, wie viel harte Arbeit den Urlaubern aufgebürdet wurde vom mühsamen Besorgen und Laden des gesamten Proviants bis zum stressigen Hinausmanövrieren aus dem überfüllten Hafen. Kam dann noch schweres Wetter hinzu, hatte der Trip etwas von „Survival", was eher selten geschätzt wurde.

Ein praktikabler Lösungsansatz diese suertes de la verdad[119] einzuüben ist, mit den Schlüsselspielern von der Kundenfront eine Art „Kundenschreckliste"[120] zu erstellen: was ist der typische Kundenpfad und was erlebt der Klient, wenn er mit uns im Kontakt ist. Dabei erleichtert Visualisierung, Fehler in den Berührungsmomenten aufzuspüren; eine populäre Technik hierfür ist *Blueprinting*, das bei der graphischen Darstellung Sichtbarkeits- und (externe/interne) Interaktionslinien hinzufügt, so dass man überlegen und „inszenieren" kann, was auf der Bühne und dahinter stattfindet (stattfinden soll).[121]

---

[116] so der Chef der Airline SAS, Jan Carlzon: Moments of truth, new strategies for today's customer driven economy, 1987, ch. 1

[117] Biermann, Thomas: Kompakttraining Dienstleistungsmanagement, Herne 2006, S. 28

[118] A key to service innovation: Services blueprinting, in Knowledge@W.P. Carey, January 30, 2008

[119] Hemingway analysierte diese „Augenblicke der Wahrheit" um Leben und Tod im Stierkampf

[120] Obermann/, Christof/Schiel, Frank: Trainingspraxis, Stuttgart 1997, S.388f. Fitzsimmons (2008) p.128, 197f, 202

[121] siehe hierzu unser Kapitel 2.3, 2.4

Die psychologische Arbeit dieser Inszenierung lässt sich gut mit *Goffman*'s Konzept der „role performance" gestalten: „undertaking a role is like to playing a part on stage: each individual plays by articulating a series of props and learnt conventions (talk and body language) to develop the observed role as illusion and impression; e.g. a waitress projects an image of quiet courtesy serving guests, but become loud & aggressive behind the swing-doors".[122]

1.7   Nach dem Spiel ist vor dem Spiel (Aftersales)

1.7.1   Wie schön wäre die Medizin ohne Patienten

Nicht nur im Theater und Sport lässt man das Erlebte gern Revue passieren und es zeigt sich auf's (nicht immer) Schönste, dass es gar nicht so einfach ist, die Ursache eines Misserfolgs auf die Protagonisten zu schieben, auch das Publikum hat einen gehörigen Anteil daran.

Das Zusammenspiel zwischen Dienstleister und Kunden wird durch *„unpassendes" Verhalten des Dienstleistungsempfängers* massiv beeinträchtigt. Die Palette reicht von mangelnder Compliance (der Patient befolgt nicht die Vorgaben des Arztes) bis zu Fehlverhalten (Trunkenheit, körperliche Angriffe).

Die delikate Interaktion zeigt sich ‚sprichwörtlich in dem alten Ärztemotto „die Medizin wäre eine schöne Disziplin, wenn nur die Patienten nicht wären". Decouvriert wird diese etwas eigene Art der Wertschätzung bei der traditionellen Klinik-Visite des Chefarztes: Ärzte besprechen den Fall, egal ob der Patient im Bett liegt oder nicht, und schützen sich mit ihrer Fachsprache davor, verstanden zu werden; und wenn sie unter sich sind, benutzen sie nicht die Patientennamen, sondern sprechen z.B. von „der Leber hinten am Fenster".

Nicht nur Mediziner klagen über unvernünftige Patienten, die Vorsorgeuntersuchungen und ärztliche Ratschläge ignorieren. In der Tourismusbranche beschwert man sich (hinter vorgehaltener Hand) über das weit verbreitete Auftreten von diebischen Gästen und Urlaubern, die nur reklamieren, um noch etwas Geld zu zocken; da erscheint die in Kap. 1.1.1 erwähnte Klage über mangelnde Höflichkeit von Hotelgästen geradezu harmlos.

Weniger harmlos sind Kunden, die vollends aus der Rolle fallen, indem sie unverschämte Ansprüche stellen, betrunken sind, das Personal angreifen. Eine Studie bei der Deutschen Bahn ergab, dass 90% des Zugbegleitpersonals verbale Angriffe und gut 30% sogar körperliche Angriffe erlebten.[123]

In solchen Situationen erleben die Dienstleister einen massiven Konflikt zwischen den Zumutungen der Rolle und den eigenen Emotionen und wohlfeile Ratschläge aus Serviceseminaren, wie „kill them with friendliness", helfen wenig weiter. Wenn dann noch ein Work-Privacy-Conflict dazu kommt, der bei der Bahn z.B. durch den wenig beeinflussbaren Schichtdienst befeuert wird, empfindet man den eigenen Job vollends als bloß belastend.

---

[122]   Goffman, Erving: Wir alle spielen Theater, die Selbstdarstellung im Alltag, München 2009; Bryson (2003) p.175!
[123]   „Vorsicht bei der Abfahrt, bespuckt getreten, geschlagen", SZ 10.9.10.

Die Leiden der Dienstleister

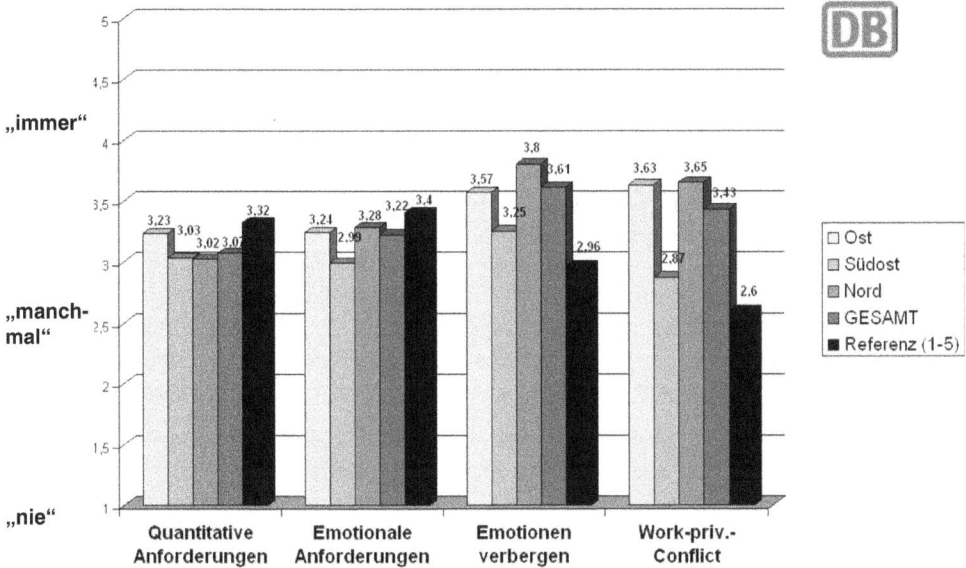

Abb. 26: worunter das Personal leidet[124]

Dass dies nicht zwangsläufig im Personentransport der Fall sein muss, zeigt das Beispiel Southwest Airlines: „the customer is not always right ... we make no bones about telling a customer when they are wrong. We will not tolerate bad treatment of our people". Der Faktor Spaß ist in diesem Unternehmen so dominant, dass er von der Einstellungspolitik bis zum Umgang mit Kunden und Konkurrenten reicht.[125] Spaß darf hier nicht verwechselt werden mit kindlicher Disziplin- und Verantwortungslosigkeit. Gerade im Flugverkehr sind absolute Disziplin, Verlässlichkeit, Frustrationstoleranz, Stressresistenz und die gelungene Verbindung von Theorie und Praxis unabdingbar. Man lernt an Bord Selbstüberwindung und trotz Erschöpfung seinen Dienst zu tun; als Teil einer begeisterten, starken Crew kann man auch Herausforderungen als Vergnügen empfinden und selbst widerspenstigen Passagieren die geeignete Rolle zuweisen.

1.7.2   Falsche Erwartungen

Oft stellt es sich erst im Nachhinein heraus, dass es der Klient selbst ist, der dem Erfolg der Dienstleistung im Wege steht. Sind die Empfänger nach der Serviceerbringung enttäuscht, muss das also nicht zwangsläufig an der Servicequalität liegen: ist ein Arzt, der viele Medikamente verschreibt ein guter oder schlechter Arzt? Ist die Deutsche Bahn zuverlässiger als die Lufthansa? Sind die Consultants von McKinsey rücksichtslos?[126]

---

[124]   Quelle Bachelorthesis HWR (confid) Berlin 2010
[125]   Freiberg (1996) ch.19
[126]   vgl. Rolf Hochhuths Werk „McKinsey kommt"

Abb. 27: falsche Erwartungen (© King Features Syndicate)

Der Kunde/Klient/Patient ist immer Teil der Dienstleistung. Seine Knauserigkeit einerseits und unreflektierten Ansprüche andererseits bestimmen die Qualität. Wir hörten bereits von der „Mehr-ist-besser-Erwartung" der Deutschen und Amerikaner in der Medizin, die mit ihrer Suche nach Patentlösungen – wie Watzlawick zeigt – eher zum Opfer werden.[127]

Post hoc, ergo propter hoc ist natürlich unbefriedigend: nachher kann man leicht schlauer sein, sinnvoller ist es, die Weichen im Vorhinein richtig zu stellen.

Es geht deshalb nicht einfach darum, irgendwie die Dienstleistung noch zu verbessern, sondern die *Erwartungen* des Kunden / Klienten überhaupt zu kennen, und auch zu beeinflussen. Leicht einsehbar ist, dass überzogene und utopische Erwartungen korrigiert werden müssen, wie die des Anlegers, hohe Rendite bei Null Risiko zu wünschen; oder, das Finanzamt tritt jetzt „bürgernah" auf: „fein, die machen jetzt meine Steuererklärung".[128]

Überzeugungsarbeit ist bei sehr hohen Erwartungen zu leisten. Machen Sie dem Kunden klar, dass Full Service ein Luxus ist, der etwas kostet. Wenn er Bedenken hat, erinnern Sie ihn daran, dass er für besondere Erlebnisse in Sport, Kultur, Urlaub ja längst eine hohe Preiselastizität zeigt.

Besonders schwierig wird es, wenn Geschmack und Finanzkraft der Dienstleistungsempfänger korrumpierend wirken. Ein besonders drastisches Beispiel ist hierfür der Massentourismus, der nicht nur Landschaften, sondern auch ehrwürdige Kulturen und gesunde Sozialstrukturen zerstört. Dass diese „Gemeinden sich nicht in Bordelle des Fremdenverkehrs"[129] verwandeln müssen, zeigt André Heller und manches Projekt des sanften Tourismus'. Also auch wenn die Erwartungen zu niedrig sind, ja manchmal schon an Masochismus grenzen, ist psychologisch geschickte Lenkung gefragt.

---

[127]   „Patendlösung" Watzlawick, Paul: Vom Schlechten des Guten, München 1986; s. unser Kap. 1.1.1

[128]   dieses Missverständnis wurde uns auf einem Service-Workshop berichtet. Ein amüsanter Clip findet sich in You Tube: Mad Men fires secretary „Sie sollten nicht meine Dinge regeln, sie sollten die Erwartungen der Leute managen"

[129]   die drastische Sprache zeigt die Betroffenheit der Protagonisten; Thomas Gottschalk kritisierte seine Abhängigkeit als „Quotenhure"; Heller versucht mit seinem Giardino Botanico am Gardasee diesem Trend zu entkommen

„Gaps"der Servicequalität

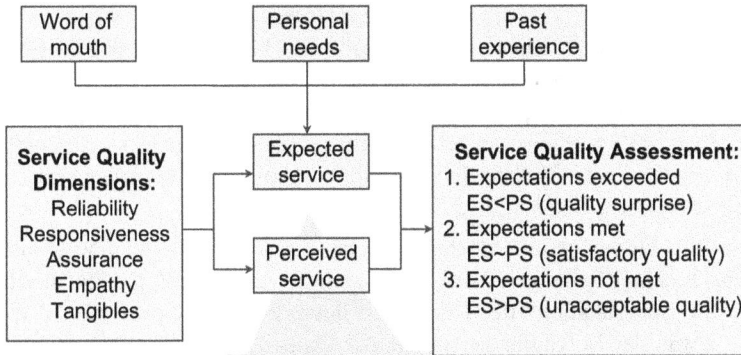

Word of mouth	Personal needs	Past experience

| Service Quality Dimensions: Reliability Responsiveness Assurance Empathy Tangibles | Expected service | Service Quality Assessment: 1. Expectations exceeded ES<PS (quality surprise) 2. Expectations met ES~PS (satisfactory quality) 3. Expectations not met ES>PS (unacceptable quality) |
| | Perceived service | |

GAP 5:   Diskrepanz zwischen Erwartung und Wahrnehmung
GAP 1:   Diskrepanz zwischen Erwartung und deren Wahrnehmung
         durch das Management
GAP 2:   Diskrepanz zwischen der Managementwahrnehmung &
deren   Umsetzung in e. Spezifikation
GAP 3:   Diskrepanz zwischen der Spezifikation und der tatsächlich
         erstellten Leistung
GAP 4:   Diskrepanz zwischen der erstellten Leistung und der kunden-
         gerichteten Kommunikation über diese Dienstleistung

Abb. 28: Gap-Modell

„Alles für den Kunden" ist also eine typische *„Lösung erster Ordnung"*; derartige Patentrezepte haben immer unerwünschte Folgewirkungen.[130]

Um als Serviceleister „richtig" zu handeln, müssen zugleich die Erwartungen gemanagt werden und das auf mehreren Ebenen, wie uns das Gap-Modell der Servicequalität[131] zeigt. Bei Dienstleistungen finden wir eine ganze Reihe charakteristischer Fallen:

- Hat der Kunde überhaupt eine klare Vorstellung von seinem Bedarf und seinen Qualitätsansprüchen, und kommuniziert er diese auch eindeutig? Worauf beruhen diese Vorstellungen (auf welche Vorerfahrungen, welche Empfehlungen baut er)? Sind diese Ansprüche des Klienten überhaupt sinnvoll?

- Wie sieht demgegenüber das Qualitätsverständnis des Dienstleisters (bzw. seines Managements) aus und wozu ist er in dem gegebenen (?) Rahmen überhaupt in der Lage? Und wie wird das spezifiziert durch Werkzeuge wie Pflichten-/Lastenheft?

---

[130]   nach dem Muster „Mehr desselben/schreckliche Vereinfachungen", die zu „selbstrückbezüglichen Teufelskreisen führen", Watzlawick, Paul: Lösungen, zur Theorie und Praxis menschlichen Wandels, Bern 1988

[131]   Zeithaml, Valerie/Parasuraman, Berry: Qualitätsservice, was Ihre Kunden erwarten, was Sie leisten müssen, Frankfurt 1995

- Wie wird die Erbringung der Dienstleistung vor Pfusch (und Betrug) geschützt? Gibt es qualitätssichernde Maßnahmen wie „Operational Level Agreement" (OLA)?
- Wie erfolgt die Kommunikation während des Serviceprozesses, gibt es eine Art „Händchen-Halten" dabei mit dem Klienten, oder taucht der (Miss-) Erfolg der Dienstleistung erst am Ende überraschend wie ein „U-Boot" auf?
- Wie wird die erwartete Servicequalität präzisiert/vereinbart? (z.B. „Servicelevel 7x24", „Performancelevel 4h" = Wiederherstellzeit). Im Business to Business Geschäft hat es sich bewährt, die unterschiedlichen Serviceansprüche mit differenzierten Service Level Agreements (SLA) abzudecken.

Unter Software-Entwicklern kursiert seit langem eine Karikatur, die zeigt was aus einem Kundenwunsch nach „einer Schaukel" wird, wenn sich die „Experten" darüber her machen und die „funktionale Spezifikation" des Kunden in ihrem Sinne interpretieren: 1 Vorgaben des Marketing – 2 was der Verkäufer versprach – 3 erster Entwurf der Designabteilung – 4 modifizierter Entwurf der Produktarchitektur – 5 Vorversion – 6 Endgültige Version – 7 was der Kunde eigentlich wollte.

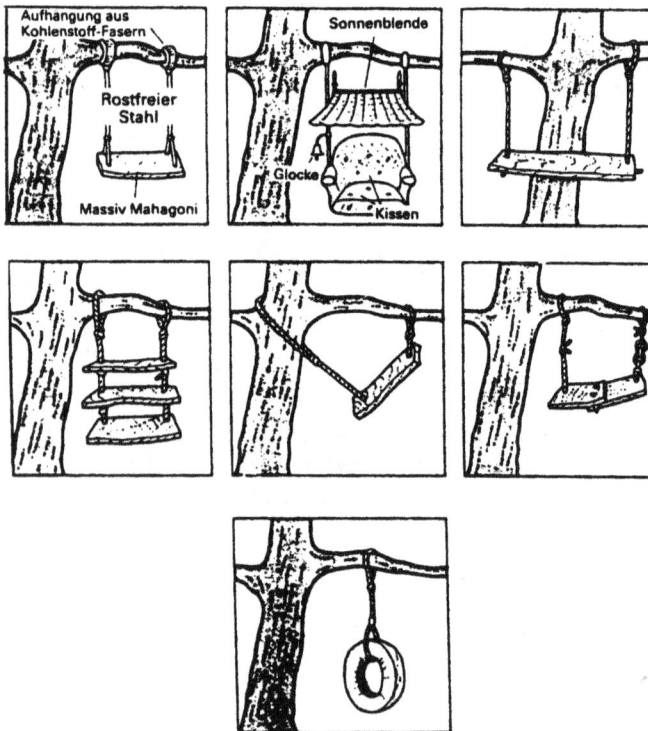

Abb. 29: „SW-Entwicklung"

1.7.3 Was ist guter Service?

Wenn Kunden unzufrieden sind, kann es nicht nur an deren falschen Erwartungen oder Verhaltensweisen liegen, sondern natürlich auch an einer nicht adäquaten Leistungserbringung. Wenn die Bahn als Symbol deutscher Pünktlichkeit von den Fahrgästen nicht auf Schweiz/Japan-Niveau wahrgenommen wird, sondern auf einem gefühlten Italien-Niveau, hat das nicht nur mit einer subjektiven Wahrnehmung zu tun.[132]

Wie wir in Kap. 2 sehen werden, haben derartige Leistungsstörungen viele Ursachen. Konzentrieren wir uns zunächst auf den für Dienstleistung zentralen *Faktor Mensch*:

Welche Einstellung hat der Mitarbeiter selbst zu seiner Rolle als Dienstleister? Sieht er sich als „Problemlöser", einen Ansprechpartner, den der Kunde aufsucht, weil er ihm die nötige Kompetenz beimisst seine Fragen klären zu können?

Oder sieht sich der Mitarbeiter als serviler Diener einer stetig fordernden Herrengestalt?

Oder fühlt sich der Dienstleister in seinem Befinden von der Inanspruchnahme der Dienstleistung gestört (spürbar zu erleben, wenn uns Bedienungspersonal einfach ignoriert, oder wenn Verkehrsbetriebe von „Beförderungsfällen" sprechen).

Wie reagiert der Dienstleistungsempfänger darauf? In den meisten Fällen, ohne sein Unbehagen deutlich zu artikulieren. Viele empirische Erhebungen haben sich mit diesen soge-

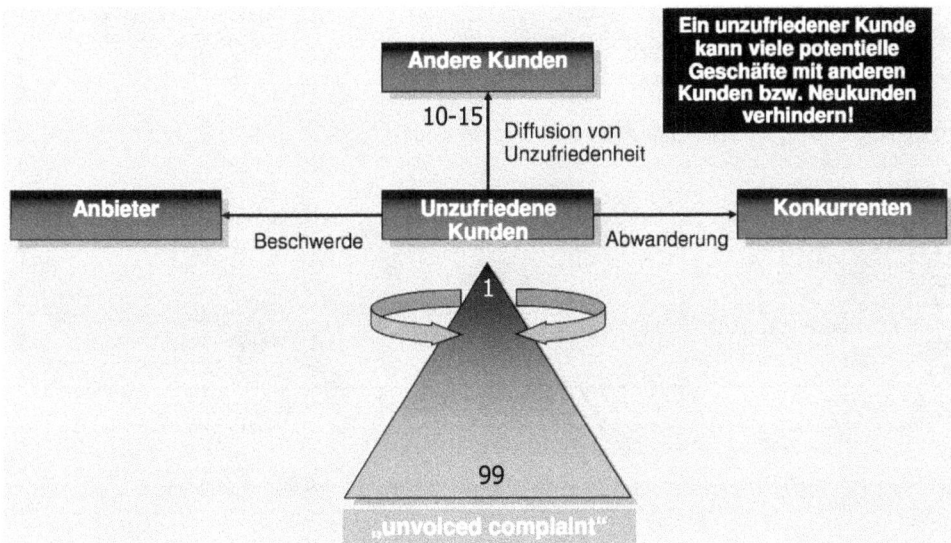

Abb. 30: Kundenzufriedenheit und Reaktion

---

[132] nach Studien der Stiftung Warentest im Jahr 2010 waren 33% der Fernzüge und 15% der Regionalzüge unpünktlich und wenn im ICE wiederholt Klimaanlagen ausfallen, ist das objektiv überprüfbar

nannten „unvoiced complaints" befasst und kommen zu dem Ergebnis, dass sich nur etwa 10% der unzufriedenen Kunden beschweren[133]; was den Dienstleister zu der scheinbaren Sicherheit verführt, dass alles soweit o.k. sei.

Allerdings übersieht er damit eine Art „Zeitbombe":

- Ein einziger Unzufriedener vermittelt seine Enttäuschung an etwa ein Dutzend andere Menschen, während ein besonders zufriedener Kunde nur einer Handvoll Personen von seinen positiven Erfahrungen erzählt.[134]
- Kunden sind konsequent geworden: wenn sie nicht zufrieden sind, gehen sie einfach woanders hin und das Dienstleistungsunternehmen merkt den Verlust erst, wenn es zu spät für eine Reaktion ist. Das Verschwinden vieler Fachgeschäfte zeugt davon.
- Reagiert man auf die Beschwerde aus Sicht des Kunden richtig, bleibt er in 90% der Fälle trotz des erlebten Problems auch in Zukunft Kunde und empfiehlt häufig sogar weiter.
- Es kostet 5–9 mal mehr Geld, einen verlorenen Kunden durch Akquisition von Neukunden zu ersetzen, als einen unzufriedenen zu halten.

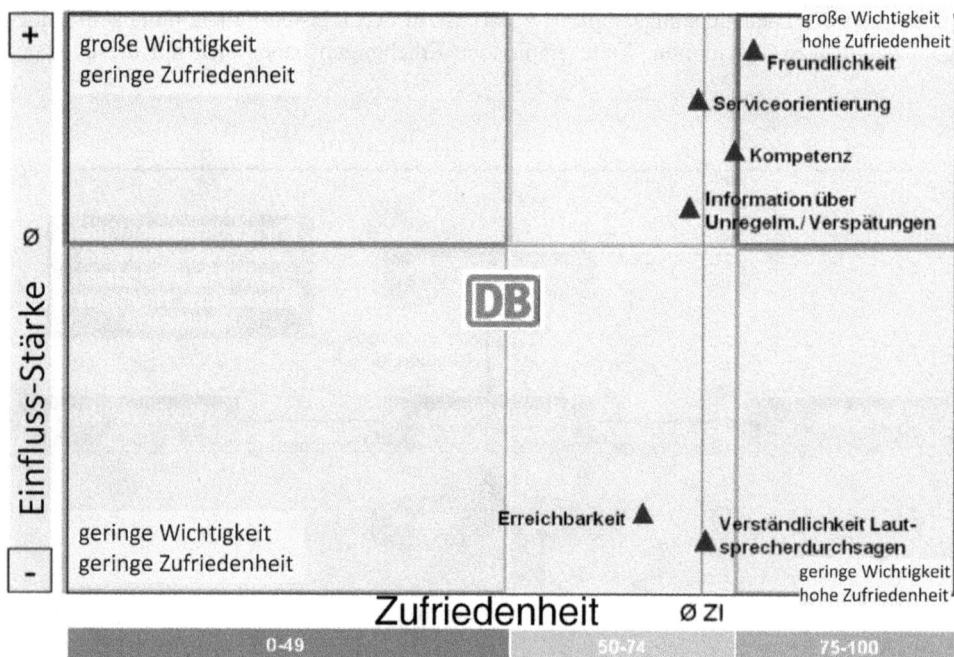

Abb. 31: Relevanz von Kundenerwartungen (mit freundlicher Genehmigung der DB-Fernverkehr)

---

[133] Kenning, Peter: vom Umgang mit den Klaglosen, Harvard Business Manager 3.4.2009

[134] Stauss, Bernhard: Beschwerdezufriedenheit deutscher und japanischer Volkswagen-Kunden, Forschungsbericht, Ingolstadt 1998

Die Bedeutung der (Un-)Zufriedenheit des Kunden ist durch die Mund-zu-Mund-Propaganda im Netz noch wichtiger geworden. Am meisten wird das Internet für Reisen genutzt, denn man kann bequem Preise und Angebote vergleichen und traut sozialen Netzwerken[135] mehr als vollmundigen Werbeversprechungen. Für die Tourismusbranche gilt deshalb: wer heute online schläft, hat morgen keinen Gast mehr.

Es ist wenig hilfreich, das Thema Kundenzufriedenheit mit Schnellschüssen zu erledigen, sondern es lohnt sich auch hier, genauer hinzuschauen. Nehmen wir das Beispiel Deutsche Bahn:

Wir hörten bereits, dass die Wurzel der Kundenunzufriedenheit in der Diskrepanz zwischen Erwartungshaltung und Realität („Gap") liegt. Dabei muss man differenzieren, welche Kundenerwartungen (Facetten der Qualität) besonders wichtig sind und welche weniger. Es geht nicht nur darum, <u>was</u> der Kunde bekommt, sondern <u>wie</u>! So ist aus Sicht der Bahnkunden „die Verständlichkeit der Durchsagen des Zugpersonals" (wofür die Bahn in den letzten Jahren viele Anstrengungen unternommen hat) eher ein „Nebengleis". Als viel wichtiger bewerten sie Freundlichkeit und Serviceorientierung.

Wir erleben viele, immer wieder eher hilflose Versuche von Dienstleistern, ihre Kundenorientierung bzw. Servicequalität zu verbessern; oft vergebliche Liebesmüh, die Geld und Kraft kostet und besser investiert werden könnte (s. Abb. 31).

Eine bewährte Leitlinie bieten dagegen die *„5 principal dimensions of service quality"* von Parasuraman[136]

- tangibles: Personal und Ort der Dienstleistung annehmlich gestalten, dessen Qualität positiv greifbar machen, z.B. durch Outfit, Ambiente[137]
- reliability: Verlässlichkeit, Richtigkeit, Glaubwürdigkeit; z.B. nichts versprechen was man nicht halten kann
- responsiveness: Schnelligkeit, Erreichbarkeit, Bereitschaft; insb. es dem Kunden leicht zu machen, in Kontakt zu kommen
- assurance: Leistungskompetenz, Professionalität; im relevanten Themenspektrum absolut sattelfest sein
- empathy: Verständnis für spezielle Wünsche, Entgegenkommen, spüren was der Klient eigentlich wirklich will.[138]

Kundenorientierung ist demnach ein „weicher", nicht leicht messbarer Faktor, der sich aber sehr „hart" und unübersehbar auswirkt. Er kostet nicht zwangsläufig mehr, erfordert nicht unbedingt mehr Zeit oder Personal, denn nett und freundlich zu sein ist „umsonst".[139]

---

[135] führende Foren im Reisesegment sind tripadvisor, holidaycheck, qype. in denen manches gehypte Hotel oder Restaurant auf dem Boden der Gästewahrnehmung landet; allerdings muss man von Gefälligkeitsrezensionen oder notorischen Nörglern abstrahieren

[136] Parasuraman, Berry: A conceptual model of service quality, Journal of Marketing 4/1985, p.41ff. Fitzsimmons (2008) 127ff. Kotler, Philip/Bliemel, Friedhelm: Marketing Management, Stuttgart 2001[10]. Horovitz, Jacques: Die 7 Geheimnisse erfolgreicher Service-Strategie, 2000; McKinsey Wissen 20.3.2007

[137] z.B. Dresscode und Einrichtung bei Unternehmensberatungen, „Kissenmenü" in Tophotels; Flugzeugsitze; s.a. 1.5.5

[138] s. 1.5.4; 1.6.2

[139] Frampton/ Gilpin/ Charmel: Putting patients first, best practices in patient-centered care, 2008

Von der Produktverliebtheit zur Kundenorientierung

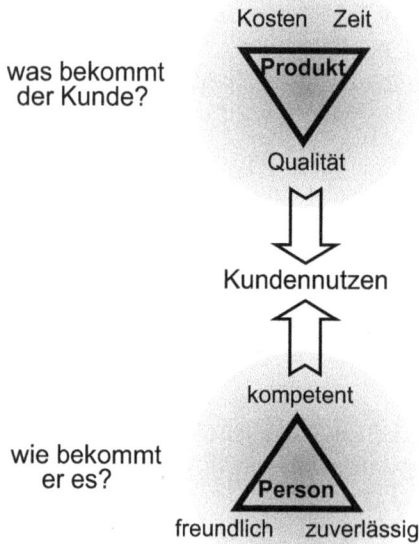

was bekommt der Kunde?

Kosten   Zeit

Produkt

Qualität

⇩

Kundennutzen

⇧

kompetent

wie bekommt er es?

Person

freundlich   zuverlässig

Servicequalität:

- tangibles
- reliability
- responsiveness
- assurance
- empathy

„Ich weiß, wir kommen an !"

Abb. 32: Was ist Servicequalität

Den Weg zu dieser Neuorientierung in Richtung „Caring" weist erfolgreich seit vielen Jahren Barbara Glanz; man muss also nicht immer komplexe, teuere Customer-Relationship-Programme auffahren, ein paar Maximen für Selbstentwicklung und Training könnten *Einstellung und Verhalten der Dienstleister* wirksam prägen:

1. *Friendly, caring service:* Customers want to be treated with courtesy and respect. They want to feel that they are important.
2. *Flexibility:* Customers want you to jiggle the system for them and their individual needs. They don't want to hear „no"; they don't want to hear all the things you've done for others; they want you to creatively figure out a way to get them what they want or need.
3. *Problem-solving:* Customers want the first person they speak to to solve their problem, not the supervisor or manager. The problem may be a business problem such as getting some necessary information for a contract or study or it may be a human problem such as making a decision on colleges for their son or daughter.
4. *Recovery:* When the organization or an employee has made a mistake, the customer wants them to apologize, fix the mistake, do something extra, and follow up. They want it to be taken care of quickly and to their satisfaction. Note that this can become an opportunity to create a loyal customer by recovering quickly and creatively.[140]

---

[140]   Glanz, (1996); Obermann/Schiel (1997) S.384ff!! Horovitz, Jacques: Service entscheidet, München 1995

Gelingt es das „Was" (preiswert, qualitativ, pünktlich) und das „Wie" (kompetent, freundlich, zuverlässig) richtig zu liefern, ist der Kunde *zufrieden*. Im Prinzip, und zunächst. Die meisten Betriebe haben sich diese Kundenzufriedenheit auch zu ihren Unternehmenszielen auserkoren; in der Hoffnung auf steigende Kundenloyalität.[141] Aber der Kunde ist ein schwieriges Wesen: dass die Dienstleistung zu seiner Zufriedenheit funktioniert, nimmt er schnell als selbstverständlich; insbesondere wenn er das öfters erlebt, wie z.B. in servicefokussierten Unternehmen wie Hotels und Autovermietungen. Verwöhnte Kunden lösen dann geradezu ein Wettrennen um mehr Kundenorientierung bei den Anbietern aus, wie besondere Begrüßungszeremonie, noch schnellere Abwicklung, give-aways, etc. Es zeigt sich, dass es nicht reicht, Kunden zufrieden zu stellen, sie müssen überzeugt und begeistert werden!

Ein Konzept, das bei diesem Problem weiterhelfen kann, ist das *Kano*-Modell. Es differenziert die Anforderungen des Kunden in drei Steigerungsstufen:

- Basisanforderungen, Must-have features, im Beispiel Hotel Selbstverständlichkeiten wie TV und Bad
- Leistungsanforderungen, normal features, wie Sauberkeit, late check-in, Internetzugang
- Begeisterungsanforderungen, „wow" features, Begrüßungsdrink, spektakuläres Design

Aus Momenten der Wahrheit Momente der Begeisterung machen

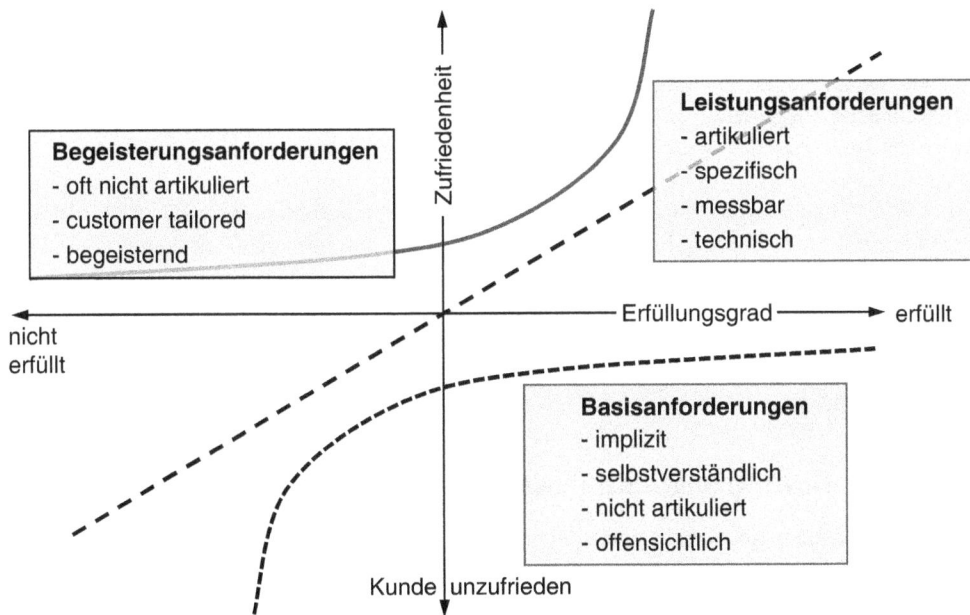

Abb. 33: Kano Modell

---

[141]   Schüller, Anne: Endlich erfolgreich durch loyale Kunden, Göttingen 2004

Die 3 Stufen der Dienstleistung	„Wir sind Damen und Herren im Dienste für Damen und Herren"	The Ritz-Carlton®
1. eine herzliche und aufrichtige Begrüßung. Sprechen Sie den Kunden, wenn angebracht & möglich, mit seinem Namen an. 2. Vorwegnahme und Erfüllung der Gästewünsche. 3. Ein liebenswürdiger Abschied. Verabschieden Sie sich mit eine herzlichen „Auf Wiedersehen" und sprechen Sie den Gast wenn angebracht & möglich, mit seinem Namen an.		**Credo** in einem Ritz-Carlton Hotel ist das aufrichtige Bemühen um das Wohlergehen unserer Gäste unser oberstes Gebot. Wir sichern unseren Gästen ein Höchstmaß an persönlichem Service und Annehmlichkeiten zu. Stets genießen unsere Gäste ein herzliches, entspanntes und dennoch gepflegtes Ambiente. Das Erlebnis Ritz-Carlton belebt die Sinne, vermittelt Wohlbehagen und erfüllt selbst die unausgesprochenen Wünsche und Bedürfnisse unserer Gäste.

Abb. 34: Ritz-Carlton Service Values

Wie man Kunden *begeistert*, kann man von Ritz-Carlton lernen, das mit „delighted, returning guests" seit vielen Jahren alle möglichen Awards für besten Service abräumt:[142]

Service ist in allen Bereichen dieser Hotelkette das oberste Gebot, und zwar Service mit Wärme, denn „elegance without warmth is arrogance". Die Servicevalues, auf die sich jeder Mitarbeitende verpflichtet, zielen auf eine ganz besondere Atmosphäre der gegenseitigen Wertschätzung und des wechselseitigen Respekts: „we are Ladies and Gentlemen serving Ladies and Gentlemen. It's all about people. Nobody has an emotional experience with a thing. We're appealing to emotions". Das Erfolgsgeheimnis liegt darin, dass 35 000 Mitarbeiter vom Zimmermädchen bis zum Hoteldirektor nicht nur dem „Kunden dienen", sondern mit ihrem Auftreten und ihrer Arbeit alles tun, um ihre Gäste zu begeistern und als einzigartig in Erinnerung zu verbleiben. Zur Inspiration dient in der täglichen (!) Abteilungsbesprechung die neueste „Wow-Story", eine Geschichte in der es jemand aus den 21 Ländern von Ritz-Carlton gelungen ist, seinen Gast so zu beeindrucken, dass er nirgendwo anders mehr absteigen will.[143]

1.7.4   Beschwert sich bei Ihnen auch keiner mehr?

Aus diesen Facetten der Kundenzufriedenheit ergeben sich wichtige Konsequenzen:

- Kann eine bestellte Dienstleistung nicht erbracht werden (z.B. der gebuchte Flug), reicht es nicht, nur eine Lösung auf der materiellen Ebene anzubieten (Ersatzflug, Vergütung). Um Unzufriedenheit des Kunden zu vermeiden, ist die *immaterielle* Ebene entscheidend: insbesondere eine rechtzeitige, verständnisvolle, hilfsbereite Kommunikation. Das Verblüffende

---

[142] z.B. Malcolm Baldrige National Quality Award1992, 1999; first ever AAA five-diamond rating: Stauss, Bernhard: Qualitätsmanagement und Zertifizierung, Wiesbaden 1994, S.371

[143] How Ritz-Carlton maintains its mystique; in: Business Week, Feb. 13, 2007

dabei ist, dass damit die Kundenloyalität sogar noch stärker wächst als wenn es keine Leistungsstörung gegeben hätte.[144] Denn ein gemeinsam erfolgreich durchstandenes Problem verbindet!

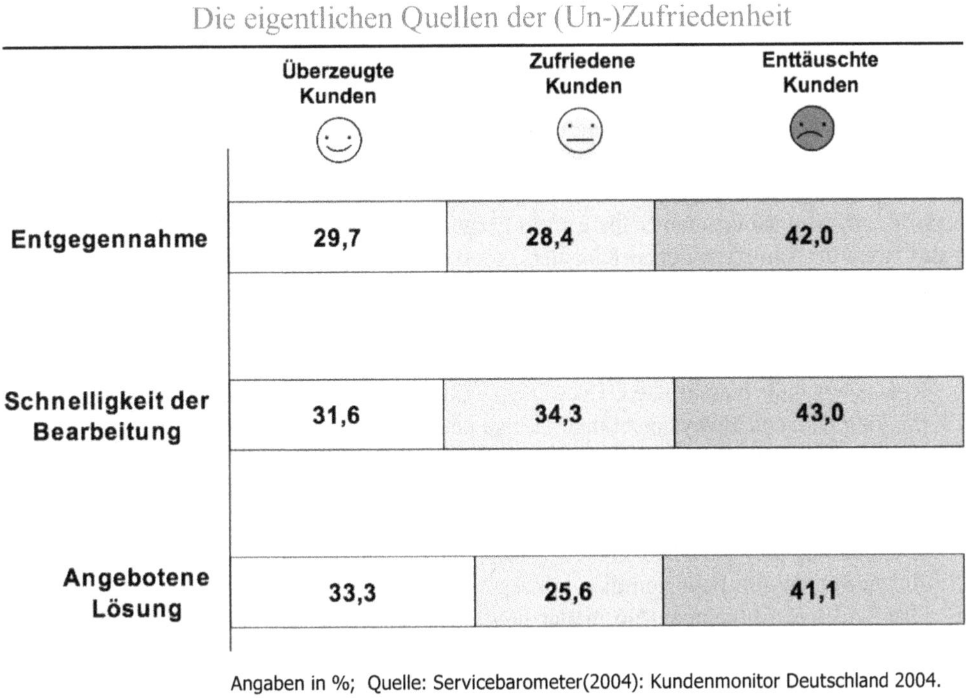

Die eigentlichen Quellen der (Un-)Zufriedenheit

	Überzeugte Kunden	Zufriedene Kunden	Enttäuschte Kunden
Entgegennahme	29,7	28,4	42,0
Schnelligkeit der Bearbeitung	31,6	34,3	43,0
Angebotene Lösung	33,3	25,6	41,1

Angaben in %; Quelle: Servicebarometer(2004): Kundenmonitor Deutschland 2004.

Abb. 35: die eigentlichen Quellen der (Un-)Zufriedenheit

Eine echte Lösung zweiter Ordnung besteht also nicht in der Verbesserung des Produktes ‚Dienstleistung', sondern im *Verhalten*!

- Man darf nicht auf Beschwerden warten, sondern muss deren Artikulation erleichtern. Gerade weil es für Kunden oft bequemer erscheint, dem Dienstleister einfach den Rücken zu kehren, ist es wichtig, der Unzufriedenheit Sprache zu verschaffen. Keine Kundenbeschwerden zu haben ist also *kein* gutes Zeichen. Beschwerden sind eine preiswerte Hilfe zur Kundenbindung und zur Verbesserung der eigenen Qualität. „Do not concentrate on the success stories of Marriott, but the acknowledgement of mistakes and the learning gained from them".[145]

---

[144] if the complaint is resolved effectively, satisfaction goes up to 95% if the complaint has been resolved quickly. Customers who complain and get satisfactory results are 8% more loyal than if no complaint at all (Albrecht, Karl/ Zemke, Ron: Service America,1985, p.6f.)

[145] Marriott (1997) p.xvi. Bei der Deutschen Bahn DB „Fahrgastrechteformular"

Beschwerden sind etwas Heikles. Zum einen liegt laut empirischer Studien die Quelle des Problems zu 40% beim Kunden[146]: von falschen Erwartungen und unpassendem Verhalten bis zum chronischen Nörgler. Und sein Einsichtsvermögen ist häufig begrenzt.

Zum andern ist die Beziehung angespannt und gereizt: „er soll sich nicht so aufspielen"; „der kommt mir gerade recht"; „auch das noch". Man fürchtet den zusätzlichen Stress und Aufwand, Kundenverlust und Negativwerbung („wenn sich das 'rumspricht"). Und Mitarbeiter haben Angst vor internen Folgen („wenn das der Chef erfährt ...").

Dabei zeigt sich gerade beim Umgang mit Fehlern wahre Professionalität und Servicementalität. Feedback ist das „Frühstück der Champions", der Klient gibt uns eine kostengünstige Beratung zur Verbesserung unserer Dienstleistung.[147] Wir alle reagieren auf Kritik „allzumenschlich", weil sie unseren Selbstwert in Frage stellt. Als Dienstleister sind wir aber nicht in der Rolle des unverstandenen Künstlers, sondern „leben" vom Kunden. Bewährte Tipps von Barbara Glanz[148] können uns beim *Umgang mit Beschwerden* helfen:

1. Stay reasoner, breathe deeply.
2. Listen and empathize, put yourself in their shoes.
3. Remember their human need. Even if you can't meet their business need with creative thinking, you can always meet their human need for dignity and understanding.
4. Let people vent; sometimes they simply need to let off steam to someone. Agree with them every chance you get, even if it is only a „yes," or „uh-huh." If you listen long enough without arguing, often they will run out of steam and end up apologizing to you or explaining they have had a bad day.
5. Ask questions; this buys you time to keep calm and puts the ball in their court.
6. Use Selective Agreement. No matter how upset they are, find something in what they say that you can agree with. You may have to use this skill 6 or 7 times, depending upon how upset the customer is, before they calm down so you can get to the business at hand. Using it will help you to keep more objective and not take the attack personally.
7. Don't take things personally. When a customer is upset, he or she is upset with the organization or the circumstances, not with you as an individual. Remember you are the organization to them!
8. Above all, don't get hooked!

Den „Faktor Mensch" als das zentrale Element der Dienstleistung in Richtung Servicequalität verändern zu wollen wird nicht funktionieren, wenn man nicht gleichzeitig eine andere Baustelle in Angriff nimmt: die Organisation.

---

[146] Kamin, Maxine: Customer Service Training, ASTD, Alexandria 2003, p. 90

[147] Die Kosten der Kundenbindung durch Beschwerdemanagement werden auf ca. 15–20 % der Neuakquisitionskosten geschätzt (Stauss VW s.o.); Barlow, Janelle/Möller, Klaus: Eine Beschwerde ist ein Geschenk, der Kunde als Consultant, Landsberg 1996

[148] Tools for dealing with difficult customers www.barbaraglanz.com/articles/articles.
Siehe unsere Übung (8) im Supplement

2 Service Operations: Prozesse statt Strukturen

„The way to success is to work smarter, not harder"

2.1 Die abgeteilte Organisation

Herkömmliche Organisationen sind per se nicht kundenorientiert, das verraten schon Begriffe wie *„Hierarchie"*, etymologisch „Rangordnung unter Priestern", und *„Ab-Teilung"*, das Zerschneiden einer Organisation in Ressorts. Was bei den „Erfindern" dieser Arbeitsteilung, Kirche und Militär, ganz gut funktionieren mag, kommt bei Kunden schlecht an (sie sehen sich ungern als Gläubige oder Feinde). Sie erleben lange Wartezeiten, Qualitätsprobleme, unklare Zuständigkeiten und fühlen sich behandelt als Störfaktor eines Spiels, das sich eher mit sich selbst beschäftigt.

Tatsächlich lauten die *versteckten Spielregeln*[149] „keep your boss happy", „fingerpointing" (verbockt haben es die anderen), „protect your own turf" (Ressortübergriffe ahnden). Es ist deshalb für den Kunden alles andere als einfach, mit derartigen Organisationen ein Geschäft zu machen; ist sein Auftrag erst mal auf dem „Dienstweg", beginnt für ihn eine lange Odyssee mit ungewissem Ausgang.

Einige *Beispiele* zeigen, wie in traditionellen Strukturen Verantwortungslosigkeit regelrecht organisiert wird:

Bei der Deutschen Bahn führt die Trennung zwischen den Ressorts „Station & Service", „Regionalverkehr" und „Fernverkehr" dazu, dass niemand dafür zuständig ist, dass Züge auf Anschlussreisende warten. Frustrationsfördernd für die Fahrgäste ist ebenso die Trennung zwischen der Organisationseinheit „Gleisanlagen & Stellwerke" und „Reisendeninformation"; bei Störungen hilft da auch die neu geschaffene Stelle eines „Koordinators" wenig.

Sehr originell ist die Antwort der Telekom auf Klagen verzweifelter Nutzer: „die Kunden verstehen unsere komplizierten Prozesse nicht".[150]

Welche Auswirkungen horizontal und vertikal zerschnittene Strukturen haben können, zeigt der Münchner Klinikskandal um verschmutzte Instrumente im OP-Betrieb: der Klinikdirektor ist nicht weisungsbefugt, der Leiter Zentrale Sterilgutaufbereitung nicht berichtspflichtig und jeder Chirurg abhängig; die Sicherheit der Patienten ging in diesem „klassischen" Kompetenzwirrwarr unter.[151]

---

[149] Scott-Morgan, Peter: The unwritten rule of the game, New York 1994

[150] so die Pressesprecherin der Telekom zu der Beschwerde, dass bei Wechsel des Providers der Kunde 2 Wochen ohne Anschluss bleibt (SZ 7.04.2009)

[151] SZ 11.07.2010

Schwäche traditioneller Organisationen

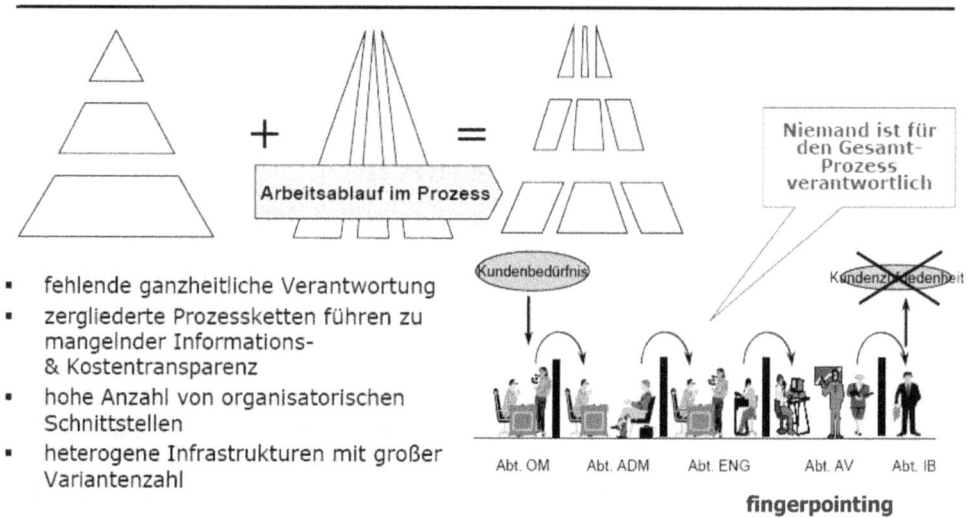

- fehlende ganzheitliche Verantwortung
- zergliederte Prozessketten führen zu mangelnder Informations- & Kostentransparenz
- hohe Anzahl von organisatorischen Schnittstellen
- heterogene Infrastrukturen mit großer Variantenzahl

Abb. 36: Over the wall

Die vertrackten Organisationsstrukturen haben nicht nur destruktive Auswirkungen auf die Klienten, sondern auch auf die Dienstleistungserbringer. Die „Wutbürger" knüpfen sich das *Personal* an der Kundenfront vor und die Hierarchie erhöht den Druck. Die möglichen Reaktionen der Mitarbeiter sind entweder, noch härter und schneller zu arbeiten[152] oder abzuwehren „ich kann doch auch nichts dafür".[153]

Wenn das Weiterspielen des Balls an die Mitarbeiter nichts bringt, wird gern die *Technologie* bemüht. Ein gutes Geschäft für die IT-Industrie, die mit dem Heilsversprechen „Customer Relationship Management" verspricht, alle Probleme mit Kunden zu lösen. Nach dieser Investition (gelegentlich auch davor) ist die Ernüchterung groß und bestätigt das alte IT-Mantra „GIGO" (garbage in – garbage out).[154]

Was also tun, um die bisherige Organisation effizienter und effektiver zu machen? Ein beliebter Schachzug des Topmanagements ist das Auswechseln von Schlüsselspielern. Immer wieder haben wir das beliebte „Kästchenmalen" erlebt: in einem schnell skizzierten Organigramm werden Namen ausgetauscht. Winkt man als Berater ab, werden massivere Umstrukturierungen vorgeschlagen, wie ein Umbau zur Sparten- oder Matrixorganisation. Alle Versuche dieser Art bewegen sich auf der Ebene Lösungen erster Ordnung. Wollen wir wirklich und nachhaltig Probleme von Systemen lösen, müssen wir *Lösungen zweiter Ordnung* kreieren[155]; diese suchen nicht nach vermeintlichen Ursachen, sondern stellen das Thema in einen neuen, weiteren, überraschenden Rahmen.

---

[152] Siegrist, Johannes: Psychosoziale Arbeitsbelastungen und Patientenversorgung, Studie d. Uni Düsseldorf, 2010

[153] ein Phänomen das der Kabarettist Dieter Hildeband in seinem Programm 2010/11 aufgreift

[154] in Kap. 2.6.1 werden wir sehen, dass der Einsatz von IT durchaus wirkungsvoll sein kann; allerdings erst wenn die Prozesse „stimmen"

[155] Watzlawick (1988) Kap.7; s.a. unser Kap. 1.7.2

Why Focus on Process?

If you focus on People - you get ....

- A work force that is as "good" as it is *trained* to be
- Employees working harder and longer, not smarter

If you focus on Technology ...

- Technology without a suitable roadmap will not result in a significant pay off.
- Technology provides the most benefit in the context of an appropriate process roadmap

früher:
„jeder für sich"

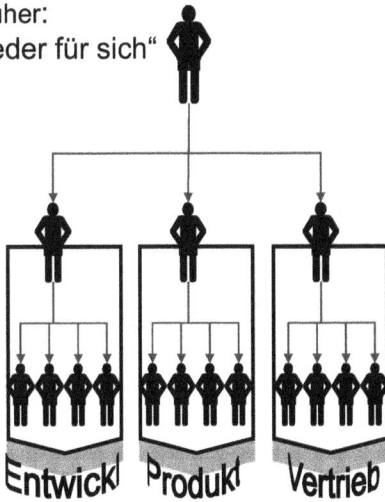

heute:
„jeder mit jedem
für den Kunden"

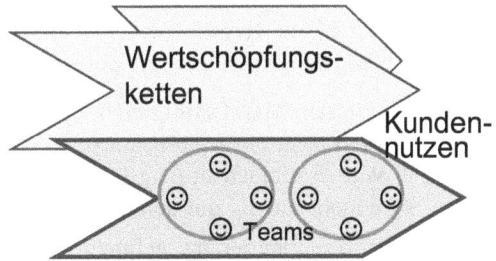

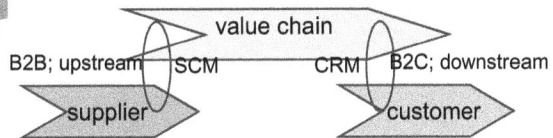

Wertschöpfungs-
ketten

Kunden-
nutzen

Teams

Entwickl   Produkt   Vertrieb

value chain

B2B; upstream   SCM   CRM   B2C; downstream

supplier   customer

Abb. 37: Warum Fokus auf den Prozess?

Es geht also nicht um die sprichwörtliche „Umorganisation", nicht um eine andere Organisationsstruktur (die Struktur ist als solche das Problem), sondern um einen ganz neuen Kontext; und dieser ist der *Prozess*!

Mit dem Fokus auf Geschäftsprozesse nehmen wir Abschied von der tayloristischen Arbeitsteilung und vom gerne geübten Abstecken von Claims zugunsten einer Ausrichtung an der Sachlogik, am notwendigen Procedere um einen definierten Output zu erzeugen.

2.2   Wie man Wertschöpfung organisiert (Value Chain)

Unter *Prozessorientierung* wird ein neues Denken und Handeln verstanden, bei dem die Grenzen zwischen einzelnen Abteilungen (Einkauf, Produktion, Verkauf) mit deren Hierarchie- und Zuständigkeitsbeziehungen aufgelöst werden. Stattdessen liegt der Fokus auf dem *Wert aller Aktivitäten für den Kunden*. Alle Abläufe und Tätigkeiten werden auf Kunden ausgerichtet, das Denken der Mitarbeiter und Manager soll sich nicht mehr vertikal (Hierarchie, Funktion, Zuständigkeit), sondern horizontal entlang der Wertschöpfung orientieren. Salopp gesagt ist – wie bei einer Wurstfabrik – nur wichtig, was hinten rauskommt.

Was passiert, wenn Unternehmen sich *nicht* am Kunden, sondern wie gewohnt an sich selbst orientieren, kann man sehr plastisch an der Musikbranche sehen. Über Jahrzehnte ging es nur darum, mit Quartalsbilanzen die Aktionäre zufrieden zu stellen und das eigene, persönliche Einkommen zu maximieren. Deshalb zählten um jeden Preis nur die Abverkäufe nach Nielsen, die Plattenfirmen verramschten ihre Musiker geradezu und übernahmen/verkauften Firmen mit dem bloßen Ziel, den Shareholder Value zu steigern; Kreativität und Musiker wurden zweitrangig, es ging nur noch um den Bilanzwahn der Erbsenzähler, eine Kultur der Gier.[156] Die Folgen sind drastisch: der Branchen-Gesamtumsatz ist im vergangenen Jahr erneut gesunken, das zehnte Minus in Folge, und die Anzahl illegaler Downloads ist weiter gestiegen.[157]

Wie man in diesem Markt erfolgreich agiert, indem man sich entlang der Wertschöpfungskette ausrichtet, zeigt ein Unternehmen, das die klassischen Music Entertainer EMI, BMG, Universal, Warner einfach in den Schatten stellt, Apple: Es setzt mit Downloads aus dem iTunes-Store mehr um als mit dem (ebenfalls marktsprengenden) Umsatz von iPhones.[158]

Damit diese Neuorientierung gelingt, müssen Unternehmen sozusagen die „Flughöhe" (über den Köpfen der Kunden) heruntersetzen und die Kernprozesse definieren. Ein hilfreiches Modell hierzu ist Porters *Value Chain*.[159]

---

[156] Wie ein Rudel Katzen, zum Zustand der Musikindustrie, SZ 4.4.2009; Brian Eno: Nur Unentspannte verändern die Welt; die Zeit 16.6.2011

[157] CD Verkauf 2010 minus 20%, Downloadverkauf plus 13% (Ifpi); von 2004 bis 2009 wuchs der Internetumsatz an Musik weltweit um 940% und Apple verkündete den 10milliardsten mp3-Verkauf, wobei der Gesamtumsatz wegen illegaler Downloads um 30% zurückging (Cebit 2010). Vgl Übung (9) im Supplement.

[158] Seit 2006 hat sich der Umsatz von Apple in diesem Segment nahezu verfünffacht: iTunes und iPod-Servies trugen 2010 fast 5 Mrd. Dollar zum Gesamtumsatz bei; Tendenz: weiter steigend (Quelle: statista)

[159] Porter, Michael: Wettbewerbsvorteile, Frankfurt 1986, S.62.

Wertschöpfungskette

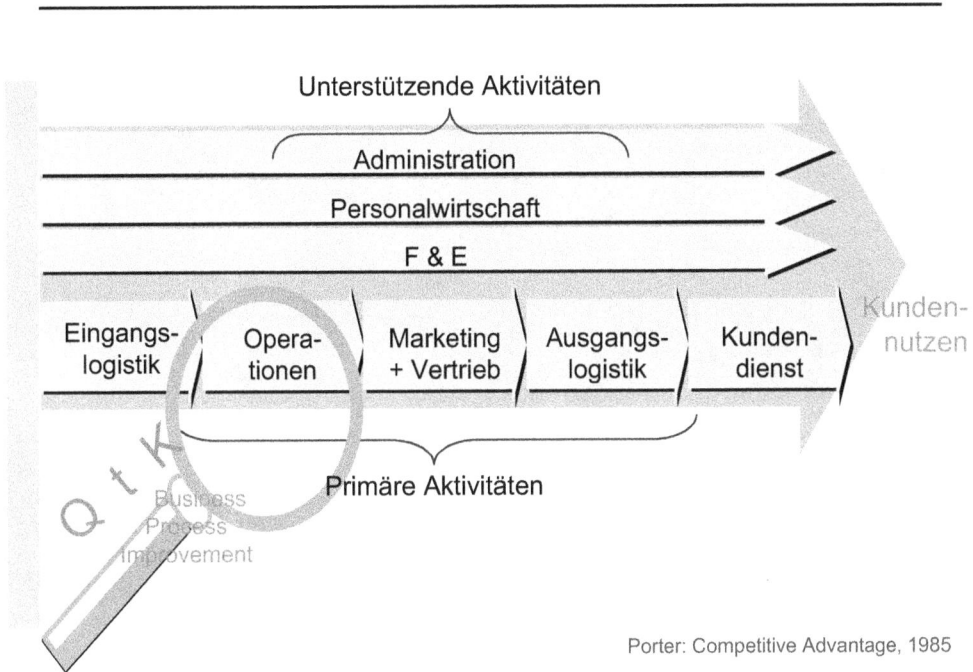

Abb. 38: Porter Value Chain

Alle Aktivitäten und Funktionen werden nach diesem Ansatz so geordnet, dass sie eine definierte Leistung erbringen. Unterschieden wird zwischen „primären Aktivitäten", die direkt Kundennutzen erzeugen, und „unterstützenden Aktivitäten" (die eher administrativen Funktionen). Alle Kettenglieder werden unter die Lupe genommen hinsichtlich Qualität, Zeit und Kosten; die unterstützenden dabei besonders kritisch.

Dieses Prozessmodell ist universell genug, um es auf die unterschiedlichsten Branchen zu passen.

Da Dienstleistungen eigentlich Leistungsversprechen sind, bietet sich hier die Logik des Verkaufsvorgangs an und man zerlegt diesen in einzelne Teilprozesse wie Begrüßung, Bedarfsanalyse und Angebotsphase. Durch die Zerlegung ist es möglich, das Optimierungspotenzial in einzelnen Sequenzen zu messen und zu optimieren. Bei der Erstellung von Dienstleistungen können Prozesse sogar eine größere Bedeutung haben als in der Güterproduktion, denn sie werden „uno actu" zeitgleich mit ihrer Erstellung konsumiert. Der Kunde kann deshalb in vielen Fällen dem Dienstleister auf die Finger schauen, so dass zeitliche Verzögerung oder Fehler im Prozess registriert werden und schnell zu Unmut führen. Busfahrer, Hotelangestellte, Anwälte können „ein Lied davon singen".

Die Umgestaltung der Organisation mit Fokus auf die Geschäftsprozesse ist kein peripheres Modethema: fast alle Unternehmen befassen sich seit Jahren damit.[160] Und man sieht auch

---

[160] Schon der Business Process Report 2007 von IDS Scheer stellt fest, dass sich 80% der Unternehmen mit
Business Process Management befassen; s.u. Übung (12) zu GPO

Value Chain Best Western Hotels

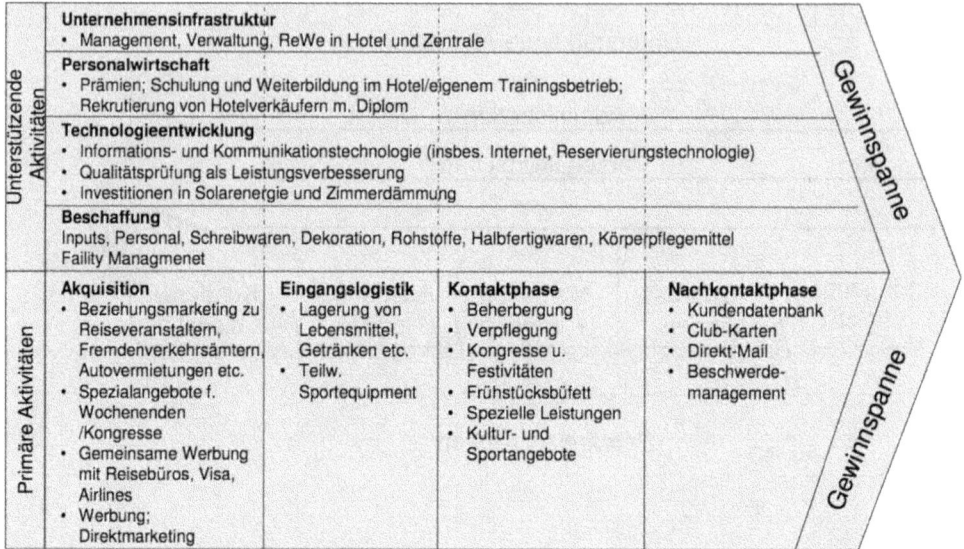

Unterstützende Aktivitäten	**Unternehmensinfrastruktur** • Management, Verwaltung, ReWe in Hotel und Zentrale			
	Personalwirtschaft • Prämien; Schulung und Weiterbildung im Hotel/eigenem Trainingsbetrieb; Rekrutierung von Hotelverkäufern m. Diplom			
	Technologieentwicklung • Informations- und Kommunikationstechnologie (insbes. Internet, Reservierungstechnologie) • Qualitätsprüfung als Leistungsverbesserung • Investitionen in Solarenergie und Zimmerdämmung			
	Beschaffung Inputs, Personal, Schreibwaren, Dekoration, Rohstoffe, Halbfertigwaren, Körperpflegemittel Faility Managmenet			

	Akquisition	**Eingangslogistik**	**Kontaktphase**	**Nachkontaktphase**
Primäre Aktivitäten	• Beziehungsmarketing zu Reiseveranstaltern, Fremdenverkehrsämtern, Autovermietungen etc. • Spezialangebote f. Wochenenden /Kongresse • Gemeinsame Werbung mit Reisebüros, Visa, Airlines • Werbung; Direktmarketing	• Lagerung von Lebensmittel, Getränken etc. • Teilw. Sportequipment	• Beherbergung • Verpflegung • Kongresse u. Festivitäten • Frühstücksbüfett • Spezielle Leistungen • Kultur- und Sportangebote	• Kundendatenbank • Club-Karten • Direkt-Mail • Beschwerde- management

Gewinnspanne · *Gewinnspanne*

Value Chain Arztpraxis

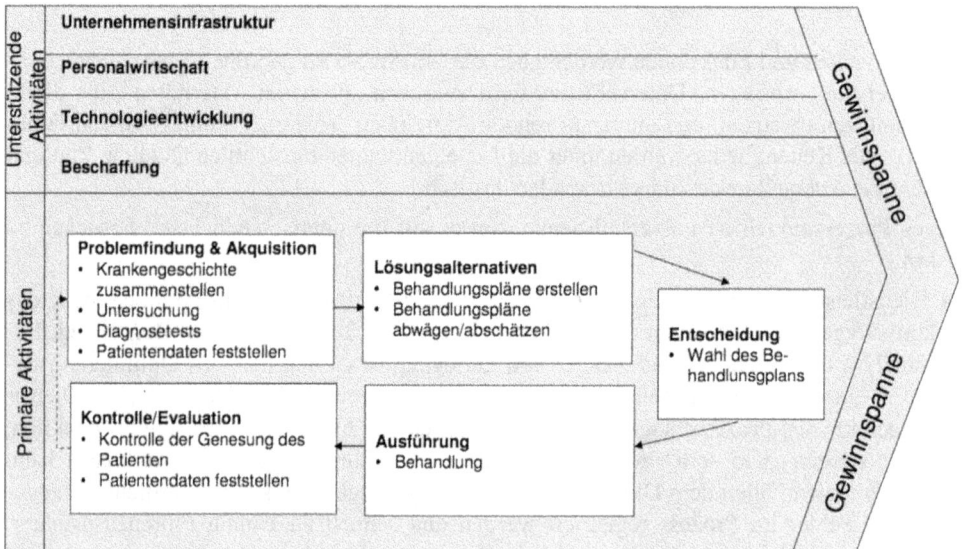

Unterstützende Aktivitäten	**Unternehmensinfrastruktur**
	Personalwirtschaft
	Technologieentwicklung
	Beschaffung

Primäre Aktivitäten	**Problemfindung & Akquisition** • Krankengeschichte zusammenstellen • Untersuchung • Diagnosetests • Patientendaten feststellen	**Lösungsalternativen** • Behandlungspläne erstellen • Behandlungspläne abwägen/abschätzen	**Entscheidung** • Wahl des Be- handlungsplans
	Kontrolle/Evaluation • Kontrolle der Genesung des Patienten • Patientendaten feststellen	**Ausführung** • Behandlung	

Gewinnspanne · *Gewinnspanne*

Abb. 39: Service Value Chains[161]

---

161   Quelle: Stabell, B. /Fjelstad, D: Configuring value for competitive advantage, on chains, shops and networks; in: Strategic Management Journal, 5/1998, p. 425

erste Erfolge, z.B. bei der Münchener Verkehrsgesellschaft, wo die Abstimmung zwischen Betriebsleiter und Ansager besser klappt als bei der Bahn, weil man die Organisation entschlackte und beide nebeneinander setzte.[162] Noch überzeugender ist die Prozessoptimierung der Produktion von Porsche, die sogar als Benchmark für Dienstleistungsbetriebe genutzt wird, so z.B. im Klinikum Freiburg.[163]

Voreilige Erfolgsmeldungen sind aber nicht angebracht, denn viele Unternehmen sind von einer prozessorientierten Organisation (trotz vollmundiger Bekundungen) noch weit entfernt und „the devil is in the details – success in the systems".[164]

2.3 Serviceprozesse transparent machen

Diese Details werden erst sichtbar, wenn die Wertschöpfungskette weiter granuliert wird. Dies erfolgt am besten in moderierten Workshops („Wertshop") in denen die Schlüsselfiguren der einzelnen Prozessglieder den Ist-Zustand der Abläufe visualisieren und Maßstäbe für eine Optimierung von Qualität, Zeit und Kosten bestimmen: nach dem Motto von Peter Drucker „if you can't measure it, you can't manage it".[165]

Prozesskette z.B. Organisation von Sendungen ARD

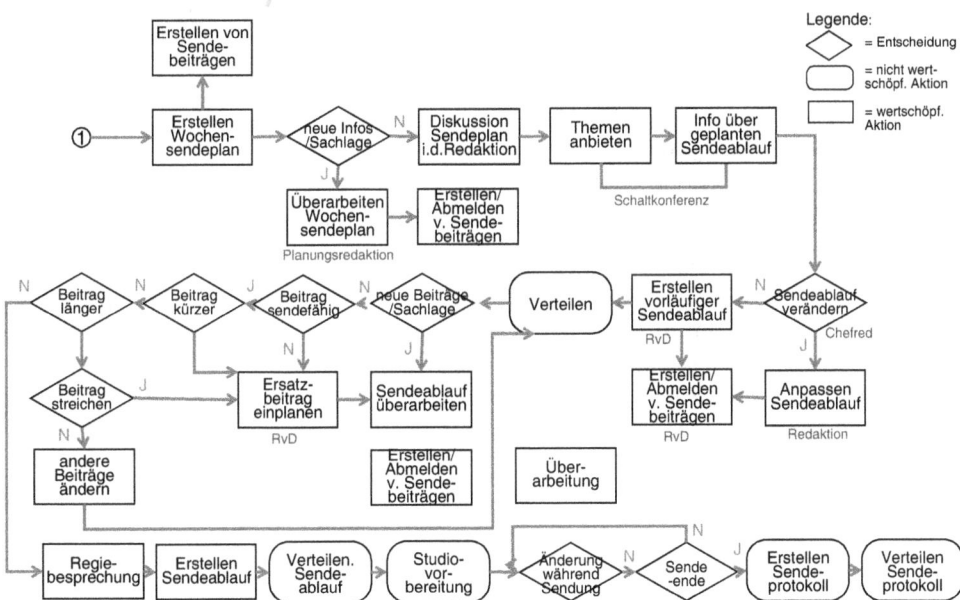

Abb. 40: Flowchart TV

---

[162] sz 12.1.11

[163] Porsche Consulting: Schlanke Prozesse im Krankenhaus, in: Caracho, Feb. 2007

[164] Marriott (1997) p.14

[165] siehe nächstes Kap. 2.4

Um diese gemeinsame Analyse zu strukturieren und grafisch darzustellen, bietet sich das gute, alte *Flussdiagramm* (Flowchart) an: mit wenigen standardisierten Symbolen lassen sich die kompliziertesten Vorgänge skizzieren und diskutieren. Rechteck für Aktivität, Raute für Entscheidung, Slip für Dokumente und Zylinder für Datei reichen schon aus und um gleich die Diskussion anzuregen, lässt man nicht wertschöpfende Aktivitäten mit abgerundeten Ecken versehen.[166]

Tätigkeiten ohne Kundennutzen sind die Ansatzpunkte für Eliminieren oder Outsourcing und man kann fest damit rechnen, das sich dabei sofort erhebliche Widerstände regen („geht nicht", „haben wir schon immer so gemacht").

Diese haben eine kognitive und eine emotionale Seite und es empfiehlt sich, nicht **gegen** den *Widerstand* zu arbeiten, sondern **mit** ihm[167]

*   Widerstand als Information verstehen: Aufzeigen der Vorteile der Ist-Situation und Logik des Bestehenden, Herausarbeiten der Spannungsfelder und immanenten Widersprüche, Aufdecken was/wer verhindert Veränderungen, Ableiten von Worst Case-Szenarios, Inspirieren mit überzeugender Vision
*   Widerstand als Abwehrmechanismus gegen Ängste vor Verlust von lieb gewonnenen Gewohnheiten oder sogar von Status und Existenz: frühzeitige, offene Kommunikation; aktive Mitbeteiligung; Ressourcen- und Lösungsorientierung, paradoxe Intervention.

Wichtig ist, diese Analyse nicht bis zur Paralyse zu betreiben. Dazu ist straffe Moderation notwendig und eine stimmige Zielperspektive, wie z.B. das Motto „easy to do business with".

Will man die Analyse der gegenwärtigen Organisation aus der Perspektive des Kunden betreiben, ist *Blueprinting*[168] das richtige Werkzeug. Es stellt den Dienstleistungsprozess, die Kundenkontaktpunkte und die Wahrnehmung der Dienstleistungserbringung aus Kundensicht dar („Augenblicke der Wahrheit"). Horizontal sieht man die Chronologie der einzelnen Prozessschritte, die sowohl der Dienstleister als auch der Kunde erbringt, und vertikal die verschiedenen Ebenen der Interaktion nach dem Grad der Visibilität.

Blueprinting visualisiert den Wahrnehmungspfad der Kunden, der vor, während und nach einem Dienstleistungsprozess bestimmte Erlebnisse als besonders qualitätsrelevant einstuft. So ist in einem Restaurant nicht nur die Kernleistung wichtig, sondern wie die Reservierung funktioniert, wie man hinkommt und parkt (Valet-Service?), die Tischdecke gewechselt ist... Die Kunst des Ankommens beherrschen im Service nur die Könner; Wolfgang Puck, der bekannteste Koch der USA bringt es auf den Punkt: „Grüßen ist wichtiger als Kochen".[169]

---

[166] Flowchart, Metaplan, EPK/ARIS

[167] „Was genau müssten wir tun, um unser Ziel nicht zu erreichen? Wie sorgen wir dafür, dass alles so bleibt wie es ist?" Watzlawick (1986); Watzlawick, Paul: Menschliche Kommunikation, Bern 1971, S.220ff.

[168] Shostack, Lynn: How to design a service; in: Donnelly/George: Marketing of services, Chicago 1981, p. 221ff. Fitzsimmons (2008) p.82f; s. Übung (10) im Supplement

[169] s.Fn 107

PHYSICAL EVIDENCE	Hotel Exterior Parking	Cart for Bags Uniform	Lobby Waiting Area Desk/Counter	Elevators Hallways Room	Handling Placement in Room	Bath Television Bed	Menu	Wait Appearance	Food	Wait Accurate Bill
CUSTOMER ACTIONS	Arrive at Hotel	Give Bags to Bellperson	Check-in	Go to Room	Receive Bags	Shower Sleep	Call Room Service	Receive Food	Eat	Check-out and Leave
Line of Interaction										
ONSTAGE CONTACT PERSON		Greet and Take Bags	Process Registration		Deliver Bags			Deliver Food		Process Check-out
Line of Visibility										
BACKSTAGE CONTACT PERSON				Take Bags to Room			Take Food Order			
Line of Internal Interaction										
SUPPORT PROCESSES			Registration System				Prepare Food			Registration System

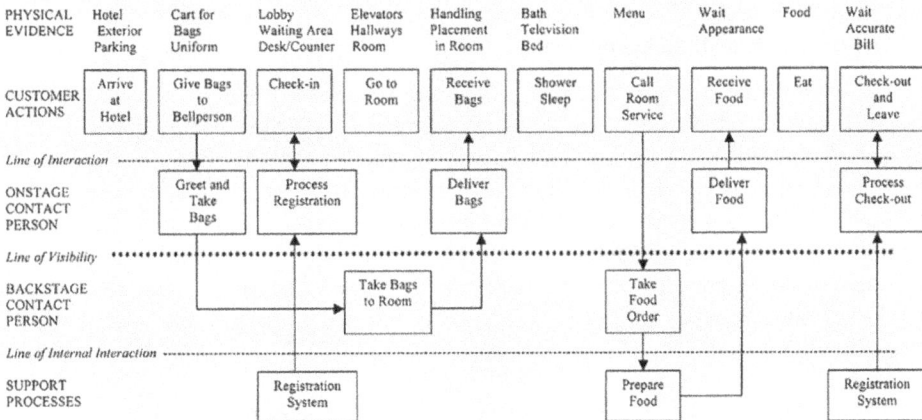

Abb. 41: Service Blueprint Hotel

Genauso bedarf die *Ebene „Physical Evidence"* besonderer Aufmerksamkeit, weil die Dienstleistung selbst immateriell ist. Finanzdienstleister und Unternehmensberater wissen das schon lange und versuchen ihre Seriosität durch die sprichwörtlichen „Marmorpaläste" zu signalisieren. Aber auch einfache Dienstleister müssen sich Gedanken machen, wie sie ihr Angebot „tangibel" machen.

Nicht erst mit der Gastrokette Vapiano ist Kochen vor den Augen der Gäste populär geworden; Foodstalls in Südost-Asien und japanische Sushimeister haben das schon immer gemacht, um Fertigkeit, Sauberkeit und Frische zu demonstrieren.

Auf der *Ebene der Interaktionslinie* geht es darum, wie auf einer Theaterbühne „moments of truth" zu inszenieren, also aus den Erwartungen und der Mitwirkung des Kunden ein Erlebnis zu machen, wobei die „Kunst" darin besteht, Individualität (Vielfalt) und Standards so in Balance zu halten, dass die Qualität aus Kundensicht und die Wirtschaftlichkeit aus Unternehmenssicht stimmt; oder, bei Professional Services (Anwälte, Wirtschaftsprüfer, Consultants, Ärzte), die gemeinsame Arbeit von Klient und Berater an einer effektiven Problemlösung.

Wichtig ist zudem, dass eine starke Beziehung zwischen Kunde und Dienstleister entsteht und nicht das Gefühl „weitergereicht zu werden". Bei komplexen Dienstleistungen hat sich hierfür eine Organisation nach dem Prinzip „one face to the customer" bewährt.[170]

Unterhalb der *Wahrnehmungslinie* des Kunden finden sich die Aktivitäten „hinter der Bühne" (backstage). Hier finden wir häufig noch die Rudimente der tayloristischen Arbeitsteilung, die in manchen Produktionsprozessen durchaus noch effizient ist, aber nicht in Fällen, in denen es um eine Lösung gehen soll (solution cases). Dafür empfiehlt sich besser die sogenannte „fallabschließende Sachbearbeitung", denn sonst „verderben viele Köche den Brei". So brauchte vor der Reorganisation die Ausleihe eines normalen Kredits bei der

---

[170] aber auch bei Marriott durch das sog. First Ten Program „puts arriving guest into the hand of one person instead of stand in line at the front desk" (1997 p.134)

HypoVereinsbank sechs Unterschriften und im Durchschnitt zwei Wochen, und das ohne das Ausfallrisiko in Griff zu bekommen.[171]

Damit an einem Vorgang nicht zu viele „Herumturnen", müssen die Profis unterstützt und entlastet werden durch Prozesse auf der sog. *internen Interaktionslinie*. Ein schönes Beispiel hierzu ist das „Mise en place": die Arbeit des Profikochs unterscheidet sich von dem ambitionierten Amateur dadurch, dass schon vor dem Kochen alles griffbereit geschnitten und geschält steht. Um ineffiziente Varianz hinter der Bühne abzustellen, kann man sich Erkenntnissen der Six-Sigma-Methode bedienen. Danach ist Fehlermachen nicht „menschlich", sondern durch gezieltes Erfassen von Abweichungen und konsequentes Arbeiten an den Ursachen abzustellen.[172]

2.4   Wie man Prozesse optimiert (Process Redesign)

Dienstleister haben einen großen Nachholbedarf, ihre *Produktivität* zu erhöhen, da teilen Wissenschaftler, Herzchirurgen, Filialleiter, Köche, Gebäudereiniger, Pflegekräfte das gleiche Problem; und das Patentrezept „mehr Einsatz von Kapital/Technologie" hilft auch keinem von ihnen: letztere sind nämlich nicht Produktionsfaktoren wie bei der Gütererstellung, sondern nur *Werkzeuge* der Produktion, sie können Dienstleistungsarbeit nicht ersetzen. Ob diese Werkzeuge der Produktivität nutzen oder schaden, hängt von den Fertigkeiten des Anwenders ab.[173]

Ein Beweis hierfür sind Kliniken: in den 40er Jahren waren das arbeitsintensive Betriebe mit geringen Kapitalinvestitionen (Ziegel und Betten), heute sind das höchst kapitalintensive „Unternehmen" (CT, Labore, Intensivstationen...); diese enormen Investitionen führten aber nicht – wie in der produzierenden Industrie – zum Einsparen von Personal. Statt weniger finden wir dort mehr und teureres Personal; kein Wunder, dass die Gesundheitskosten weltweit eskalieren.

Der Handlungsbedarf ist hier offensichtlich, aber auch in anderen Dienstleistungsbetrieben sieht es nicht viel besser aus, allerdings von Produktivitätssteigerungen wie in der Autoindustrie[174] – jährlich 15% – können Dienstleistungsbetriebe nur träumen.

Wenn wir uns an das Optimieren der Produktivität machen, müssen wir Einigkeit herstellen, was wir unter produktiver Leistung verstehen wollen. Wir können Performance nämlich messen an der

- Qualität, z.B. bei Forschungsarbeiten (wenn es nicht um „publish or perish" geht)
- Qualität und Quantität, z.B. im Kaufhaus ist Umsatz so wichtig wie zufriedene Kunden; ähnlich bei Beratern, Sachbearbeitern, Krankenpflegern
- Quantität z.B. Logistik, Bettenmachen im Hotel, Postboten.

---

[171]   Daten aus unseren Projektmanagement-Workshops bei der HVB-Unicredit

[172]   Die Problemanalyse nach Kepner-Tregoe gilt als „Best Practice" für Operational und Service Excellence

[173]   Drucker, Peter: Dienstleister müssen produktiver werden, Harvard Manager 2/1992, S.66

[174]   Die Zeit: Das Wunder von Kassel, 19.12.2007

Es hat sich bewährt, die Wertschöpfungsintensität mit ein paar Kennziffern für Qualität, Kosten und Zeit zu messen

Ein KPI (Key Performance Indicators) ist ein Wert, an dem abgelesen werden kann, ob das Ergebnis „gut" im Sinne der Akzeptanzkriterien des Projekte ist. Kernfrage für die KPI's ist: woran machen wir die zu erbringende Leistung fest?

Ein CSF (Critical Success Factor) ist eine Voraussetzung für einen oder mehrere KPI's. Kernfrage für die CSF'S ist: was brauchen wir, um erfolgreich zu sein?

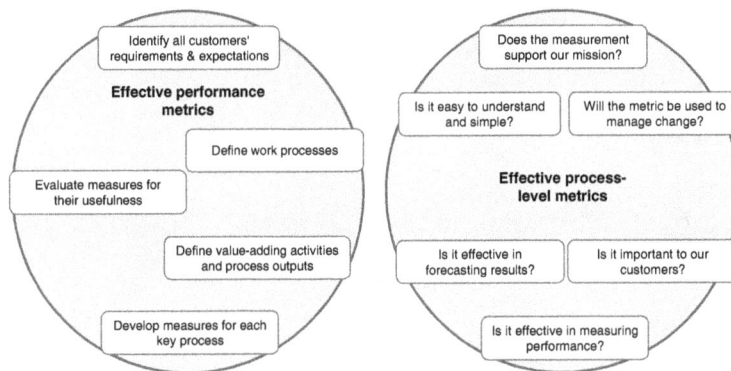

Abb. 42: messen um zu managen[175]

Bei dieser Analyse der Ist-Situation sehen wir sehr schnell, dass sich Ärzte, Lehrer, Außendienstler, Mittelmanager mit einer ständig wachsenden Last von Arbeiten rumplagen müssen, die kaum mit dem zu tun haben, wofür diese Spezialisten qualifiziert sind und bezahlt werden. Die Ressourcenverschwendung lässt sich, wie wir im Blueprinting sahen, durch eine bessere Backstage-Organisation beheben; der professionelle Dienstleister kann sich so auf wertschöpfende Arbeit konzentrieren. Die Produktivität von Dienstleistung zu erhöhen („work smarter") beginnt also mit der Frage „warum muss ich das überhaupt tun?" (mit unterschiedlicher Betonung der einzelnen Worte).

Im Grunde sind es sechs Maßnahmen, die uns für das Redesign, die *Optimierung der Geschäftprozesse* (GPO) zur Verfügung stehen[176]

- eliminieren (jeder Art von Verschwendung = „Muda")
- Reihenfolge verändern, parallelisieren
- verschmelzen (weniger Schnittstellen)
- automatisieren (IT-gestützter Workflow)
- beschleunigen (weniger Liegezeiten)
- verbessern (Kaizen, Expertensysteme)

---

[175] Altobelli, C./Bouncken, R: Wertkettenanalyse von Dienstleistungsanbietern, in: Meyer, Anton (Hrsg.): Handbuch Dienstleistungsmarketing, Stuttgart 1998, S. 29

[176] alle diese Maßnahmen lassen sich gut üben mit dem Fall Restaurant im Supplement (11)

Prozesse parallelisieren

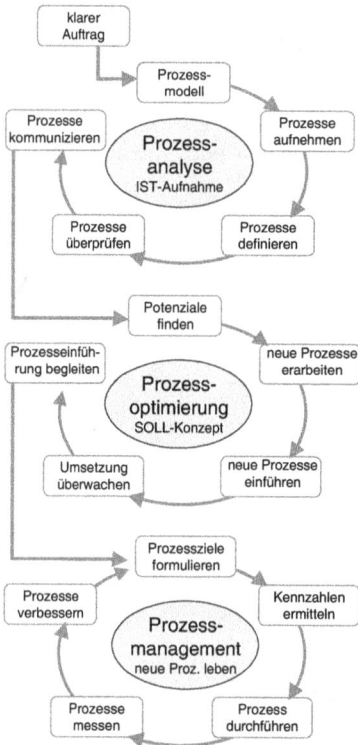

Abb. 43: Prozesse optimieren

2.5   Zwischen Scylla und Charybdis: Serviceprozesse steuern

Im Dienstleistungsgeschäft geht es nicht nur um so „große" Fragen „wie optimiert man die Prozesse", sondern um ganz alltägliche wie die Kapazitätssteuerung. Auch hier wieder mit einer besonderen Dringlichkeit: im Unterschied zur Güterproduktion lassen sich

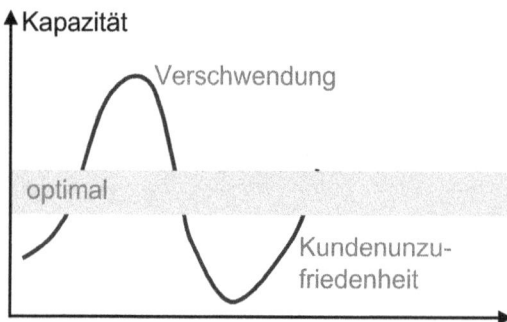

Abb. 44: das Kapazitätsdilemma

Dienstleistungen nicht lagern, wenn sie nicht nachgefragt werden. „Lufttransport" kann es sich nicht leisten, „nur Luft zu transportieren", für Fluglinien ist nur ein verkaufter Sitzplatz ein guter Sitzplatz.

Es geht darum, die richtige Balance zwischen der angebotenen Kapazität und der Nachfrage zu finden, weder an der Scylla „Überkapazität", noch an der Charybdis „Warteschlange" zu stranden.

2.5.1 Umgang mit Wartezeiten

Betrachten wir, wie wir es im Blueprinting gelernt haben, erst einmal aus Kundensicht dieses Dilemma. Kunden scheinen nicht gerne auf die von ihnen gewünschte Dienstleistung zu warten. Aber auch hier lohnt es sich genauer hinzuschauen:[177]

Leere Zeit erscheint länger als mit Aktivitäten gefüllte, z.B. ärgert uns das Warten auf die Speisekarte im Restaurant mehr als das Warten auf den Kellner; es ist also keine Fastfood-Unsitte, wenn der Gast schnell das Angebot zum Lesen bekommt. Zudem stören Wartezeiten vor Prozessbeginn stärker als solche im Prozess (Warten auf Bestellannahme durch Kellner ist schlimmer als Warten auf bestellte Mahlzeit.

Die Ungewissheit über die zu erwartende Dauer verlängert die Qual (beruhigend ist daher Hinweis des Kellners, dass „Ente 45 Minuten dauert") und die Erklärung einer Verzögerung verkürzt das subjektive Warteerlebnis („...weil Ente frisch aus dem Ofen kommt, damit die Haut knusprig bleibt"). Eine Bestätigung, dass der Wartende nicht vergessen, wurde macht längere Verzögerungsperioden erträglicher (Kellner gibt „geht gleich los" Signale). Der Serviceprozess ist so zu steuern, dass Ungerechtigkeit vermieden wird, Kunden nehmen die (vermutete) Bevorzugung anderer sehr übel (Nebentisch wird schon bedient, obwohl die Gäste später eingetroffen sind).

An solchen vermeintlichen Kleinigkeiten zeigt sich die Servicekultur eines Dienstleisters sehr deutlich. Vergleichen wir folgende Beispiele:

Die Deutsche Bahn hat zur Steuerung der Warteschlangen in ihren Reisezentren ein *Aufrufsystem* eingeführt.[178] Das Ziehen von Wartenummern erinnert nicht nur an bürokratische Behörden und Fleischtheken, es verlangsamt sogar den Prozess dadurch, dass die sich verteilenden Wartenden langsamer reagieren als in einer Schlange – und dass weniger psychischer Druck auf Vorgänger ausgeübt wird, sich kurz zu fassen.

Die Lufthansa hat das uns allen bekannte Gefühl in der falschen Warteschlange zu stehen, dadurch gelöst, dass sie vor der Reihe von Schaltern eine einzelne Warteschlange kanalisiert. Damit entsteht ein Gefühl von Fairness, da alle Passagiere in der Reihenfolge ihres Ankunftszeitpunktes bedient werden und nicht in einer „schlechten" Schlange versauern aufgrund eines umständlichen Vordermanns.

Lösungen zu finden, die das Kapazitätsdilemma nachhaltig in Griff bekommen, kann man vom *Meister der Warteschlangen lernen:*[179]

---

[177] Maister, David: The Psychology of Waiting Lines. davidmaister.com 2005.

[178] bahnaktuell.net 13.1.2009; vgl. „In a line I don't understand" (Arcade Fire: Modern Man; Album Suburbs 2010)

[179] USAtoday Jan 2011; Raupold, Claudia: Konsumentenverhalten und Warteschlangen-Management, Hamburg 2009; Maurer, Peter: Luftverkehrsmanagement, Basiswissen, München 2002;

Meister der Warteschlangen (the art of crowd control)

☐ Gäste schließen aus langen Warteschlangen auf den Wert der einzelnen Attraktionen

☐ Programmelement ohne Schlange am Eingang wird nicht geschätzt übermäßig langes Anstehen dagegen als negativ empfunden

➡ verhindert Wiederholungsbesuche und Weiterempfehlungen

☐ Führungsketten als Steuerungselement

☐ Schilder weisen auf Wartedauer hin

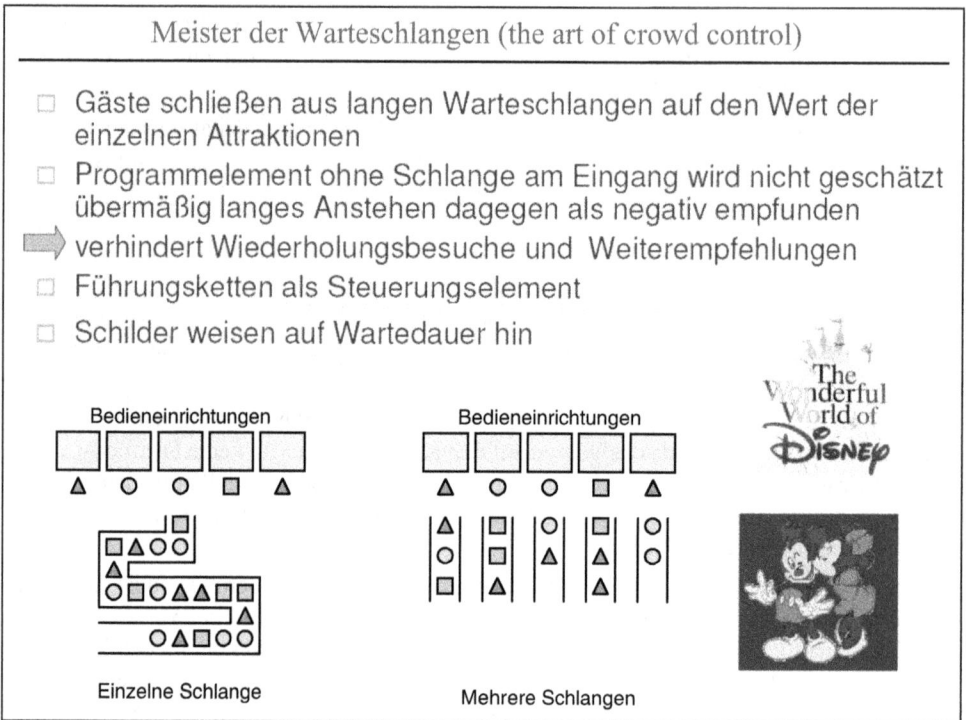

Abb. 45: Meister der Warteschlangen

Disneyworld hat wie alle Dienstleister mit überraschenden Nachfragespitzen und -dellen, unterschiedlichsten Erwartungen und Geschmäckern und einer begrenzt flexiblen Infrastruktur zu kämpfen und lockt doch seit Jahrzehnten an die 50 Mio. Besucher jährlich mit großer Begeisterung an. Das Geheimnis liegen in einer ausgeklügelten Strategie der Nachfrage- und Kapazitätssteuerung, einer Realtime-IT im Operation Control Center[180] und psychologischer Maßnahmen.

Strategien der Nachfragesteuerung: Messen der Kundenfrequenz pro Angebot, Steuern der Nachfrage mit Happy-Hour- und Peak-Preisen, mit Reservierungen arbeiten und Noshows verhindern, mit Pager und SMS benachrichtigen, mit Komplementärangeboten ablenken, mit Zusatzangeboten bremsen usw.

Kapazität flexibilisieren: mit Teilzeit-, Schicht-, Abrufarbeit, Personal verschieben (Springer), Kundenkapazität durch Selbstbedienung nutzen[181], eigene und fremde Reservekapazitäten aktivieren, Prozesse umorganisieren (Leerzeiten füllen) usw.

---

[180] die Hard- und Software-Basis dazu stammt von meinem früheren Unternehmen DEC: punktaktuell werden Häufigkeitsverteilungen, Gradierungen, Gridlocks, freie Kapazitäten erhoben und in Steuerungsimpulse umgesetzt

[181] Ikea Deutschland hat schon die Hälfte der Kassen gegen Self-Checkout-Scanner ausgetauscht; interessanterweise verkürzt sich aber nur die subjektiv empfundene Wartezeit

Angewandte Psychologie: keine Uhren in Sichtweite, aber Information über (großzügig bemessene) Wartezeiten; keine unbenutzten Ressourcen sichtbar; die Warteschlange ist ständig in Bewegung und man kann von keinem Punkt die gesamte Länge überblicken, aber man sieht die Attraktion auf sich zukommen; beschäftigen mit „Infotainment" (Mischung aus Unterhaltung und Information). [182]

Dabei geht es gar nicht darum, Wartezeit und Warteschlange zu sehr abzubauen. Lange Schlangen signalisieren, dass etwas besonders Attraktives dort geboten wird (siehe vor Diskotheken und Apple Store).[183] Und die empfundene Zeit des Wartens ist mehr subjektiv als objektiv, wie man an der Slowfood-Bewegung und Verliebten sieht.[184]

2.5.2   Kunden- und mitarbeiterorientierte Dienstplanung

Das Kapazitätsdilemma lässt sich nur lösen, wenn es gelingt mehr Flexibilität zu erreichen, sowohl bei den Dienstleistungsproduzenten wie bei den Dienstleistungsempfängern.

Bereits 1978 führte das Modekaufhaus Ludwig Beck als erster Einzelhändler *individuelle Arbeitszeitregelungen* für alle Mitarbeiter ein, die die Anwesenheit der Mitarbeiter und die Kundenfrequenz flexibel in Einklang bringen. Dies nützt bis heute allen Stakeholdern: Kunden, Unternehmen, Aktionäre und Mitarbeitern. Das Modell IAZ gilt auch in schwierigen Zeiten als beispielhaft: Die Mitarbeiter können in ihrem Arbeitsvertrag die monatliche Stundenzahl zwischen 60 und 160 Stunden frei wählen und so ihrer privaten Situation anpassen. Das Zeitkonto wird über eine Ausweiskarte elektronisch geführt. Der Mitarbeiter kann in Absprache mit seiner Abteilung die Arbeit jederzeit unterbrechen und Arbeitsbeginn und -ende selbst bestimmen. Entscheidend ist das sorgfältig eruierte Kundenverhalten je nach Zeit, Tag, Saison, Wetter. Die konsequente Umsatzbeteiligung der Mitarbeiter garantiert eine treffsichere Anwesenheit.

Und es bleibt sogar Zeit für Kaizen, die Mitarbeiter treffen sich regelmäßig um die Arbeitsprozesse ihres Bereichs zu reflektieren und zu verbessern („Ideenbörse").

Die Idee auf die „*Results*"[185] für Kunden und Mitarbeiter zu schauen und nicht auf (am grünen Tisch entstandene) Dienstpläne, oder auf bloße Anwesenheit des Personals, findet mehr und mehr Anklang. Sie ist sogar in Organisationen erfolgreich, wo man bislang nicht im Traum an solch „moderne" Arbeitseinsatzmodelle dachte, z.B. im Öffentlichen Personennahverkehr (Mönchengladbach, Pinneberg) und in Kliniken (Ingolstadt). Letztere spart damit jährlich 8 Mio. € Kosten ein und Klagen übermüdeter Ärzte, gestresster Pfleger und frustrierter Patienten sind zur Ausnahme geworden.

---

[182]   Skilift, Papa Gump, Disneyland, Postbank TV, Patient mit FB beschäftigen

[183]   Singaporeans like to queue: „kiasu" = ambition not to miss anything and being curious

[184]   s.u. Supplement Übung (13) Lift

[185]   Results Only Work Environment (ROWE). www.work-life.de/Infothek/UN-Beispiele/Beck.htm. Ferriss, Timothy: Die 4-Stunden-Woche, mehr Zeit, mehr Geld, mehr Leben, München 2011

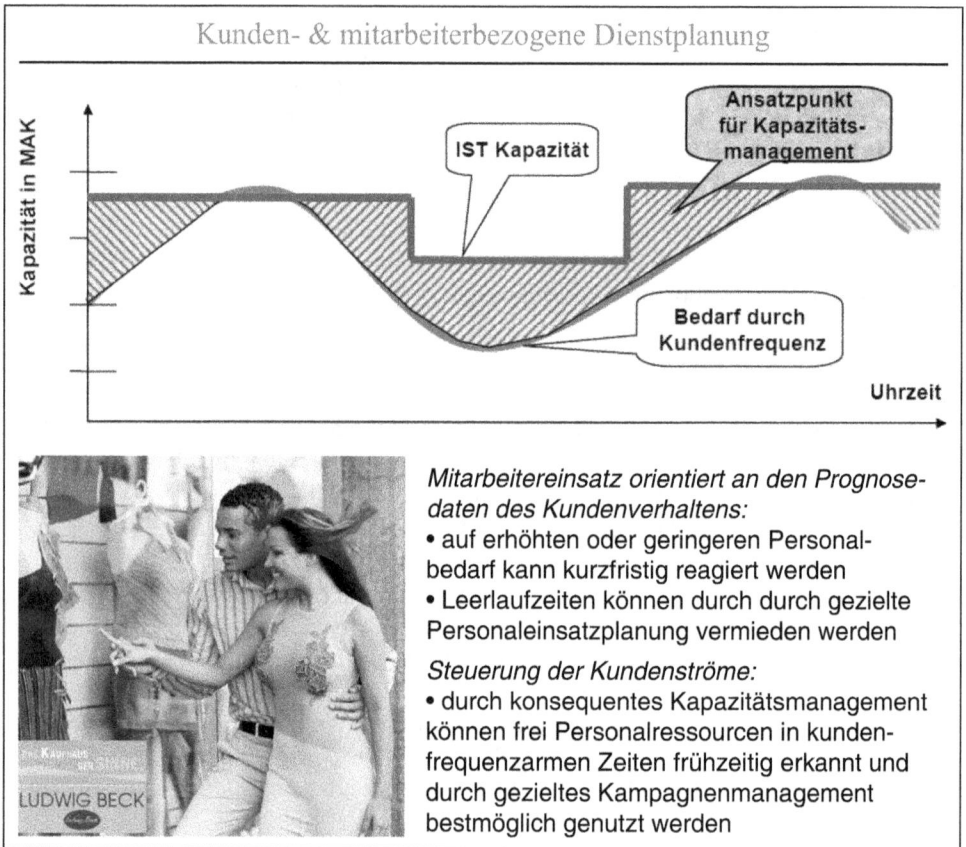

Abb. 46: ein AZ-Modell, das alle zufrieden macht

Allerdings stellen viele Unternehmen fest, dass sie zwar flexible Arbeitszeitmodelle erfolgreich eingeführt haben, dass sich jedoch die Arbeitsproduktivität dadurch nicht wirklich verbessert hat. Es kommt auf eine Vielzahl von Variablen an (Variabilität, Dauer, Lage, Vorhersehbarkeit, Stetigkeit und Intensität der Aktivitäten[186] etc.); ohne ein ständiges Tunen der Prozesse und ohne geeignete IT-Unterstützung wird es nicht gehen.

2.5.3   Yield-Management

Wie man die Kapazitäts-, Nachfrage- und Preissteuerung perfektioniert, zeigt das sog. Yield-Management der Fluglinien:

Je sicherer der Kunde ist, wann er fliegt, umso günstiger ist der Tarif, den er buchen kann (Economy ist nicht umbuch- oder stornierbar). Je höher der Flexibilitätsbedarf des Kunden ist, umso mehr muss er zahlen (Businessclass erlaubt umbuchen/cancelling). Diese einfache Rechnung wird aber verkompliziert durch die inhärente Dynamik. Werden für einen Flug zu früh zu viele Sitze zu billigen Tarifen verkauft, ist zwar ein hoher Sitzladefaktor und große

---

[186]   in bestimmten Prozessfenstern dürfen Klienten nicht stören (z.B. den Chirurgen während Op)

Planungssicherheit gegeben, aber es wird kein optimaler Ertrag erzielt, da spätbuchende Vollzahler abgewiesen werden müssen. Werden zu viele Sitze für spätbuchende Vollzahler freigehalten, entstehen Ertragseinbußen durch leere Sitze, wenn die Vollzahler ausbleiben.

Das ist kein einfacher Algorithmus, wenn man berücksichtigt, dass die Rate und Geschwindigkeit der Nachfrage sich permanent verändert und die Kapazität schwankt mit der Größe des Fluggeräts, der Turnaround-Geschwindigkeit, Upgrades und Nowshows. Die Software ist so „raffiniert"[187], dass sie nicht nur das augenblickliche Nachfrageverhalten, sondern auch die Preissensitivität der Konsumenten berücksichtigen kann.

Die etablierten Fluglinien (wie Lufthansa) konnten sich damit erfolgreich gegen Billigflieger wehren und Hotels, Autovermietungen und Energieversorger haben diese Geschäftsstrategie schnell übernommen. Für Dienstleister, deren Kosten wenig variabel sind, ist das Beeinflussen des Konsumentenverhaltens ein wirksamer Hebel zur Profitmaximierung. Inwieweit ihre Kunden es tolerieren, dass für gleiche Leistungen unterschiedliche Preise verlangt werden und dass man „bestraft" wird, wenn man zum falschen Zeitpunkt nachfragt, ist eine Frage der „Kundenpflege", d.h. was beide Seiten unter „Customer Relationship Management" verstehen. Die Deutsche Bahn musste jedenfalls 2002 nach heftigen Protesten zur Festpreispolitik zurückkehren.

2.6 Verbinden über die Unternehmensgrenzen hinaus

2.6.1 CRM: Warum kennen Unternehmen ihre Kunden nicht?

Schon mit Blueprinting rückten wir näher an den Kunden, beim Customer Relationship Management geht es nicht nur darum, sich in seine Schuhe zu stellen, sondern sich mit ihm zu verbinden.

„Verbinden" heißt hier Verlängern der Wertschöpfungskette über das eigene Unternehmen hinaus zum Kunden hin und Verknüpfen mit seinen Aktivitäten (Prozessen).

Das beginnt mit dem Erfassen seiner Nachfrage, Fakten, Vorlieben, Präferenzen, Gewohnheiten, usw. Denn Unternehmen kennen ihren (wiederkehrenden) Kunden kaum bis gar nicht, trotz einer Fülle von Daten, die sie eigentlich irgendwo über ihn gespeichert haben.

Es ist noch gar nicht lange her, da war es auch für Stammkunden sehr mühsam und zeitraubend, einen simplen Flug bei der Lufthansa zu buchen. „Wohin wollen Sie fliegen?" (unbekannt, dass ich jede Woche zwischen München und Berlin pendle), „Name, Adresse?" (raus aus der Flug-Datenbank, rein in die Kunden-DB), „Bezahlung" (raus aus der Kunden-DB, rein in die Kreditkarten-DB), „Stammkunde" (raus aus Kreditkarten-DB, rein in Miles&More-/FTL-DB), „Einchecken?" (Bordkarte am Schalter). Nach etlichen, holprigen Anläufen (einmal sollte man dafür sogar extra Software bei sich installieren) sind die einzelnen Dateien jetzt miteinander verbunden und Lufthansa kennt ihre Kunden insoweit, dass sie ihnen individuelle Angebote machen kann.[188]

---

[187] dynamic programming, neural networks, Monte Carlo simulation

[188] Die bisherige Systeminfrastruktur, in unseren Workshops als Spaghetti-IT persifliert, war den Anforderungen eines wirkungsvollen CRM nicht gewachsen. Mit Sun CORE konsolidiert die LH sämtliche Kundendaten für Personen, Corporate und Agenten in einer anwendungsneutralen, zentralen Kundendatenbank und steuert bis zu 10.000 Transaktionen pro Minute

Natürlich kann man eine halbe Million Stammkunden nicht so gut kennen wie die sprichwörtliche Tante Emma ihre handvoll Käufer. Aber mithilfe von „Market intelligence systems"[189] können aufschlussreiche Informationen über wichtige Kunden aus vielen Ecken des
eigenen Unternehmens und von außerhalb gesammelt und für die Kundenkontaktpunkte
aufbereitet werden. Wer vom Transaktions- zum Relationship-Marketing[190] übergehen will,
weil er fürchtet, dass sein Kunde sich sonst künftig für andere entscheidet, muss wissen, was
dieser als *Wert* schätzt. Wie wir im Kapitel Servicequalität[191] hörten, geht es nicht nur um
den Kern der Leistung, sondern besonders auch um das Niveau der zwischenmenschlichen
Interaktion dabei, also um das Knüpfen einer tragfähigen Beziehung zwischen Menschen. Je
mehr Leute dabei involviert sind, desto schwieriger wird das natürlich, ein weiterer Grund
für das vorhin erwähnte „one face to the customer".

Und ein Grund für Unterstützung durch IT:[192]

- *Kontaktmanagement:* hard- und softwaremäßiges Zusammenbinden der verschiedenen
  Kontaktkanäle mit den Kunden (face to face, mail, email, Telefon, sms) und der Vertriebs-
  kanäle (Reisebüros, Online, Callcenter, Consolidators). Bei diesem „kommunikativen
  CRM" geht es auch um die Segmentierung, denn Dienstleister sollten in jeder Phase des
  Beziehungszykluses wissen, ob sie einen „Premiumkunden" hofieren oder bei einem
  Schlechtkunden mit Zahlungsunfähigkeit rechnen müssen; so finden die einen im Hotel in
  ihrem Zimmer einen Willkommenskorb, die anderen müssen schon zahlen bevor sie ins
  Zimmer gelassen werden.[193]

- *Transaktionsmanagement:* beginnt damit, die Streuverluste undifferenzierten Massen-
  marketings abzustellen, indem die Dienstleistung in Gestaltung, Preis, Platzierung und
  Bewerbung genau auf die Eigenheiten der Zielkunden und auf die „Fehler" des Wettbe-
  werbers abgestimmt werden kann. Ziel ist, seine Kunden mit Kampagnen zu überraschen, die genau zu seinem aktuellen Bedarf passen. Einem alten on-dit zufolge ist die
  Hälfte der Werbeausgaben vergebens; CRM-Systeme zeigen welche das sind und wie
  der ROI erhöht werden kann.

  Die operative Seite dieses IT-Systems erleichtert erheblich die alltäglichen Transaktionen mit dem Kunden, indem es die vielen, verstreuten Dateien unter einen Hut namens
  „Data Warehouse" packt, in einer 360-Grad- und Echtzeit-Sicht auf den Kunden und alle
  mit ihm befassten Partner/Funktionen.

  Und wie bei jeder zwischenmenschlichen Beziehung, gehört zu CRM auch der Umgang
  mit Krisen. Zeichen sich abschwächender Beziehung ist das Ausbleiben von Aufmerksamkeit und Feedback. Geregeltes Beschwerdemanagement ist deshalb ein weiteres
  zentrales Element.

- *Analytisches CRM:* Wie ein Goldschürfer versucht „Data Mining" Werte aufzuspüren,
  spezielle Algorithmen suchen nach typischen Mustern und Korrelationen, um Cross- und
  Up-Selling-Potentiale, Abwanderungsrisiken (z.B. Churn bei Vertragsablauf), Betrugs-

---

[189] Laudon, Kenneth: Management Information Systems, New Jersey 2010, ch 09; „intelligence" hier wie bei CIA
i.S.v. Ausspionieren und Aufbereiten von Informationen. Vgl. sap.com/Germany/solutions/business-suite/crm

[190] Schon 1983 betonte Marketingguru Ted Levitt (Harvard), dass es bei hochwertigen Produkten und Dienstleistungen weniger um das schnelle Geld als um Wert für den Kunden und Kundenbindung gehe

[191] unsere Kap. 1.7.2, 1.7.3

[192] wie in der Informatik üblich hier in Schichtenarchitektur („tiers") dargestellt

[193] siehe unser Kap. 1.4.2 zur Pareto-Regel

erkennung (Versicherung), etc. aufzuzeigen. Idealerweise ist die Software nicht nur auf Kostenreduzierung und Shareholder Value ausgerichtet. sondern auf kontinuierliche Kundenpflege und die Herausbildung von Alleinstellungsmerkmalen.

Etliche CRM-systeme segeln unter dem Motto „turning data into dollars". Das verführt deutsche Banken, die bislang weit weniger profitabel agieren als die in anderen Ländern, ihr Geschäft zu industrialisieren durch Fließbandarbeit, Standardprodukte und CRM. Inzwischen steuern fast alle die Arbeit in den Filialen mit IT-gestütztem CRM. In ihm bildet eine Datenbank das Rückgrat der Vertriebsaktivitäten, und nicht der einzelne Berater, der den Kunden und seine Lebensverhältnisse kennt. Sämtliche verfügbaren Informationen über die Kunden werden gespeichert und mit mathematischen Methoden wird auf Trends, Verhaltensmuster und Vertriebspotenziale aufmerksam gemacht. CRM bildet Kundensegmente – vom Top-Kunden, der eine ausführliche Beratung wert ist, bis zum Massenkunden, bei dem die Marge als so niedrig angesehen wird, dass er nur standardisierte Produkte erhält.

Durch den Aufbau der Datenbanken sind die IT-Kosten der Banken in die Höhe geschossen: 1998 machten sie nur etwa 1/4tel der Gesamtkosten aus, 7 Jahre später bereits die Hälfte.

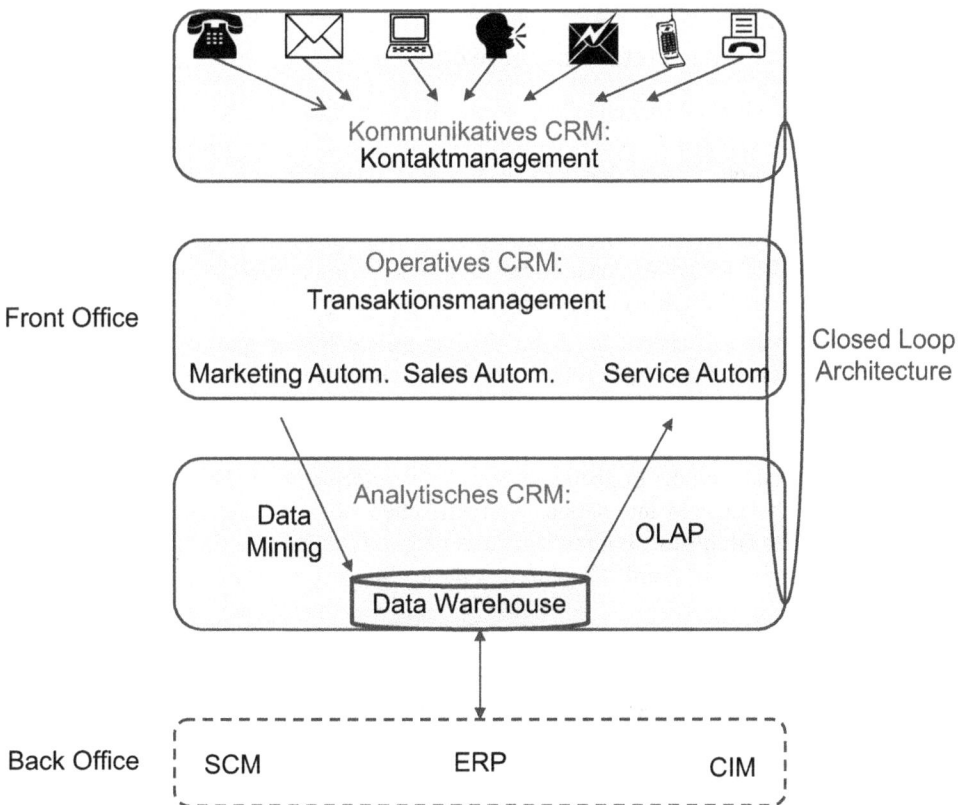

Abb. 47: CRM

Dafür sank der Anteil der Personalkosten von rund 65 auf nur mehr 45 %. Mit CRM rückt die Technik an die erste Stelle, Arbeitsabläufe sind bis ins Detail vorgegeben, und die Systematik bietet eine gute Basis für Zielvorgaben und -kontrolle. Derartige Zielvorgaben bestimmen z.B. die Zahl der zu führenden Kundengespräche, dass eine Beratung nicht länger als 30 Minuten dauern darf und jeder zweite Kundenkontakt zu einem Abschluss führen soll. Kein Wunder, dass sich Kritik dagegen regt, schließlich wollen Mitarbeiter nicht derart fremdbestimmt arbeiten und Kunden nicht „geschoren" werden.[194]

Was läuft da schief? Empirische Studien weisen nach, dass CRM „viel Mode und wenig durchdacht" und das Vertrauen der Kunden dramatisch gesunken ist[195]; ein typisches Resultat von „Lösungen erster Ordnung" (wie wir schon im letzten Kapitel hörten).

Wir sehen hier ganz besonders deutlich, dass an drei Schrauben gedreht werden muss, wenn eine tragfähige Kundenbeziehung entstehen und gepflegt werden soll:

- überzeugende, ausbalancierte Strategie
- kompetente Mitarbeiter, die Kundenorientierung (Kundenbeziehung) leben
- effiziente Prozesse, die neue Technologien als „Enabler" einsetzt.

Dass damit <u>nicht</u> zwangsläufig gigantische Projekte verbunden sind, zeigt uns das Beispiel eines Zahnarztes in Paris: er sendet seinen Patienten eine freundliche SMS, um sie an den bevorstehenden Termin in seiner Praxis zu erinnern.[196]

2.6.2   SCM: die Lieferanten sind weit weg

Will man wirklich Qualität sicherstellen, ist die Relation mit dem Kunden das eine, die Beziehung mit den eigenen Geschäftspartnern das andere. Die Wertschöpfungskette muss also nicht nur Richtung Kunde, sondern auch upstream verlängert werden, so dass eine „Supply Chain" entsteht. Wie gravierend das ist, sieht man an so spektakulären Fällen wie der Rückrufaktion von Toyota, bei der Anfang 2010 Millionen Fahrzeuge wegen fehlerhafter Gas-/Bremspedale in die Werkstätten mussten; ein Vertrauensverlust ohne gleichen für den Protagonisten der Nullfehlerproduktion!

Auch im Dienstleistungsgeschäft wird die Fertigungstiefe immer geringer und damit die Komplexität der Beziehungsketten größer, man denke nur an Kliniken ohne eigene Desinfektionsabteilung und mit einer Vielzahl von Belegärzten. Und prompt bleiben die Konflikte nicht aus.[197]

Schon fast verwirrend sind die Logistikketten in der *Textilbranche*: Adidas, Benetton, H&M, Levis, Zara und alle anderen internationalen Textilketten stöhnen unter einer Durchlaufzeit von 66 Wochen: der Grundstoff Baumwolle muss geerntet (Indien), zu Garn versponnen und Tuch verwebt (Burlington, North Carolina), gefärbt (Taiwan), geschnitten/genäht (Bangla-

---

[194]   Uni Oldenburg/Böckler-Stiftung: Sie müssen es nicht verstehen, Sie müssen es nur verkaufen, Vertriebssteuerung in Banken, Berlin 2010. Nur die Hälfte der Banken nutzt eine systematische Analyse der Kundenzufriedenheit! Ergebnisse unserer Workshops mit der HypoVereinsbank.Woody Allen „relationships are like sharks" (movie „Annie Hall")

[195]   CRM-Barometer Capgemini 2008. PWC Private Banking, 2010. SZ 8.5.2008: „Aufschrei der Millionäre wie Banken gerade auch vermögende Privatkunden abzocken". Gartner Group (2009): 65% of CRM projects fail

[196]   genauso informiert LH ihre FTL, dass sie durch Antwort einchecken können und über etwaige Flugänderungen

[197]   s. unser Kap. 2.1 zum Klinikskandal

desh) und dazwischen immer transportiert werden.[198] Die richtige Verteilung von Entwicklungs-, Produktions-, Vertriebs- und Servicestandorten in attraktiven Kosten- und Wachstumsmärkten ist das Geheimnis globalen Unternehmenserfolgs dieser internationalen Marken.

Und Quelle von Problemen: Perioden von 2 Monaten sind zu lange, um im hektischen Modemarkt bestehen zu können; Benetton verlagerte deshalb den Färbeprozess an den Schluss der Supply Chain. Schwierig ist es auch, alle Kettenglieder im Griff zu haben, so musste sich H&M vorwerfen lassen, falsch als „Bio" deklarierte Baumwolle verarbeitet und Kinderarbeit nicht verhindert zu haben. Irritierend für Kunden ist auch, wenn Teile der Serviceleistung an Subunternehmer outgesourct werden, z.B. bei Vodafone die Installation eines Telefonanschlusses.[199]

Wie gefährlich lange, vielstufige Lieferketten werden können, zeigt die klassische Simulation „Beergame" im Managementtraining: selbst erfahrenen Logistikern fällt es schwer, ein Aufschaukeln zu verhindern. Lösungen erster Ordnung führen in dynamischen Systemen zu kaum beherrschbaren Resultaten.[200]

Fashion Reality: a complex & complicated value chain

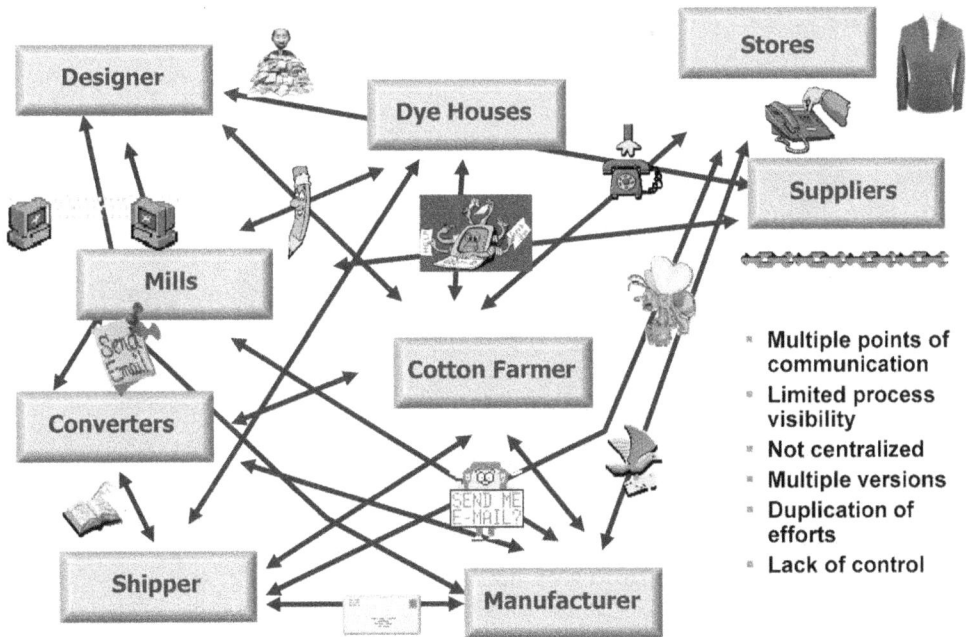

- Multiple points of communication
- Limited process visibility
- Not centralized
- Multiple versions
- Duplication of efforts
- Lack of control

Abb. 48: SCM

---

[198] Die Zeit 16. Dez. 2010 „Das Welthemd"
[199] Die Zeit 22.06.2011 „Telefonterror"
[200] Senge, Peter: The fifth discipline, New York 1993, p.27ff.

Erfolgreiches Supply Chain Management besteht deshalb darin, dass der Treiber sofort alles wahrnimmt, was an kritischen Stellen der Wertschöpfungskette passiert und mit Blick auf die Systemzusammenhänge reagiert. Warum ist *L'Oréal* Weltmarktführer in Kosmetik und die Drogeriekette dm No. 1 der Kundenbeliebtheit im Einzelhandel (seit Jahren)? Weil sie das System der Prozesskette im Griff haben.[201] L'Oréal erhebt direkt am Point of Sale (POS ist Kasse und Regal) den aktuellen Bestand/Abverkauf und das Konsumentenverhalten; ohne auf Bestellungen und Zwischenstufen Rücksicht nehmen zu müssen, managt L'Oréal das Sortiment in den einzelnen Läden von dm (VMI, vendor managed inventory).[202]

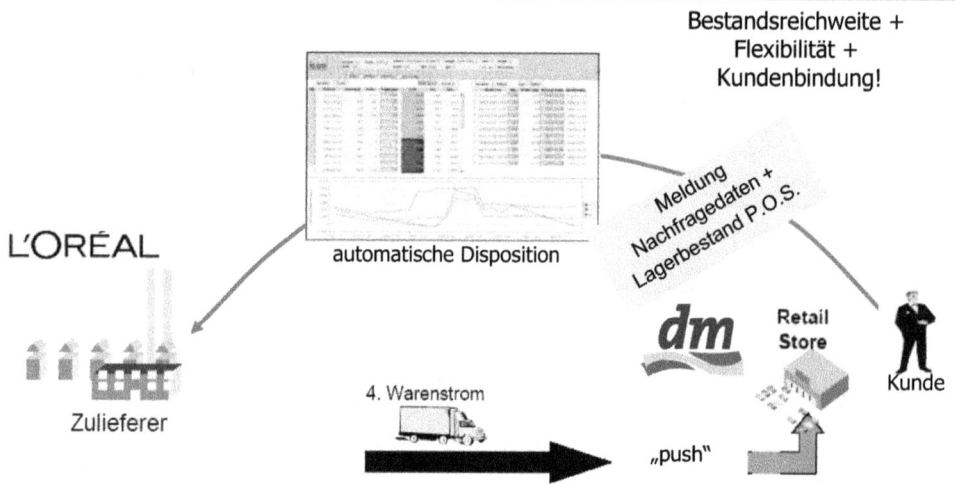

Abb. 49: VMI

Bei dieser Perfektionierung von Prozessketten denkt man gerne (und wird dabei von den Anbietern verführt) an die Notwendigkeit modernster und aufwändiger IT. Ein pittoreskes Beispiel zeigt, wie SCM seit über 100 Jahren erfolgreich ohne jeden Technikeinsatz praktiziert wird: In Bombay (16 Mio. Einwohner!) transportieren 5000 sog. Dabbawalahs täglich 200 000 Curries von den Küchen der Frauen zu den Arbeitsplätzen ihrer Männer. Die Transportkette geht bis zu 70 km über 3–4 Übergabestationen, adressiert wird nur mit einem Code aus Farben, Ziffern, Buchstaben auf den Blechdosen (9 von 10 der Träger

---

[201]   als eine der drei Dimensionen (neben Mitarbeiter und Management; s. Kap.3.5!)

[202]   der Erfolg ist auch quantitativ messbar in der Reduktion der Lagerkosten und der Erhöhung des Servicegrades. Bei dem Handelskonzern Metro geht es (insb. bei Seafood) auch noch um Frischegarantie und Sicherheit (HACCP = Hazard Analysis & Critical Control Point). 280 000 Mitarbeiter in 33 Ländern, Umsatz 68 Mrd. €

Abb. 50: Dabbawalah

sind Analphabeten). Dass in diesem archaischen SCM von 16 Mio. Dosen nur eine verlo-
ren geht, führte zum Six Sigma Rating.[203]

2.7   Kontinuierlich verbessern (Kaizen)

Six Sigma ist eine Methode Prozesse so zu verbessern, dass sie zu quasi fehlerfreien Ergebnissen führen. Gemessen wird die Prozessvarianz um alle Probleme auszumerzen, die
die Qualität beeinträchtigen. Der „Erfinder" Motorola konnte damit zwar eine Qualitäts-
auszeichnung gewinnen und einen weltweiten Hype für dieses Konzept auslösen, die
Zufriedenheit der industriellen und privaten Kunden ist aber sogar gesunken: Apple be-
zieht keine Prozessoren mehr und der Marktanteil im Mobilfunkmarkt ist fast auf Bedeu-
tungslosigkeit gesunken.[204]

Führt man diese Managementmode auf ihren Kern zurück, findet man ein Konzept, das
seit Jahrzehnten erfolgreich ist: *Kaizen*, kontinuierlicher Veränderungsprozess (KVP). Das
Erfolgsgeheimnis besteht aus folgenden Merkmalen:

---

[203]   Forbes 1998

[204]   wegen mangelhafter Verarbeitungsqualität, wenig benutzerorientierter Menüführung etc. nur noch ein
Marktanteil von 3,6%; der Baldrige Award wurde für die Implementierung des Quality Model (6ς) in den
80er-Jahren gewonnnen

Kontinuierlich verbessern

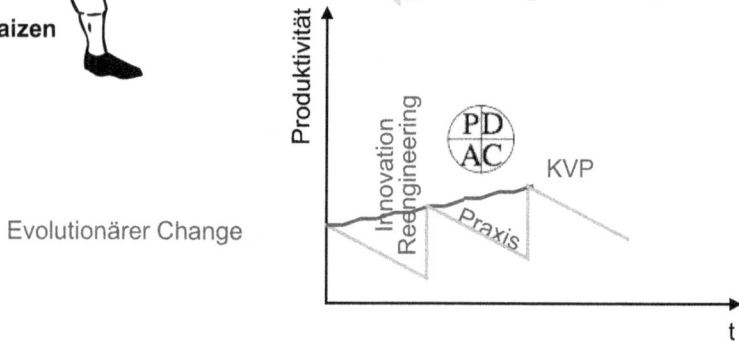

Muda

Kaizen

als Standard
festlegen

Schwächen analysieren,
Ideen zur Verbesserung
im Team

Act   Plan

**Deming
circle**

Check   Do

Ergebnis
prüfen

Maßnahmen
selbst umsetzen

Produktivität

Innovation
Reengineering

PD
AC

KVP

Praxis

Evolutionärer Change

t

Kaizen in der Praxis am Beispiel Lufthansa

Einbeziehen der Mitarbeiter

Aufbau des Kaizen-Boards

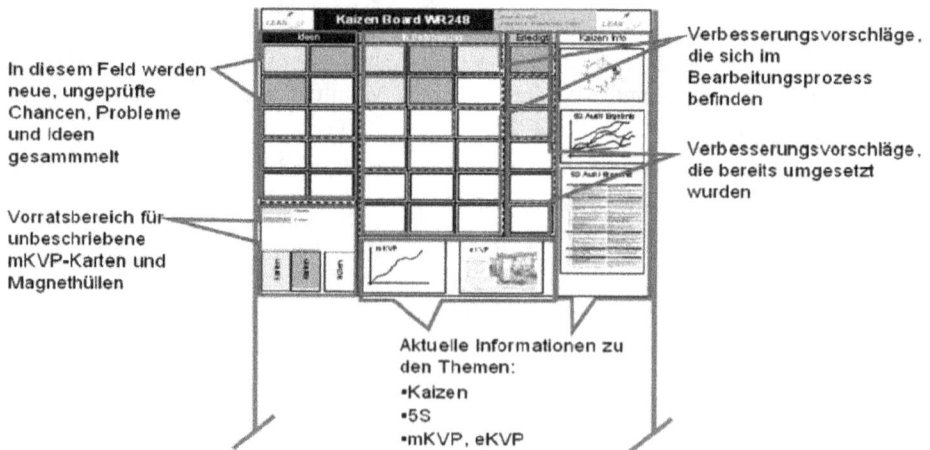

In diesem Feld werden
neue, ungeprüfte
Chancen, Probleme
und Ideen
gesammmelt

Vorratsbereich für
unbeschriebene
mKVP-Karten und
Magnethüllen

Verbesserungsvorschläge,
die sich im
Bearbeitungsprozess
befinden

Verbesserungsvorschläge,
die bereits umgesetzt
wurden

Aktuelle Informationen zu
den Themen:
•Kaizen
•5S
•mKVP, eKVP

Abb. 51: Kaizen (mit freundlicher Genehmigung der Deutschen Lufthansa)

- *Wer:* Es sind die Arbeiter an der „Front", die Logik, Rhythmus, Qualität und Werkzeuge ihrer Arbeit am besten verstehen und die nicht einfach „blöde Ochsen" (Frederick Taylor), oder „unreif/milieugeschädigt" (Elton Mayo) sind [205]

- *Was:* der erste Schritt jeder Problemlösung ist, Dysfunktionalitäten überhaupt zu erkennen, einen Blick auf jede Art von Verschwendung zu richten, also alles was Ressourcen verbraucht (Zeit, Geld, Kraft) ohne Wert zu erzeugen (japanisch „muda")

- *Wo:* unmittelbar am Ort des Geschehens, also an den Kundenkontaktpunkten, in der Produktionsstätte (japanisch „gemba")[206]

- *Wie:* Problembeschreibung, Ursachenanalyse, Lösungsalternativen, Lösung implementieren, Erfolg messen, als Standard festlegen (PDCA-Zyklus in kleinen Schritten)

- *Wozu:* Optimierungsmaßnahmen regelmäßig im Team entwickeln und selbst umsetzen, statt dramatischer Reorganisation nach Einbruch der Produktivität.

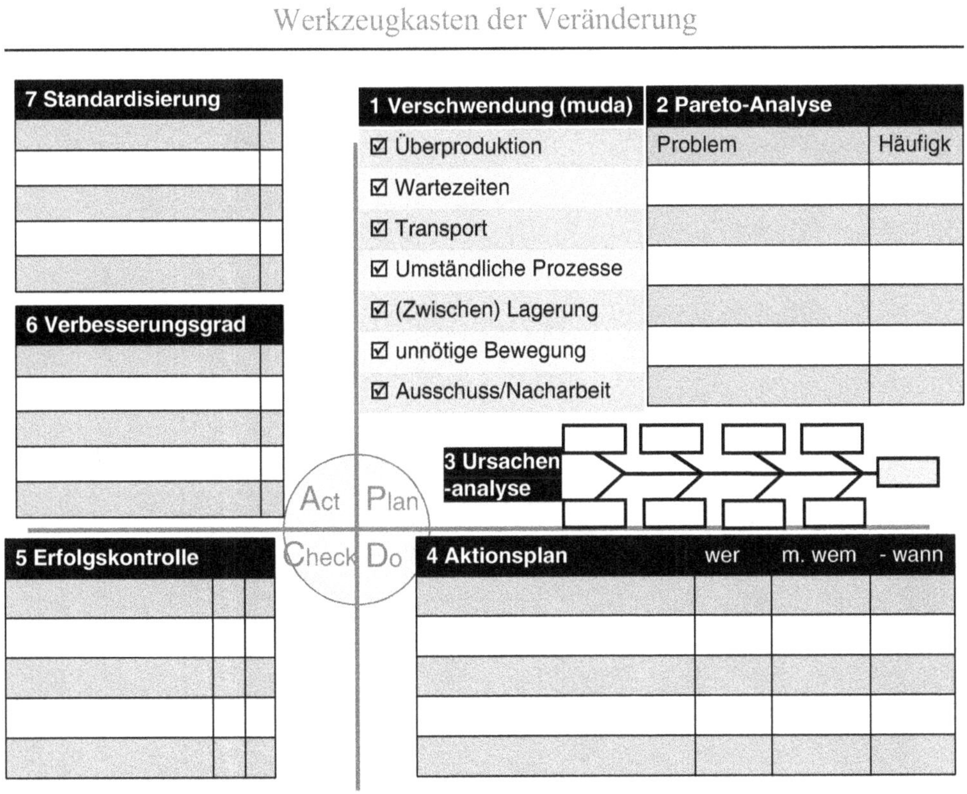

Abb. 52: Werkzeuge der Verbesserung

---

[205] inspiriert durch Peter Drucker „quality is everybody's job" (The future of the industrial man, 1942) und die japanische Zen-Tradition, wonach der größte Nutzen nicht durch Erlernen von etwas Neuem entsteht, sondern durch das eigenverantwortliche Verbessern dessen, was wir bereits gut können; es sind also keine „Vorturner" mit „schwarzem Gürtel" notwendig

[206] und im Büro wo ein Drittel der Arbeitszeit durch schlecht abgestimmte Prozesse verschwendet, wird (Fraunhofer Institut/Kaizeninstitut: Lean office, 2006)

Damit das funktioniert, werden die Teams geschult in Instrumenten wie Pareto-Analyse, Ishikawa-Diagramm (Symptome auf Ursachen zurückführen), Visualisieren (von Zielen, Abläufen, Maßnahmen, Ergebnissen), 5 S-Aktion (Ausmisten, strukturieren, sauberhalten, standardisieren, Selbstdisziplin), Kanban (Nachschub steuern nach dem Pull-Prinzip mit simplen Karten).

Die produzierende Industrie erzielt mit diesem Konzept markante Erfolge in der Produktivität, Fehlerreduzierung und Kundenzufriedenheit, auch wenn (oder gerade weil) die Ausgestaltung sehr individuell ist: Toyota „Kaizen", Volkswagen „KVPQuadrat", BASF Felix Findig, Schering „Ideenforum", Deutsche Bahn „POP", Disneyworld „Continuous Improvement".[207] An letzterem Beispiel wird deutlich, dass dieses Vorgehensmodell auch sehr gut für Dienstleister passt. Sehr schön zu sehen in den KVP-Workshops der Lufthansa, wo die Spannweite reicht von dem „kleinen" Problem, wie man das Boarding beschleunigen kann bis zu so „dramatischen" wie man Antriebsturbinen noch sicherer und effizienter repariert.[208]

---

[207]   Kober, Jeff: The Wonderful World of Customer Service at Disney, Kindle Ed 2009

[208]   Kai = Veränderung Zen = zum Besseren. Imai: Kaizen, 1992. David Bowie: „An dem Tag an dem Du denkst, Du kannst nicht mehr besser werden, fängst Du an, immer den gleichen Song zu spielen"

3 Der Fisch stinkt vom Kopf her (Servicemanagement)

Schwer ruht das Haupt, das eine Krone drückt
William Shakespeare: König Heinrich IV, 3 Akt 1.Sz

Auch wenn das Optimieren der Prozesse durch die Mitarbeiter selbst erfolgt und jeder für die Qualität gegenüber dem Kunden selbst verantwortlich ist, bleiben noch mehr als genügend Herausforderungen für die Manager. Versuche *ohne Führung* auszukommen produzieren erhebliche Schwierigkeiten[209], es braucht jemand, der die Verantwortung übernimmt für die Reduktion der Unsicherheit, die Strategie und die Gestaltung der Unternehmenskultur.

3.1 Von der Herausforderung zur Aktion

Die zu lösenden Probleme für das Management sind gewaltig, wie die internationale Wirtschaftskrise gezeigt hat. Und sie treffen das Segment Wissen und Service ganz besonders, da die güterproduzierenden Branchen nur noch ein Fünftel der Arbeitsbevölkerung beschäfti-

Dramatische Veränderungen des Marktes

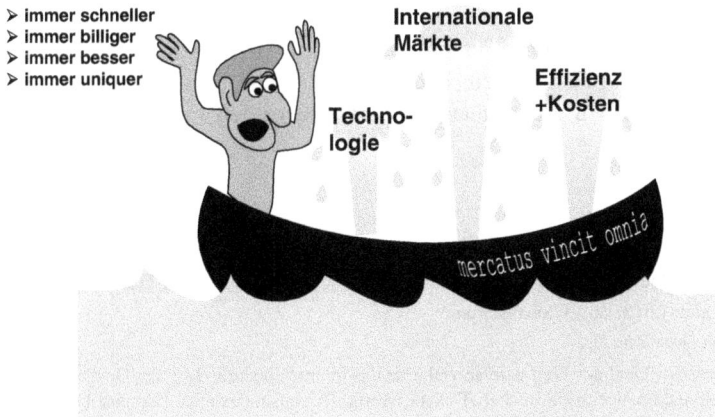

Abb. 53: Herausforderungen

---

[209] z.B. führt die paritätische Beteiligung der Spiegel-Mitarbeiter an Kapital & Entscheidungen zu permanenten Machtkämpfen, geplatzten Geschäften (Pro7Sat1) und zum Verlust der Pole-Positon; s.a. Kühl, S: Wenn die Affen den Zoo regieren, 1998

gen. Sogar in China wurden innerhalb von 10 Jahren 25 Millionen Manufacturing Jobs abgebaut, die Unternehmen brauchen weniger, aber qualifiziertere Arbeitskräfte.[210]

Die Probleme sind markant, wenn wir die Schlagzeilen der letzten Zeit verfolgen: streikende Ärzte, immer mehr prekäre Arbeitsverhältnisse, Verlagerung der Serviceproduktion („Inder statt Kinder"). Die neue Wirtschaftswelt ist, wie CEOs übereinstimmend sagen, sehr viel dynamischer, ungewisser, komplexer und strukturell anders.[211]

Wir sitzen dabei in einem Boot und beklagen die drei Heiligen des Zeitgeistes „permanenter Kostendruck", „Globalisierung" und „disruptive Technologien". Dieser Kontext liefert uns die Parameter für die Frage nach der richtigen Strategie.

Disruptive Technologien

Auch wenn es „nur" um Dienstleistungen geht, kommen Entscheidungsträger nicht an dem (umwälzenden) Einfluss *technologischer Innovationen* vorbei und müssen ihre Strategie darauf ausrichten.

Der Dienstleistungsmarkt Telekommunikation wird durch Apple's iPhone und dessen Apps geradezu revolutioniert;[212] E-Commerce stürzt große Teile des Einzelhandels um;[213] Google bricht mit seiner Browsertechnologie und cloud computing die konventionelle Regel „Leistung gegen Bezahlung" (wie bei Microsoft); Amazon verändert den gesamten Buchhandel von brick & mortar zu click & order;[214] RFID beschleunigt die Prozesse in Kliniken und sorgt für mehr Patientensicherheit;[215] das Web 2.0 definiert den Musikmarkt neu (die Band Arctic Mountains stürmten die Verkaufscharts mit Songs, die vorher kostenlos in MySpace erschienen)[216] usw.

Ein geradezu exemplarisches Beispiel, dass technologische Erfolgskonzepte nicht Überleben auf Lebenszeit garantieren, ist mein früherer Arbeitgeber ‚Digital Equipment Corporation'. DEC ist der Erfinder des Internets, der Suchmaschinen, der Hochleistungsprozessoren und der Architektur integrierter Software und prägte damit den gesamten IT-Markt. Aber das Selbstbewusstsein der führenden Ingenieure vertrug sich nicht mit so vermeintlichen Spielereien wie „Personal Computer" und „offener Architekturen". Trotz langjährigem Wachstum und Erfolg gerät ein Unternehmen in die Krise, wenn der Gründer weiter nach den technologischen und Managementwerten handelt, mit denen sein „Baby" groß geworden ist.[217]

---

[210] RAND Corp: 10 times more than US „The Cognitive Age" in: The New York Times, May 2, 2008

[211] IBM CEO Study 2010; s.u. „Globalisierung"

[212] Details siehe unser Kap. 2.2

[213] in keinem anderen Land der Welt wird so viel über das Internet gekauft: 73% der Deutschen gehen auf Schnäppchenjagd im Netz nach Bücher, Tickets, Musik, Urlaubsbuchungen, Damenbekleidung, Spielwaren, Computer (Mfoinst TNS in SZ 28.6.09 S.20)

[214] und treibt die zweitgrößte Buchhandelskette der USA Borders in die Insolvenz, während Amazon zum größten Online-Anbieter im B2C-Geschäft weltweit wird (34 Mrd. $ Umsatz 2010, 34 Tsd. Mitarbeiter)

[215] RFID = radio frequency identification durch Mikrochips (z.B. im Armband) sorgen dafür, dass der richtige Patient, die richtige Medikation zur richtigen Zeit, bekommt; der Arzt die aktuellsten Informationen zu Untersuchung und Behandlung

[216] siehe Übung (9) im Supplement

[217] DECnet, AltaVista, Alpha-Chip, All-in-1. Schein, Edgar: Aufstieg und Fall von DEC, 2006

Globalisierung

Auch wenn man diesen Begriff nicht mehr hören kann, weil er zur Beliebigkeit einerseits und zur Ideologie andererseits verkommen ist, müssen wir nüchtern feststellen, dass Unternehmen *„außer Rand und Band"* geraten sind, in der doppelten Bedeutung.

Herkömmliche Organisationsstrukturen werden aufgelöst, wie wir in Kap. 2.1 forderten, Beschäftigungsverhältnisse flexibilisiert (Kap. 2.5), Prozessketten über die Unternehmensgrenzen hinaus verlängert (Kap. 2.6), und das über die bisherigen Grenzen von Raum, Zeit und Nationalität. Wir erleben eine neue Dimension der Internationalisierung, mit wechselnden Wellen,[218] es geht nicht nur um blue-collar jobs, sondern auch um white-collar und professional jobs, nach dem griffigen Motto „Hardware goes to China – Software to India". Tatsächlich lassen Apple, Dell, hp, Nokia u.v.a. beim weltgrößten Elektronikhersteller Foxconn, China produzieren und SAP, IBM, Lufthansa beziehen ihre Software aus Bangalore.

Am Beispiel Software-Entwicklung sieht man auch die damit verbundene Vernetzung über Zeit, Raum und Kultur hinweg. Da sitzt nicht ein einsamer „Codierknecht" in den Tropen, sondern ein weltweit verteiltes Projektteam nutzt die Vielfalt von Zeitzonen, Anwendererfahrungen und Arbeitskulturen.[219] Die Grenzenlosigkeit ist nicht unproblematisch, Zusammenarbeit über Sprach- und Kulturgrenzen ist konfliktträchtig und Kunden sind irritiert über unvertraute Ansprechpartner.[220] Geschäftsbereiche, Abteilungen, Hierarchien aufzulösen und überall und zu jeder Zeit arbeiten zu lassen bringt zwar erhebliche Produktivitätszuwächse und Flexibilität, führt aber zu nachlassender Identifikation und Loyalität, sowohl bei Kunden wie bei Mitarbeitern – Schnäppchenjäger und Söldnermentalität sind die Folgen.

Besonders herausfordernd wird diese Thematik, wenn gleich drei verschiedene Landeskulturen aufeinander treffen, wie es in Dienstleistungsunternehmen wie Hotels und Kliniken passiert: die des Gastes/Patienten, des Mitarbeiters und des Managers. Man denke an die Organisation eines romantischen Dinners am Strand für zwei deutsche Gäste, ausgerichtet von einem thailändischen Mitarbeiter, der für ein Hotel unter amerikanischer Leitung arbeitet. Hier ist transnationales Management gefragt, das die differierenden Erwartungen, Werte und Verhaltensmuster ausbalanciert.[221]

Marktsituation

Die gewaltigen Verschiebungen im Markt lassen sich gut bildhaft darstellen: die „Dromedarkurve" ist der „Kamelkurve" gewichen, früher konzentrierte sich die Nachfrage auf das mittlere Preissegment, die Soziologie sprach von der sog. nivellierten Mittelschichtgesellschaft, heute geht es um billig oder Luxus, um „trading up & trading down", die Mitte bricht ein.[222] Deutliches Zeichen dafür ist der Niedergang der Gemischtwarenläden und großen Kaufhäuser Karstadt/Hertie, Quelle einerseits und der dominierende Marktanteil der

---

[218] und die Wirtschaftskraft verschiebt sich rapide in die Schwellenländer (IBM CEO Study 2010); Friedman, Thomas: The world is flat, release 3.0, New York 2007

[219] IBM beschäftigt sich intensiv mit den Vor- und Nachteilen virtueller, internationaler Teams im Service Business z.B. mit dem 3-Tier Delivery Model

[220] Die Telekom arbeitet mit etwa 1200 selbständigen Vertriebspartnern, die wiederum bedienen sich der Unterstützung von rund 13 000 Subunternehmern bis in die Türkei („Gefährliches Karussell" in: Der Spiegel Nr. 43/2009)

[221] Jacobi, Simone: Personalmanagement in transnationalen Dienstleistungsunternehmen, München 2009

[222] Boston Consulting Group: Trading up & down around the world, 2008. „Früher" meint 50er und 60er Jahre.

Discounter andererseits.[223] In Deutschland prägte die Metrotochter Saturn mit „Geiz ist geil" die Werbung, in Japan legt der Discounter Seiyu mit „cheap is chic" zweistellig zu. Die Kunden sind sehr preisbewusst geworden, sie informieren sich mit Preissuchmaschinen und Bewertungsportalen. Unter dem immer stärkeren und immer internationaleren Wettbewerb steigt der *Preis- und Kostendruck*, die Telekom outsourct, was nicht „niet- und nagelfest" ist, Fünfsternehotels „verramschen" Zimmer zum Dreisternepreis und die USA erschüttert ein seismic change towards discount business.[224]

Auf der anderen Seite ist der weltweite Markt für *Luxusgüter* sogar im Krisenjahr 2010 um 15% auf 1 Bio. € (!) gestiegen, wobei der größte Teil für edle Reisen und Hotels ausgegeben wird, und das nicht nur von reichen Chinesen, sondern einer weltweiter Mittelschicht. Für den Konsumenten von heute, „smart shopper" sind zwei Preise relevant: der günstigste für den täglichen Bedarf und der teure für besondere Qualität, Service, Bequemlichkeit und Selbstdarstellung.[225]

Aus diesen auffälligen Trends ergeben sich Hinweise für sehr unterschiedliche strategische Optionen. So spricht der Chef des Groß- und Einzelhandelskonzerns Metro von „Mörderischem Preiskampf" während der Chef des Luxuskonzerns Hermès, verwöhnt von Rekordumsätzen und -gewinnen im Krisenjahr 2010, lapidar vermerkt „wir scheren uns kein bisschen um den Aktienkurs".[226]

Abb. 54: die Kamelkurve

---

[223] 42% Marktanteil und 50 Mrd. Umsatz im Lebensmitteleinzelhandel (Factbook Einzelhandel 2010)

[224] Deloitte-Studie zum Hotelmarkt Berlin 2011. USAtoday April, 22, 10.

[225] Boston Consulting Group: „The New World of Luxury" (Studie), 2010; „bling-bling" In den emerging markets

[226] Cordes in Der Handel 15.01.2010; Thomas in SZ 3.06.09

Gesellschaft

Entscheidungsträger brauchen gute Antennen für gesellschaftliche Entwicklungen, sonst tendieren sie dazu, sich auf dem bisherigen Erfolgskonzept „auszuruhen". Zum Beispiel unterschätzte der absolute Marktführer im Mobiltelefonmarkt, Nokia, völlig die Bedeutung von Smartphones.[227] Die Konsumenten von heute sind stets auf der Suche nach Neuem, als „Lifestyle Junkies" schüren sie den Boom der Anbieter von Gadgets[228] und Concept-Stores und wer nur Mainstream anbietet, hat das Nachsehen.

„Am falschen Fuß erwischt" werden Unternehmen, wenn sie gesellschaftliche Wertetrends unterschätzen und die eigene Macht überschätzen. Die Weichenstellungen erfolgten längst vor so spektakulären Ereignissen wie Stuttgart 21 oder Fukushima; das Management von Dienstleistungsunternehmen wie Deutsche Bahn oder EON, meinte solche Stimmungslagen ignorieren zu können.

Nicht ganz so dramatisch, aber von hoher Auswirkung auf Dienstleister, ist der Wertewandel der Gesellschaft zu gesunder Lebensweise: die Nachfrage nach Bio/Local Food ist kaum zu stillen und die Tourismusbranche setzt auf Wellness.[229]

Gern übersehen wird auch die *demographische Entwicklung*. So fokussiert Werbung nach wie vor die vermeintlich konsumfreudigste Zielgruppe der 14- bis 29-Jährigen[230], dabei ist in fast allen Industrieländern aus der Bevölkerungspyramide ein Pilz geworden, es gibt mehr „Alte als Junge".[231] Aufmerksame Unternehmen richten ihre Strategie auf die „Best Ager", GOLDIES, WOOPIES aus, denn die Generation 60 plus hat Zeit, Geld, Lust, es ist die am schnellsten wachsende Gruppe der Luxusverbraucher.[232]

Wir wollen es bei diesen „sicheren" Trends belassen, denn „Prognosen sind immer schwierig, besonders wenn sie die Zukunft betreffen" (Karl Valentin).

Angesichts dieser Herausforderungen stellt sich für Chefs die Frage, ob sie besser die Strategie des „billigen Jakob" wählen oder lieber die des „rechten Kamelhöcker". Doch Vorsicht: „do not compete with a red ocean strategy, better sail in blue ocean".[233] Der Ozean wird sich schnell rot färben, wenn man sich mit den „Haien" des gegenwärtigen Marktes anlegt; besser ist es, sich durch unkonventionelles Denken in ein unberührtes, blaues Meer abzusetzen, wie es Amazon und Apple schafften. Das ist zwangsläufig nur sehr selten möglich, aber es reicht schon, wenn man die Grenzen des bisherigen Marktes und Angebots verschiebt. Es beginnt mit der Frage, was wollen wir anders machen als die anderen, *worin unterscheiden wir uns*?

---

[227] sein Marktanteil brach auf 36% ein, während Apple's iPhone von 0 auf 16% geradezu „explodierte".

[228] Neue Dinge im Grenzbereich zwischen sinnvoller Funktionalität, Design und Verspieltheit. „Concept stores" inszenieren mit ungewöhnlichen Sortimenten erlebnisreiches Einkaufen (z.B. Manufactum München, Colette Paris)

[229] Whole Food USA, Basic Deutschland, selbst Discounter wie Aldi und Lidl kommen nicht dran vorbei. Health & Wellness Tourism, ITB 2011

[230] „Generation Zukunft" TNS Infratest 2008

[231] Kamen in Deutschland 1960 noch 15 Beitragszahler für 1 Rentner auf, 2000 nur 7, sind es 2030 ebenso viele Rentner wie Erwerbstätige. Die Anzahl jüngerer Arbeitskräfte (zwischen 15-30 Jahren) geht deutlich zurück von 10,3 Mio. 1996 auf 6,2 Mio. 2040 (Fuchs, Johann: Demografie und Fachkräfteentwicklung, IAB 2010). Und wir sind keine Ausnahme: Chinas Gesellschaft altert schneller als jede andere

[232] = golden oldie lives dangerously, well-off older person. BCG-Studie 2010

[233] Kim, Chan: Blue Ocean Strategy, how to create uncontested market space and make the competition irrelevant, 2005

Von der Herausforderung zur Aktion

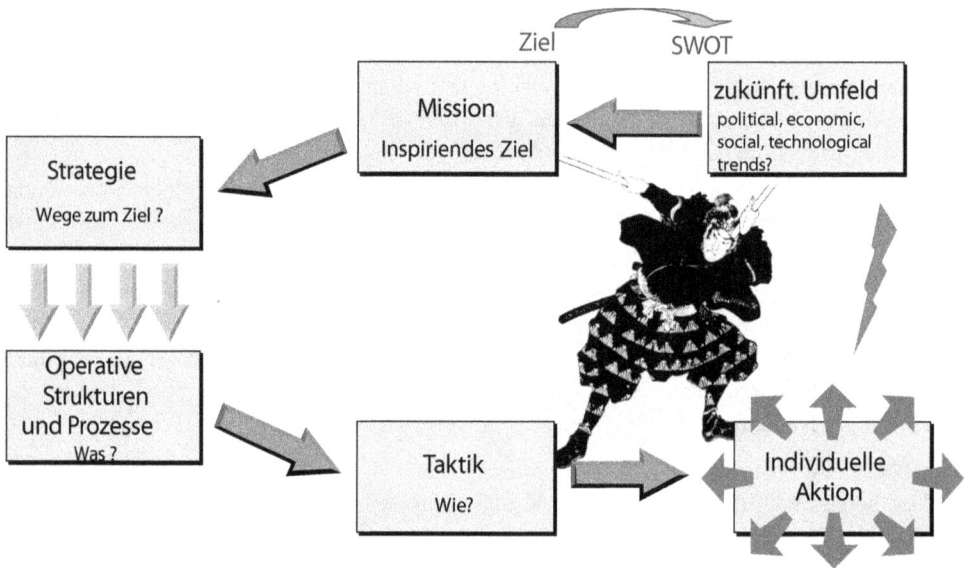

Abb. 55: von der Herausforderung zur Aktion

Beispiel art'otel: eine Kette von Hotels und doch ist jedes Haus anders (kein identisches Corporate Design wie bei anderen Ketten), jedes Haus zeigt die Sammlung eines Künstlers (wie Warhol, Baselitz etc.) und ist nicht wie viele andere trendy designed, alle Mitarbeiter versuchen sich in „revised thinking", die Welt des Hotels vom Gast her zu sehen.[234]

Um nicht wie ein aufgeschreckter Hühnerhof in wilde, unkoordinierte Aktionen zu verfallen gilt es also einige grundlegende, gern verdrängte Fragen zu klären.

3.2   Wozu gibt es uns überhaupt? (Mission, Vision)

Bevor wir uns daran machen, eine Unternehmensstrategie zu wählen, müssen wir sicher sein, was uns unterscheidet, welche *unique selling proposition* (u.s.p.) wir haben. In Theorie und Praxis fällt in diesem Zusammenhang meist der Begriff „Vision". Wir wollen hier gar nicht in die fruchtlose Diskussion einsteigen, ob es sich dabei nicht um eine „Krankheit" handelt (wie Exkanzler Helmut Schmidt meinte) und was der Unterschied zu „Mission" oder „Leitbild" ist.

Hier geht es um die grundlegende Frage: „Wozu gibt es uns überhaupt? Welche Botschaft wollen wir dem Kunden vermitteln? Was bieten wir besonderes?" Ohne dieses Selbstverständnis zu klären, bringt kein Bemühen etwas![235]

---

[234]   Ralph Schroedter, Geschäftsführer, art'otel berlin kudamm. Siehe auch unser Kapitel 2.3 Blueprinting

[235]   Christian Rach bringt das in seiner Beratungsserie auf den Punkt (RTL „Der Restauranttester" 2010/11). Wem das zu trivial erscheint, der sei an Viktor Frankl, Psychiater und KZ-Überlebender erinnert: „Wer Leistung fordert, muss **Sinn** bieten!"

Sieht man sich die Visionen mancher Führenden an, ist man oft enttäuscht. Vollmundig und auf Hochglanz wird verkündet „wir sind innovativ, mitarbeiterorientiert, nachhaltig, der Kunde steht im Mittelpunkt, Total Quality verpflichtet" und ähnliches. In solchen Parolen hören Kunden und Mitarbeiter bloße „Wieselwörter", Sprachhülsen ihres Inhalts beraubt wie ein vom Wiesel ausgesaugtes Ei[236], aber Phrasen reißen niemand vom Stuhl.

Eine wirksame Vision dagegen inspiriert und befeuert mit einem herausfordernden Zielbild; die richtigen Worte können geradezu Berge versetzen. Klassische Beispiele sind Mahatma Gandhi „free India without violence", John F. Kennedy „to have a man on the moon by the end of the decade", Steve Jobs „a computer on each desk". Es müssen nicht unbedingt „große" Worte sein, manchmal reicht auch ein kleines, überzeugendes Bild, wie wir es vom Gründer von Southwest Airlines auf einer Serviette überliefert bekamen.[237]

Texas's most famous napkin

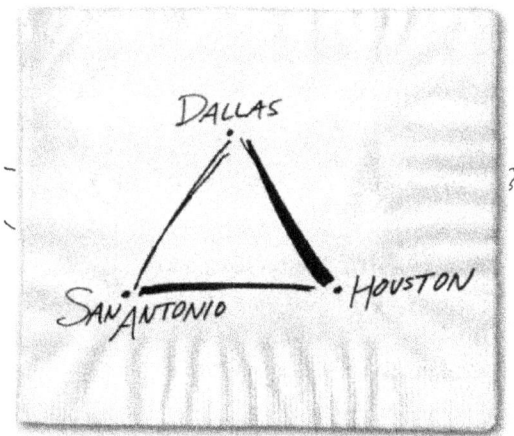

Herb Kelleher's sketch that started Southwest Airlines

Abb. 56: Texas most famous napkin

Managementvordenker[238] und Spitzensportler sind sich einig, dass eine Vision wie ein Kompass in die richtige Richtung weist und eine energetisierende, kreative Spannung auslöst. Viele Menschen (und Manager) tendieren leider dazu, sich von den Ereignissen vereinnahmen zu lassen, die Arbeitsflut zu bewältigen und sich nicht mal zurückzulehnen und zu fragen, wozu machen wir das eigentlich, wo wollen wir überhaupt hin? Für Dienstleister ist eine anfeuernde Vision besonders wichtig, da – wie wir hörten – viele damit nichts Nobles und Ehrenhaftes verbinden, sondern etwas das drückt, und wir sehen dabei hängende Mundwinkel und Schultern.

---

[236]   Friedrich August von Hayek. Aufschlussreich auch die Reaktionen darauf: Mitarbeiter spielen dazu Bullshit-Bingo, ein Aktionär lässt bei der Hauptversammlung einen Luftballon platzen. Bullshit bezeichnet Nonsense, Humbug, Quatsch (George Orwell: Politics & the English Language, 1964)

[237]   Roam (2008) p.120

[238]   Peter Senge: „the 5th discipline". Peter Drucker „leadership is vision". Gary Yukl „inspirational leadership". Stephen Covey „first things first". Timothy Gallwey „the inner game of tennis". The Legend of Bagger Vance

3.3   Vom Sinn eines Schlachtplans (Strategie)

3.3.1   Die Kunst, Denken und Handeln zu verbinden

Die Etymologie des Begriffes zeigt, worum es geht: altgriechisch stratos = Heer agein = führen, also einen Schlachtplan zu haben. Im Spiel, Wettbewerb, Krieg ohne Strategie zu sein, bedeutet Überraschungen und unerwarteter Stärke ausgeliefert zu sein und ohne Konzept zu reagieren (Aktionismus). Aber Chefs beschäftigen sich nur selten mit Strategie. Viele Studien bestätigen, dass sie zwar sehr viel arbeiten, die meiste Zeit aber mit Meetings und day-to-day operations zugeschüttet werden, so dass für Strategieüberlegungen gerade mal 3% der Zeit übrigbleiben; und da ist das Ziel eher Absicherung der eigenen Macht.[239]

Blicken wir hinter die Symptomebene „keine Zeit" auf die eigentlichen Ursachen, finden wir eine tiefe Enttäuschung über Unternehmensplanung, oft garniert mit Sarkasmus: „Planung ersetzt den Zufall durch den Irrtum", „wer plant irrt genauer!" Darin verbirgt sich ein Missverständnis vom Sinn und Zweck einer *Planung*. Erfahrene Skipper planen den Kurs ihres Schiffes, damit

- man eine Vorgehensleitlinie hat, wenn es so kommt wie geplant
- die Auswirkungen schnell und fundiert bestimmt werden können, wenn es nicht so kommt
- Risiken minimiert werden, weil man darauf gewappnet ist
- gegebenenfalls nachgesteuert werden kann
- aus Irrtum gelernt werden kann (aus dem Zufall geht es nicht) und immer mehr Treffsicherheit erlangt wird.

Ohne Strategie spielt man also va banque. Wie man zum richtigen Schlachtplan kommt, zeigen die ehrwürdigen Strategen der (Kriegs-) Geschichte:

„Kennst du den Gegner und kennst du dich, so magst du hundert Schlachten schlagen, ohne dass eine Gefahr besteht, kennst du dich, aber nicht den Gegner, so sind deine Aussichten auf Gewinn oder Verlust gleich, kennst du weder dich noch den Gegner, so wirst du in jeder Schlacht geschlagen" (Sun Tzu: The Art of War, 300 v. Chr!). Für das Management von Unternehmen haben wir dafür bewährte Werkzeuge wie SWOT-, Kräftefeld-, Portfolio- Analyse.[240] Damit werden Trends und Entwicklungen im Umfeld und die eigenen *Stärken* und *Schwächen* identifiziert.

„The way is in training / distinguish between gain and loss/ pay attention even to trifles / do nothing which is of no use" (Musashi: Book of five rings, um 1600). Erfolgsstrategien beinhalten, besser zu sein als der Wettbewerber; es reicht also nicht, einfach anders oder besonders zu sein (wie das im Zwischenschritt Vision/Mission gefordert wurde). Es geht um wahre *Meisterschaft*; das ist mehr als das Ansammeln von Informationen, Fähigkeiten und Kompetenzen. „Mastery and proficiency", wie Peter Senge diese Kerndimension bezeichnet, ist eine kontinu-

---

[239] Chandy, Rajesh: What do bosses do all day? In: The Economist, May 5, 2011 (Harvard Business School Working Paper 11-081). Vgl. den „Klassiker" Mintzberg, Henry: The manager's job, folklore and fact, HBR, 7/8/1975. dito, The nature of managerial work, 1973.

[240] Übung (17) im Supplement! Thompson, Arthur: Strategic Management, concept and cases, New York 2003. Mintzberg, Henry: Strategy Safari, eine Reise durch die Wildnis des strategischen Managements, Frankfurt 1999; s a. Fn 50

ierliche professionelle und emotionale Weiterentwicklung; Meister lernen nie aus, sie sind auf einer ständigen Suche nach Perfektion und erschaffen um sich eine lernende Organisation.[241]

„Angriff ist die beste Verteidigung" (von Clausewitz, um 1800). Hat man die Positionen und Möglichkeiten der „Schachfiguren" (Konkurrenten, Kunden, Geschäftspartner) studiert und seine Stärken entwickelt, empfiehlt es sich *proaktiv* zu handeln. Wer nur reaktiv spielt, verliert nicht nur im Schach, wie die Pleiten von Woolworth, World Com, Eastern Airlines zeigen.

Ereignisgetriebenes Vorgehen („event pacing"[242]), sich an die veränderten Kundenbedürfnisse und Schachzüge der Konkurrenz anzupassen, ist keine grundsätzlich schlechte Strategie, es entspricht dem Auffieren des Seglers bei ruhigem Wetter. Verschärft sich aber der Wettbewerb, zieht ein Gewitter auf, muss man Veränderungen rechtzeitig antizipieren. Unternehmen wie 3M zeigen, wie man in turbulenten Märkten sich zeitig wappnet und den Takt vorgibt. Wir werden im Kap.3.3.4 weitere Beispiele und Details dazu sehen.

3.3.2   Die drei „generischen" Wettbewerbsstrategien

Der Hauptfehler den Menschen/Unternehmen aus strategischer Sicht machen, ist *alles* zu versuchen und sich damit zu verzetteln. Der Gasthof an der Ecke mit Dutzenden Gerichten, der Anwalt für alle Rechtsfälle, der Gemischtwarenladen, Allgemeinkrankenhäuser sind Beispiele dafür.

Michael Porter, der einflussreichste Managementdenker Harvards und Erfinder der „three generic competitive strategies" warnt davor, „stuck in the middle" zu geraten, da es schließlich keine Alleskönner geben kann.[243] Oder, damit es sich leichter einprägt „everybody's darling is everybody's asshole".

Um eine vorteilhafte, verteidigungsfähige Position in einer Wettbewerbsarena zu erlangen gibt es nach ihm nur drei *generische* (= allgemeingültige) Strategien

- die Strategie der *umfassenden Kosten-/Preisführerschaft*: wir sahen bereits oben (Abb. 54) im „linken Kamelhöcker" den weltweiten Erfolg der Discounter. Das Geheimnis liegt
    - im Ausnutzen von Mengenvorteilen, z.B. hat Aldi sein Sortiment auf 600 Artikel begrenzt (das verhilft zu „Schnelldrehern" und einer drückenden Einkaufsmacht);[244]
    - in niedrigen Personalkosten, z.B. hat Schlecker Personal auf das absolut notwendige reduziert und bezahlt unter Tarif;
    - in perfektionierten Prozessen z.B. lernte Southwest Airlines vom Formel-1-Boxenstop seine Turnaround-Zeiten auf 12–20 Minuten zu verringern;[245] WalMart hat das effizienteste, flexibelste Supply Chain Management der Branche;

---

[241] Senge (1993) ch. 9. Argyris, Chris: On organizational learning, Hoboken 1999. Malik (2001) „4.Grundsatz". Die „Gespräche des Konfuzius" beginnen mit dem Schriftzeichen für Lernen. Ein Teil steht für „Wissen von Weisen übernehmen", der andere für „kontinuierlich üben"

[242] Eisenhardt, Kathy/Brown, Shona: Time pacing, competing in markets that won't stand still (Stanford/McKinsey), in: HBR, 3/2009

[243] Porter, Michael: Competitive Strategy, New York 1999. Vgl. a. Huckman, Robert: Das fokussierte Unternehmen, Harvard Business Manager 2/2010

[244] herkömmliche Supermärkte haben über 40 000 Produkte; Economy of scale ist der Grund für immer weitere Filialen; Brandes, Dieter: Konsequent einfach, die Aldi-Erfolgsstory, Frankfurt 1998.

[245] statt 45-90 Minuten bei anderen Fluglinien; so kann eine Boeing 737 täglich 14 Stunden fliegen, bei Lufthansa nur 7 managmenttoday.com 1.Nov.1997

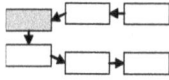

Wettbewerbsstrategien

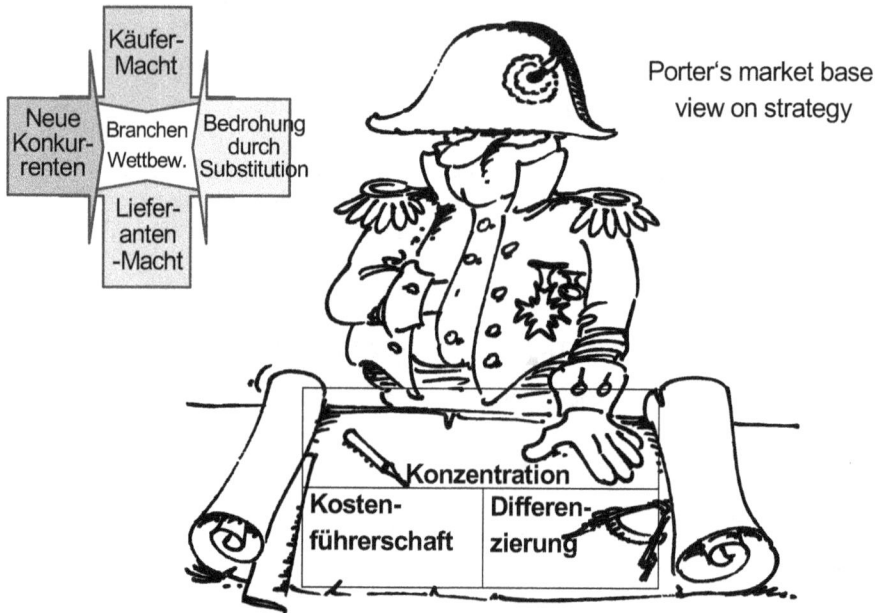

Abb. 57: Competitive strategies

- in permanenter Kostenkontrolle der gesamten Wertschöpfungskette, z.B. easyJet nur Direktbuchung im Internet, kein kostenloses Catering ("no frills"), preiswertere Airports, mehr Sitze, einheitliche Klasse.[246]

Wie wirken sparsame Kosten und Preise auf die Dienstleistungsempfänger? Trotz sehr magerem Service wurde easyJet 1999 von den Lesern des Business Traveler Magazins zur "besten Low-Cost-Airline" gewählt. Andererseits wurde Ryanair zum Hassobjekt von Passagieren wegen seiner Airports in der Pampa und den intransparenten Zusatzge-bühren. Und auch preisbewusste Kunden sind anspruchsvoller geworden: Aldi und Lidl reagieren z.B. mit Qualitätsweinen und Fluglinien mit "Premium Economy".[247]

• *Strategie der Differenzierung:* ein sog. Alleinstellungsmerkmal erlangt man am besten durch Qualität, wie es die Hersteller von Premiumfahrzeuge vormachen. Allerdings ist Qualität, wie wir bereits vorher hörten,[248] bei Dienstleistungen nicht so leicht herstell- und feststellbar wie bei Produkten. Hier ist mit den benannten Kriterien wie Professiona-lität, spezifisches Savoir-faire, Zuverlässigkeit, Flexibilität, Freundlichkeit, give-aways, Frustrationstoleranz und Empathie zu trumpfen.

---

[246]   Kostenstruktur der Lowprice-Airlines ist um die Hälfte günstiger als die der klassischen Fluggesellschaften, z.B. kostet Buchung im Internet 1 $, im Callcenter 6$

[247]   ihateryanair.com; der Marktanteil der Discounter stagniert und es gibt weitere Nachahmer (Netto, Real, Kauf-land), während Verbraucher mehr Wert auf Auswahl und Qualität legen (OC&C-Studie 2007 "Billig allein recht nicht")

[248]   unsere Kap. 1.2.2, 1.7.2, 1.7.3

- Eine strategische Positionierung durch Einzigartigkeit erlaubt relativ hohe Preise, insbesondere wenn das Image stimmt (Markenbildung); wir sahen oben an der Kamelkurve, dass Luxus sogar besonders gefragt ist[249] und die Erfolge von Armani bis Zegna sind der Beweis.
- Der augenscheinliche Erfolg dieser Strategie verführt z.B. die Tourismusbranche dazu, auf Luxus zu setzen. Wenn aber auf der Welt täglich 40 Fünf-Sterne-Hotels eröffnet werden und als Teil einer Kette (Hyatt, Ritz Carlton, Hilton, Kempenski, Marriott) kaum eigenes Profil haben, ist eine Differenzierung durch Exklusivität und Individualität nicht mehr erkennbar. Wir berichteten bereits über die damit einhergehenden niedrigen Auslastungsquoten und den Preisverfall.[250] Die Wirtschaftskrise beendete die Hybris etlicher Luxusanbieter: Escada schrammte knapp an der Pleite vorbei, Tiffany und Cartier mussten sich von etlichen Hundert Mitarbeitern trennen.
- Differenzierung bei industriellen Dienstleistungen (B-2-B-Geschäft) erfolgt durch Leistung und Verhalten. Lieferanten verkaufen nicht einfach Komponenten, sondern helfen dem Kunden, seine Wertschöpfung zu erhöhen, Probleme zu lösen und Risiken zu minimieren (z.B. bieten IBM und Siemens Machbarkeitsstudien, Unternehmensberatung, Finanzierung, Wartung, Betrieb aus einer Hand). Und kundenorientiertes Verhalten beginnt beim Vorstand und pflanzt sich fort in die lokalen Case-Teams vor Ort des Kunden.[251]

- *Strategie der Nischenbesetzung*: Die erfolgreichen Nischen-Unternehmen sind hoch spezialisiert, fokussiert und haben einen besonders engen Kontakt zu ihren wichtigsten Kunden. So haben es etliche aus der Nische zum Weltmarktführer geschafft. Gerade im „Windschatten" von großen Unternehmen bieten sich zahlreiche Chancen.
  - Hidden Champions sind meist Eigentümer/Gründer-Unternehmen, die voller Hingabe ein Ziel jahrelang konsequent und mit großer Risikotoleranz verfolgen. Besessen von einer Vision, flexibel im Detail, mit hoher ökonomischer und sozialer Kontinuität, begeistern sie Kunden und Mitarbeiter. Beispiele sind Kärcher, Webasto, Haribo, Dussmann, SAS Softwarehaus; Dallmayr Kaffee, Western Union (cash sending service); aber auch Reformhäuser, Online-Broker; Augen-Kliniken.[252]
  - Fokus auf eine eng begrenzte Zielgruppe und spezifisches, exklusives Knowhow sind in segmentierten Märkten von Vorteil. So sind in der Hotellerie Themenhotels gefragt, die den Reisenden sein lassen, wie er möchte und ihn doch in seinem individuellen Lebensstil ansprechen, vom Bio- oder Naturhotel bis hin zum No-Kids-Hotel.
  - Nischen sind natürlich das Biotop für ausgefallene Ideen und Angebote, vom Long Tail bis zum Monkey Business.[253] Manch exotisch erscheinende Idee ist dabei zum

---

[249] schon der klassische US-Ökonom Thorstein Veblen registrierte den Geltungskonsum: „conspicuous consumption" (The theory of the leisure class, 1899). Selbst in nüchternen Konzernen wird auf feine Distinktionen geachtet: nur Vorstände bekommen Firstclass-Flüge und iPhones

[250] Fn219; Privathotels wie Baur au Lac Zürich, Bayer. Hof München haben damit jedoch kein Problem

[251] mit Energiespar-Contracting spart Berlin bei öffentlichen Gebäuden jährlich 5 Mio. € Stromkosten; Siemens AG 2006, Corporate Communications, Generation 21

[252] Simon, Hermann: Die heimlichen Gewinner, Frankfurt 1997. Iansiti, Marco: Strategies for a small fish in a big pond, HBS, 2004. Mewes, Wolfgang: Mit Nischenstrategie zur Marktführerschaft, Zürich 2000

[253] Monkey business = völlig abgedrehter Schnickschnack, z.B. Paul Frank orange vinyl accessories. Long tail = Angebot von ausgefallenen, einzelnen Dingen (bad seller) im Netz für die sich vielleicht irgendjemand interessiert (Anderson, Chris: The Long Tail, why the future of business is selling less of More, New York 2006)

Vorreiter regelrechter Trends geworden, man denke an die Anfänge von Snowbo-
ard, Mountainbike, FaceBook u.ä. Meist übernehmen dann große Player die originelle Idee und nicht allen Erfindern gelingt es, diese geschickt zu verkaufen.

Alle drei Strategien haben also, trotz etlicher Gefahren, hohes Erfolgspotential; kein Wunder,
dass größere Unternehmen sich gleich in mehreren strategischen Feldern positionieren. Das
ist dann erfolgreich, wenn die Marken und die Produkt- und Preispolitik konsequent vonein-
ander abgegrenzt werden. So belegt die Hotelkette Accor die Marktsegmente „Luxushotel"
(Sofitel), „Vier-Sterne-Hotel" (Pullman), Tagungshotel (Novotel), sowie preiswerte Unter-
kunft (Ibis /Formule1)

Porterstrategien am Beispiel Reisemarkt

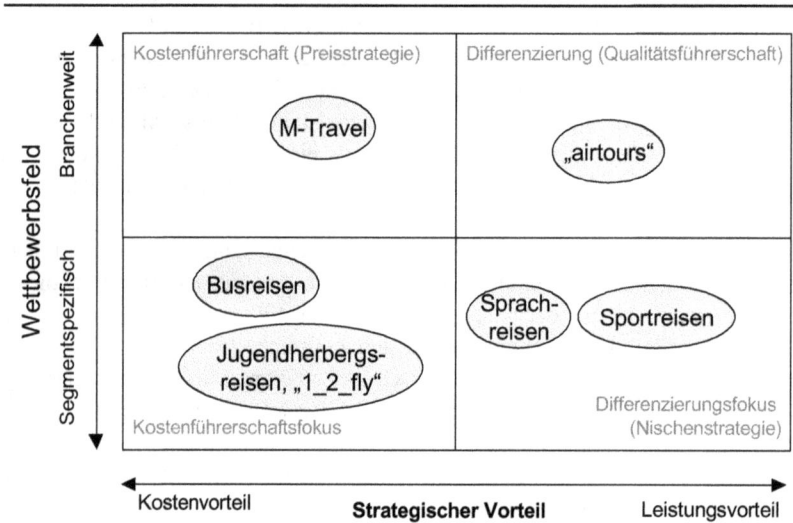

(4.2.1) Produktpolitik

Product-Line Stretch: Marriott Hotels

Abb. 58: Marktsegmente besetzen

3.3.3 Porter ist „out" (Outpacing-Strategien)

Dogmen wie „Differenzierung ist teuer", „Qualität kostet" reizen zum Widerspruch, zudem fragt man sich, wie eine Strategie „einzigartig" sein kann, wenn die Rezepte dazu in einem Bestseller stehen. Wir hörten bereits, dass Kostenführer heute durchaus auch eine Qualitätsstrategie verfolgen. Besonders konsequent (und erfolgreich) agieren Unternehmen, die etablierte Regel und Kategorien brechen nach dem Diktum des populären Managementconsultants Tom Peters „Wer sich an die Regeln hält, hat nicht den Hauch einer Chance".[254]

„Das ungewöhnliche Möbelhaus" *Ikea* verbindet Design und Ambiente mit günstigen Preisen und hat die Prozesskette in der gesamten Möbelbranche revolutioniert.[255]

H&M holt sich nicht einfach Designer, sondern gleich die Berühmtesten, obwohl mit Niedrigpreisen der Massenmarkt angesprochen wird;[256] mit Sex & the City-Stilettos, die statt 900 nur 99 € kosten, schockierte man den Modemarkt. Die Strategie verbindet Anmutungsqualität mit Kostenführerschaft durch überlegenes Supply Chain Management.

Diese beiden Beispiele zeigen eine „hybride" Strategie, womit man laut Porter eigentlich zwischen den Stühlen sitzen würde; nicht nur diese beiden Unternehmen beweisen, dass das durchaus machbar ist – und die Kunden lieben es.

Märkte können aber auch umgestürzt werden, ohne an der Kosten-Preis-Schraube zu drehen. Dazu braucht es besonders *inspirierte Köpfe:*

Ferran Adrià, der Chef des katalanischen Restaurants El Bulli, erfand Mitte der 90er Jahre die Küche neu. Durch experimentelle Lebensmittelvorbereitung, -zubereitung und -präsentation wurde er zum Begründer der sog. Molekularküche und zu einem der einflussreichsten Köche der Gegenwart.[257]

Steve Jobs revolutionierte gleich mehrere Märkte und stellte 2010 gleich sechs Unternehmensrekorde auf:[258]

1. Apple versechsfachte seinen Gewinn innerhalb von drei Jahren und ist mit 65 Mrd $ Umsatz in Größenordnungen von Siemens vorgestoßen – und das mit einem Zehntel an Mitarbeitern. Damit ist die Kriegskasse gut gefüllt für Forschung & Entwicklung und Übernahmen

2. iTunes: die Multimedia-Software und Internetplattform definierte den Musikmarkt neu und erfand zusätzlich einen gänzlich neuen Markt: Apps (Applications) für Mobilgeräte.

---

[254] Peters wirbt für „reinvent" und die Szene bewundert „category killer", „outpacing strategy", „blue ocean winner", „masstige" (Masse und Prestige)

[255] z.B. Stehleuchte PS Svarva wird durch einfaches Biegen vom Massenartikel zum Unikum; Gieskanne Vallö formschöne und stapelbar für nur 99ct; schlanke Prozesse durch Selbstabholung und do it yourself; mit über 300 Filialen in 40 Ländern und 127 Tsd. Mitarbeitern der größte Möbelhändler der Welt

[256] Karl Lagerfeld, Stella McCartney, Jimmy Choo, Sonia Rykiel. Weltgrößte Bekleidungskette 2300 Filialen in 40 Ländern, 76 000 Mitarbeiter. Die Zeit: Das Welthemd, 18.12.2010.

[257] der ungewöhnliche Erfolg zeigt sich u.a. in 2 Mio. Reservierungswünschen im Jahr (bei einer Kapazität von nur 16 000 Gästen) und in der 3maligen Wahl zum besten Restaurant der Welt

[258] Gewinn 2010 14 Mrd. $, Barreserve des Unternehmens 51 Mrd. $ (Informationweek.com). Die freien Programmierer der Apps treten 30% an Einnahmen an Apple ab; Musik Downloads bringen 1 Mrd. $ Umsatz pro Quartal > Übung 9. Von 2005 bis 2010 wurden bereits 74 Mio. iPhones verkauft. Der Auslandsumsatz stieg von 52 auf 57 % und Chinesen bieten sogar ihre Niere für ein iPhone (SZ 22.6.2011). Gartner schätzt, dass sich die Zahl der weltweit verkauften Tablets 2011 vervierfacht! Apple Stores generieren mehr Umsatz pro square foot ($4000) als Tiffany's ($2500), Best Buy ($1000) and Neiman Marcus ($600). S.a. Elliot, Jay/Simon, William: The Steve Jobs way, iLeadership for a new generation, New York 2011

Mittlerweile verkauft Apple weltweit etwa 3 Mio. Songs pro Tag, und aus dem Angebot von 425 000 Apps wurden bis Anfang 2011 bereits zehn Milliarden heruntergeladen.

Den 3. Rekord stellt das iPhone auf: es stürzte den gesamten Mobiltelefonmarkt um und brachte den Marktführer Nokia in Bedrängnis. Als „Smartphone" verbindet es Spaß (Musik, Spiele, Camera) und Job (e-mail, voice & picture communication, corporate data). Und die neueste Generation verkauft sich noch blendender: im letzten Quartal wurden 90 % mehr als davor verkauft.

Der 4. Rekord: Der Auslandmarkt ist größer und wächst rapider als der in den USA; der Kult-Event für Computer-Aficionados „Macworld" wird demnächst erstmals außerhalb der USA zelebriert, in Beijing.

5. Der Tablet-Computer „iPad" erschüttert seit 2010 die Szene des mobile Computing. Noch nie ist ein Produkt von Anfang an so gut gelaufen, innerhalb eine Jahres verkaufte Apple 18 Mio Stück!

6. Die Eröffnung von edel designten Flagshipstores in den wichtigsten Weltstädten, die den Besucher mit „hands-on experiences" beeindrucken, katapultierte Apple in die Kategorie der erfolgreichsten Einzelhändler.

Die größten Chefköche, wie Ferran Adrià und Paul Bocuse sind nicht nur Meister am Herd, sondern *Meister der Selbstinszenierung*. Besonders perfekt in der eigenen Markenbildung ist Steve Jobs; Apples Erfolg wäre undenkbar ohne den Personenkult, ohne die theaterreife Inszenierung seiner Produktvorstellungen. Wir hörten in unserem Kapitel „Moments of Truth" wie wichtig dieses „Theater" gerade bei so etwas schwer Greifbarem wie Dienstleistungen ist. Viele Chefs sind zu langweilig; sie – und die Angebote für die sie stehen – sind zu austauschbar, weil sie sich für ihre Karriere jegliche Ecken und Kanten abschleifen ließen. Die Empire zeigt uns, dass Manager sich als Marke inszenieren müssen, wenn die Leistung, die sie symbolisieren von Kunden, Mitarbeitern und Aktionären gefeiert werden soll.[259] Aus dem Improvisationstheater und Storytelling wissen wir, dass es nicht reicht, eine Rolle zu spielen, sondern man muss eine Rolle authentisch leben. So verdankt sich Steve Jobs' Image seinem sein Gespür für Technik, Trends, Märkte und Design.

3.3.4   Hebelwirkung nutzen

Es ist natürlich ein ungemeiner Vorteil, wenn Unternehmen so eine Galionsfigur haben, die die Märkte und Mitarbeiter beflügelt; Chefs müssen aber nicht in Sack und Asche gehen, wenn sie nicht mit diesem Persönlichkeitsmerkmal gesegnet sind. Unternehmen sollten sowieso nicht von einzelnen Personen abhängen und Strategie hat, wie uns Mintzberg zeigte,[260] wenig mit Charisma, sondern mit einer bestimmten Art (pattern) zu denken und zu handeln zu tun.

Neben der klassischen Outside-in-Perspektive à la Porter und den „Revolutionären" bietet sich als weitere Option die *Inside-out*-Betrachtung an, nämlich seine Wettbewerbsstrategie auf die besonderen, eigenen Stärken zu gründen. Prahalads Geschäftsmodell der Kernkompetenz gibt

---

[259] Die Zeit: „Der Manager als Marke" 19.10.2010. Unser Kap. 1.6.4 „Inszenierung" (Goffman) Gálvez, Cristián: Du bist, was Du zeigst, Erfolg durch Selbstinszenierung, München 2007

[260] „a pattern in a stream of decisions ... the strategy maker may formulate a strategy through a conscious process before he makes specific decisions, or a strategy may form gradually, perhaps unintentionally, as he makes his decision one by one" Mintzberg, Henry in: Management Science 9/1978 p.934ff. Mintzberg (1999)

dafür eine gute Anleitung.[261] Es sind die raren, wertvollen, schwer imitierbaren Ressourcen, die versteckten Fähigkeiten, die einen Vorsprung gegenüber Konkurrenten sichern. Zum Beispiel gelingt es 3M seit 100 Jahren sich immer wieder neu zu erfinden und Märkte zu schaffen, statt sich den auftretenden Kräften zu beugen.[262] Ein prototypisches Beispiel wie wir bereits hörten, ist auch IBM: mit unvergleichlichen Kernkompetenzen in (wissenschaftlicher) Forschung, Computerskills und nachhaltiger Kundenbeziehung steuerte das Management aus der IT-Krise der 90er Jahre in den „blue ocean" von Software und Service.

Die Spitzenmanager sollten demnach ihre Firma als ein Kompetenzportfolio betrachten, um sie strategisch aufzustellen. Das ist gar nicht so einfach, wie der frühere Siemenschef verriet: „wenn Siemens wüsste, was Siemens weiß".

Viele Menschen kennen ihre (verborgenen) Talente nicht und Manager sind auch nur Menschen; sie sind mehr mit dem Beseitigen von Schwächen beschäftigt als mit dem Nutzen von Stärken,[263] beim Optimieren des Quotienten „Produktivität" managen sie mehr den Nenner (durch immer wieder neue Kostensparrunden) als den Zähler.

Frei nach Konfuzius beginnt der längste Weg mit dem ersten Schritt und der ist, die vorhandenen (schlummernden) Stärken erst einmal zu identifizieren. Um diese aufgespürten *Talente* (capabilities) markant zum „Zählen" zu bringen, empfiehlt Prahalad den Stretch- und Leverage-Effekt:

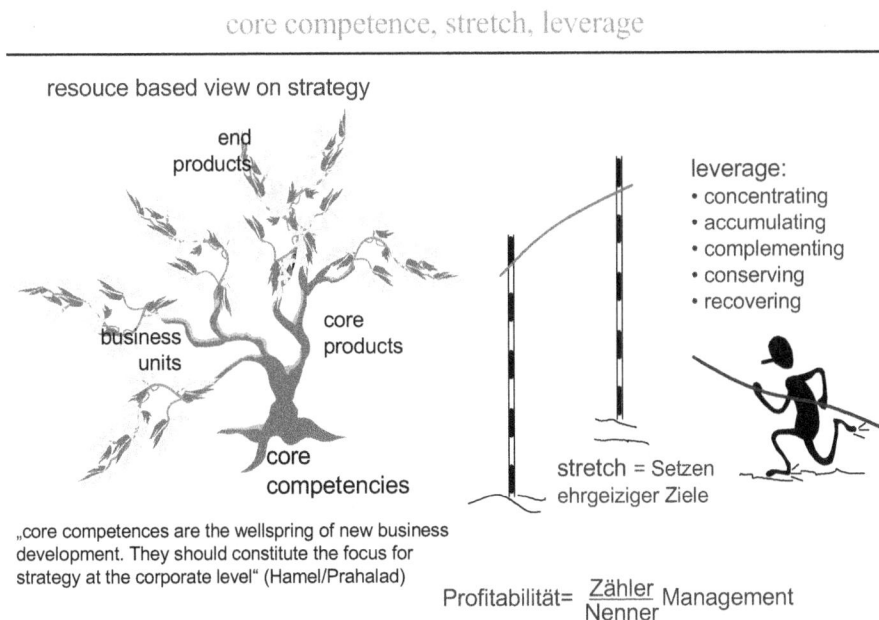

Abb. 59: stretch & leverage

---

261 „core competences are the wellspring of new business development; they should constitute the focus for strategy at the corporate level" Hamel, Gary/Prahalad, C.K.: Wettlauf um die Zukunft 1994; Prahalad /Hamel: The core competence & the corporation, HBR 5/6 1990, p.79ff. Barney, J.B: Gainig and sustaining competitive advantage, 2007

262 insb. 3M's „respect for individual initiative" und die 15%/30%-Regel. Collin, James/Porras, Jerry: Built to last, 2004

263 Malik (2001) Vierter Grundsatz

Stretch nutzt das Phänomen, das wir oben bei der Führungsaufgabe „Vision" propagiert haben: durch, anspruchsvolle Ambitionen Enthusiasmus befeuern.[264]

Leverage macht sich den Hebeleffekt zu nutze, um diese ehrgeizigen Ziele erreichen zu können. Ein bloßer „Fit" der Ressourcen reicht nicht, wenn David Goliath schlagen will, er muss mit mindestens einem der folgenden fünf Hebel kämpfen:

1) **concentrate:** „non multa, sed multum" forderte schon vor fast 2000 Jahren der römische Gelehrte und Feldherr Plinius, nicht vielerlei treiben, sondern eine Sache intensiv und genau. Nicht auf zu vielen Hochzeiten tanzen, seine Kräfte nicht verzetteln, nicht alles auf einmal versuchen, klare Prioritäten setzen, auf ein Ziel und Schwerpunktthema konzentrieren, ist ein bewährtes Erfolgsrezept.

Ein plastisches Beispiel ist der kanadische Cirque du Soleil, der nicht mit dem üblichen zirzensischen „Bauchladen" aus Tieren, Clowns, Zauberern, Artisten und Sägemehl auftritt, sondern um ein zentrales Thema eine geballte, ausgefeilte Show aus Bild, Ton und Akrobatik spinnt.[265]

Prahalads Postulat der „Konzentration auf die Kernkompetenzen" war jahrelang die „angesagte" Managementmaxime, befeuert vor allem von Finanzanalysten, die sich von der Fokussierung auf ein Geschäftsfeld eine schnelle Erhöhung des Shareholder Values versprachen. Die letzte Wirtschaftskrise zeigte allerdings, wie wichtig Diversifikation zur Risikostreuung ist: Siemens, Unilever, United Technologies überlebten sie sogar gestärkt.

2) **accumulate:** hat man alle seine Stärken (im Haus) gesammelt, wird man auch bei beeindruckenden Ressourcen feststellen, dass für eine nachhaltige Strategie noch das eine oder andere fehlt. Wir hörten schon, dass es nicht unbedingt effizient ist, Schwachstellen auszumerzen. Wenn man sich Ressourcen „leiht", erzielt man einen Hebeleffekt. Berühmte Erfolgsbeispiele sind die Allianz von Intel und Microsoft und die Star-Alliance. Und Studien zeigen uns, dass kreative Ideen am besten außerhalb der eigenen Gruppe gestohlen werden.[266]

Um sein Geschäftspotential zu erhöhen, kann man nicht nur diesen Weg der konsensorientierten Partnerschaft wählen, sondern auch das „unfriendly takeover". Zum Beispiel übernahm vor zehn Jahren der englische Mobilfunkbetreiber Vodafone in einem dramatischen Kampf den deutschen Traditionskonzern Mannesmann. Mittlerweile fällt der Umsatz, sinkt die Rendite und bröckeln die Marktanteile und man fühlt sich an den Crash von Daimlers „Welt-AG" erinnert. Parkinsons Gesetz gilt offensichtlich nicht nur für Personen (sie werden in Firmen bis zum Punkt erwiesener Inkompetenz befördert): Konzerne dehnen sich bis zu Niveau unübersehbarer Insuffizienz aus.

---

[264] arbeitspsychologische Studien finden eine signifikante Korrelation zwischen anspruchsvollen Zielen und Leistung Locke, E./Latham, G: A theory of goal-setting and task performance, Englewood Cliffs, 1990

[265] vgl. Konzentration der Kräfte in Mewes Engpass-konzentrierter Strategie („EKS"), die Konzentration der gesamten physischen und mentalen Kraft auf einen Punkt im Karate („Kime"). Cirque du soleil hat zur Zeit 22 Produktionen laufen und wird mit etwa 5000 Beschäftigten bis Ende 2011 über 1 Mrd. $ einnehmen

[266] Als „Wintel" persifliert beherrschen der Chipproduzent und das Softwarehaus 90% des PC-Marktes. Star Alliance ist das größte Luftfahrtbündnis der Welt (Lufthansa, United, Thai, Singapore, Nippon etc.) mit aufeinander abgestimmten Angeboten, Standards, Ressourcen. Vgl auch die Partnerschaften der Serviceprovider mit Hard- und Software-Lieferanten. „Where to get good ideas? Steal it outside your group" The New York Times, May 22, 2004; Burt, Ronald: Structural holes & good ideas, American Journal of Sociology, 2004, pp. 349ff.

3) complementing: Ein besonders effektiver Hebel ist, eigene Synergien zu nutzen wie wir es bei Apple gesehen haben. Die verschiedenen Produktlinien iPod, iPhone, iPad, iTunes, MacBook, iCloud befördern sich gegenseitig, es gibt einen regelrechten „Halo-Effekt". Wer sich ein iPhone geleistet hat und dann sich rumärgert bei der Synchronisierung mit einem PC, wird bald zu einem Apple Computer greifen.

Wie stark die gegenseitige Befruchtung wirken kann, zeigt auch Google: es integriert Suchmaschine, Office-Anwendungen (Mail, Text, Tabellen), Film und Foto (youTube, Picasa), digitalisierte Bibliotheken, mobiles Betriebssystem (Android), Navigation (Streetview Google Earth), und verknüpft reale Orte, Objekte und Personen (augmented reality).[267]

Siemens ist ein typischer Fall für „komplette" Ressourcen. Diese bewirkten allerdings das Gegenteil von Leverage, solange sie zu Doppelspurigkeit und gegenseitiger Konkurrenz führten. Nicht nur bei Großereignissen wie die Olympischen Spiele beklagten Kunden, dass die eine Hand nicht von der anderen wisse. Erst seit dem das Management die Ressourcen flexibilisiert und unter dem Schirm „Siemens One" zu Lösungspaketen bündelt und mit „one face to the customer" organisiert, entstehen markante Synergieeffekte. Die gerade aufgestellte Division „Infrastructure & Cities" verbindet die bisherigen „Einzelkämpfer" Gasturbinen, Windräder, LED-Leuchten, Gebäudetechnik, Zuggeschäft, Stromnetze für die am schnellsten wachsenden Kunden: Großstädte weltweit![268]

4) conserving: Einen Hebeleffekt erzielt auch, wem es gelingt seine wertvollen Ressourcen mehrfach zu nutzen. Wie schafft es ein unbekannter, taiwanesischer Auftragsfertiger zum zweitgrößten PC-Anbieter weltweit hinter HP aufzusteigen und Goliaths wie Dell und Lenovo zurückzustoßen? Durch Mehr-Marken-Strategie die eigenen Ressourcen für Kundenlösungen und Innovationen vielfach nutzen! Mit den Marken Acer (PC, Notebooks, Netbooks), Packard Bell (Einsteiger/ Consumer) und Gateway (Server, Storage) positioniert man sich gezielt in einzelnen Marktsegmenten und differenziert nach den Kundengruppen Consumer und B2B. Und mit Komplettpaketen aus PC, Software, Monitor, Whiteboard und Projektor liefert man unkomplizierte Lösungen für KMU und Bildungseinrichtungen.[269]

5) recovering: Schon bei der Prozessoptimierung sahen wir die hohe Bedeutung des Faktors Zeit. Als Hebel verleihen wir ihm sogar einen absoluten Wert nach dem Motto „be fast or food!" Nicht der Größere gewinnt, sondern der Schnellere. „Time-based competition" ist durch Konzepte wie JiT, lean production, simultaneous engineering, do things right the first time, time to market eine über viele Branchen und Länder verbreitete Strategie. Die Zykluszeit zu komprimieren hat einen positiven Effekt auf Qualität und Kosten; wenn die Umlaufzeiten der eingesetzten Ressourcen verkürzt werden, erhöht sich die Wertschöpfung für den Leistungserbringer und den -empfänger.[270] Zum Beispiel dominiert WalMart die Branche,

---

[267] Google positioniert sich als „artificial-intelligence factory" und erwirtschaftet mit 24 000 Mitarbeitern 30 Mrd. $

[268] s. unser Kap. 3.3.3 www.siemens.com/innovation/de/publikationen/pof2008. Siemens erwirtschaftet mit 400 000 Mitarbeitern weltweit 76 Mrd. € (2010)

[269] Umsatz + 14% auf 20 Mrd $, Gewinn +38%. Acer wurde allerdings vom Erfolg von iPhone und iPad kalt erwischt: es hat alle Technik, aber kein Portal (Generation nouvelles technologies 1févr. 2010)

[270] s.a. unser Kap. 2.2. (Aldi Schnelldreher, Southwest Turnaround). Stalk, George: Time-based competition, time the next source of competitive advantage, HBR 7/8 1988. Gesundheitsreform 2004. Den Nutzen mehrfach verkaufen haben auch die Restaurants entdeckt, die ihre Tische am Abend mehrfach reservieren (z.B. Haiku in Capetown)

weil es seine Läden doppelt so schnell nachfüllt als die Konkurrenten. Und aus der Gesundheitsreform wissen wir, dass die Einführung von Fallpauschalen für Kliniken zur deutlichen Verkürzung der Liegezeiten und zum schnelleren Wiedereinsatz der kappen Ressourcen Arzt und Bett führt.

Der Hebel „Zeit" ist auch das Erfolgsgeheimnis vieler Hidden Champions: als relativ kleine, straff geführte Unternehmen mit kurzen Entscheidungswegen und schneller Umsetzung eilen sie den träg reagierenden Konzernen davon. Letztere schaffen diesen Tempowettbewerb nur, wenn es ihnen gelingt, die traditionelle, funktionale Struktur mit ihrer sequentiellen Entscheidungsprozedur und schlecht kommunizierenden Fürstentümern abzuschaffen.

Mittelständische Unternehmen sind gewiss die Basis der deutschen Weltmeisterschaft im Export, doch auch einigen deutschen Großunternehmen ist es gelungen, flink und wendig zu werden, so hat es immerhin die behäbige Bundespost geschafft, zum „Toyota der Logistik" zu werden, d.h. so schlank wie der japanische Autobauer.[271]

Deutsche Unternehmen sind im Konzert strategischer Optionen gut aufgestellt; sie belegen die ersten Plätze in der Einzigartigkeit der Wettbewerbsstrategien und für Innovation.[272]

3.4   Wie man Strategien umsetzt

„It's no trick to formulate a strategy, the problem is to make it work", warnte schon Igor Ansoff, der Begründer des Strategischen Managements und ein altes chinesisches Sprichwort beschreibt ein Phänomen, das wir bis heute in vielen Unternehmen erleben: „oben ist viel Lärm, aber niemand kommt runter". So hatte die vormalige und von den Medien gern portraitierte Chefin von Hewlett-Packard „tolle" Ideen zur Neuausrichtung des in die Jahre gekommenen IT-Konzerns: die Mitarbeiter hörten es und scherten sich einen Teufel darum; Carly Fiorina musste frustriert ihren Posten räumen. Die Lücke zwischen Denken und Handeln wurde vielfach beschrieben, ebenso die Vorschläge, diese zu überwinden.[273]

Besonders populär für das Übersetzen der strategischen Intention der Führung in das tägliche Handeln der Mitarbeiter ist das Instrument „*Balanced Scorecard*" . Die BSC betrachtet die Struktur der Wertschöpfung aus vier durch Ursache-Wirkungs-Beziehungen verbundenen Perspektiven und operationalisiert diese mit Kennzahlen nach dem Motto „you get what you measure":[274]

- financial (gemessen z.B. in ROI, EBIT, EVA u.ä.)
- customer (z.B. Kundenzufriedenheit, customer equity)
- internal business process (z.B. Fehlerquote, Durchlauf-, Wartezeit)
- learning & growth (häufig interpretiert als FTE, Mitarbeiterproduktivität).

---

[271] Postchef Frank Appel in Wirtschaftswoche 7.11.2009

[272] World Economic Forum 2007; Strategy One Studie 2011

[273] Ansoff, Igor: The new corporate strategy, New York 1988, p.165. Cable, Dan: Change to strange, Wharton 2007. Pfeffer, Jeffrey/Sutton, Robert: The knowing-doing gap, how smart companies turn knowledge into action, Harvard 2000

[274] Kaplan, Robert/Norton, David: Balanced Scorecard, Stuttgart 1997, S.33. dito: Der effektive Strategieprozess, erfolgreich mit dem 6-Phasen-System, 2009; s.a. unser Kap. 1.4.4

Durch das Herunterbrechen der Strategie bis auf die Mitarbeiterebene werden die Unternehmensstrategien verständlicher, so dass jeder sehen kann, welchen messbaren Beitrag er zur Umsetzung leistet. Die BSC will zudem die Dominanz kurzfristiger, rein finanzieller Unternehmensziele beseitigen, indem sie diese mit nicht monetären Zielen „ausbalanciert".

Für den Manager präsentiert sich die BSC als Controllingtool, indem sie ihm Abweichungen zwischen Vorgaben und Istwerten der Key Performance Indicators (KPI) über Ampelschaltung (grün, gelb, rot) signalisiert. Damit diese Messzahlen wirklich ernst genommen werden, ist eine klare Zuordnung der Verantwortung notwendig und viele Unternehmen knüpfen die variablen Vergütungen daran.

Die letzten beiden Punkte sind auch die Quellen der größten Probleme der BSC: Kann der für einen kritischen Erfolgsfaktor Verantwortliche diesen überhaupt genügend beeinflussen? Und wie stark werden die Ergebnisse manipuliert, damit man sich angemessen honoriert fühlt?

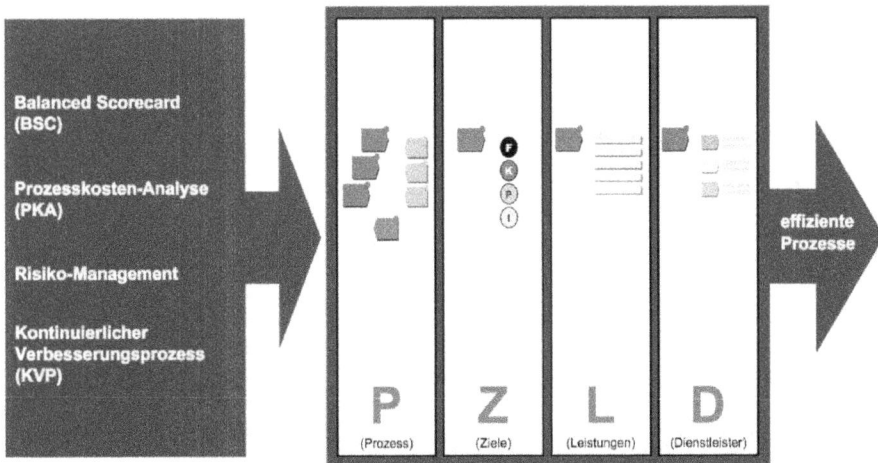

Abb. 60: Strategie umsetzen mit BSC (TOPAS®, mit freundlicher Genehmigung der Merck KGaA)

Die Praxis der BSC erleben wir häufig ernüchternd, so sind bei Daimler verschiedene Cards mit 15 bis 30 KPIs im Einsatz (je nach Geschäftsbereich und Region) und keiner ist so richtig glücklich, dass eigentlich nur die Finanzkennzahlen zählen und das Topmanagement nur bei „rot" reagiert.[275]

Die BSC ist ein typisches Beispiel für die „business fads", die kräftig geschürt von den Erfindern, Unternehmensberatungen und Medien wie Modewellen[276] über die Unternehmen weltweit schwappen und Manager anstiften mitzusurfen. Was uns die Wissenschaft lehrt ist, Konzepte kritisch zu hinterfragen und gegebenenfalls den zweckrationalen Kern herauszuschälen.[277] In der klassischen BSC sind die Prozessperspektive und Mitarbeiterperspektive etwas unterbelichtet, so dass schon bei der Übersetzung ins Deutsche die ursprünglichen Zieldimensionen erweitert wurden. Wie wir mehrfach zeigten, empfiehlt es sich bei rezeptartigen Instrumenten nach Lösungen „zweiter Ordnung" zu suchen, die weniger das „Warum" fokussieren, als das „Was", die Wirkungen.

Ein gutes Beispiel hierfür ist das Konzept „TOPAS® " des deutschen Pharma- & Chemieunternehmens Merck; nach unseren Ausführungen über Hidden Champions dürfte es kein Zufall sein, dass dieses Unternehmen familiengeführt ist (s. Abb. 60).

Das **T**ransparent **O**ptimized **P**rocess **A**nalysis **S**ystem transformiert die Unternehmensstrategie in Geschäftsprozesse, indem es

- Kernprozesse intern und mit Lieferanten und Kunden beschreibt (PLAN)
- Ziele umsetzt: customer loyality, ROCE, supply chain reliability, innovation rate, hr competence (DO)
- Prozessleistungen zur Erstellung von Produkten/Dienstleistungen überwacht (CHECK)
- Managemententscheidungen unterstützt (ACT).[278]

Wir finden hier also unsere drei Stellhebel wieder: kundenorientiertes Verhalten, kontinuierliche Prozessverbesserung, Managementsteuerung via Kennzahlen.

Den Weg von der Idee zur Aktion besonders konsequent beschreitet IBM, indem es die in Abb. 55 beschriebene „Kurve kriegt" und die verbreitete Tendenz zu kurzschlüssigen Aktivitäten („operative Hektik") meidet. Wie man an dem unten stehenden Tableau sieht, gilt es eine ganze Reihe von „Gaps" zwischen „Knowing" und „Doing" zu schließen. Erfolgreiche Führung zeichnet sich also dadurch aus, dass ihre Strategien nicht abgehoben sind, der Blick vom Feldherrnhügel („above") muss ergänzt werden, wie Mintzberg rät, um „below, beside, ahead, beyond, behind, through" und der Chef muss „die Treppe herunter kommen" und die Ressourcen und Aktionspläne persönlich dirigieren.[279]

---

[275]   das liegt auch daran, dass die Steuerungssysteme bereits auf Finanzzahlen eingestellt sind und andere Indikatoren nur mit großem Aufwand zu ermitteln sind (Richter, Laurenz: BSC as management instrument in Daimler FS, 2011)

[276]   Jackson, Brad: Management gurus & fashion, London 2001; Pinault, Lewis: Consulting demons, New York 2000; Shapiro, Eileen: Fad Surfing, 1998. Fad = a short-lived craze > lat. fatuus albern

[277]   Schon Niklas Luhmann weist, darauf hin, dass das Problem der „Vielzahl von Zwecken" auf der Ebene der Mittel nicht gelöst werden kann, sondern erst die Macht- und Konsensfrage gelöst werden muss (Zweckbegriff und Systemrationalität, Frankfurt 1973)

[278]   Merck KGaA: Informationsqualität für das Management, 10/2009

[279]   IBM SSME Almaden Services Research, Ontolog Forum12/2005. Mintzberg, Henry: The rise and fall of strategic planning, New York, 1994; s.a. Hussey, David: The implementation challenge, Chichester 1996

Having a vision is not enough …

Vision +	Skills +	Incentives +	Resources +	Action Plan	= Change
	Skills +	Incentives +	Resources +	Action Plan	= Confusion
Vision +		Incentives +	Resources +	Action Plan	= Anxiety
Vision +	Skills +	Incentives +	Resources +		= False starts
Vision +	Skills +	Incentives +		Action Plan	= Frustration
Vision +	Skills +		Resources +	Action Plan	= Slow change

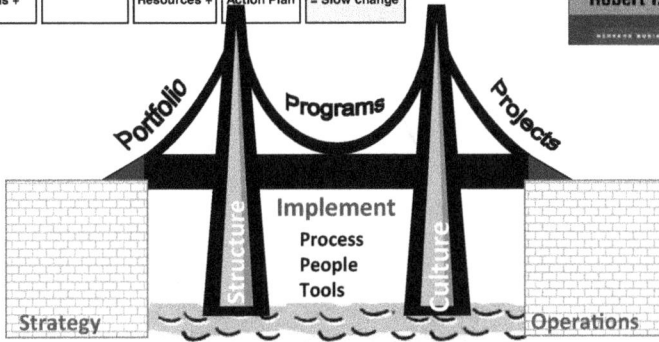

The Knowing-Doing Gap
How Smart Companies Turn Knowledge into Action

Jeffrey Pfeffer and Robert I. Sutton

Portfolio — Programs — Projects

Implement
Process
People
Tools

Structure — Culture

Strategy — Operations

Abb. 61: Strategie umsetzen (mit freundlicher Genehmigung der IBM)

Beschränkt sich der Dirigent dabei auf Finanzzahlen, wird weder eine Kultur der Leistung noch eine des Dienens entstehen: strategische Führung gibt den Ton vor für die Servicekultur des Unternehmens!

3.5 Service business is people business (HRM)

„Research data clearly shows that leadership is critical to overall organizational success; it impacts customer loyalty and devotion as well as employee engagement and passion". Und diese Kundentreue und Mitarbeitermotivation wird nicht durch ökonomische Regelung erzielt, sondern durch die richtige Auswahl, qualitätsorientierte Entwicklung, kundenbezogene Ermächtigung und Anerkennung des Personals.[280] Zwar sprechen Manager gerne vom Mitarbeiter als Mittelpunkt, in der täglichen Realität zeigt sich aber häufig „der Mitarbeiter ist Mittel!" „Punkt!" Im Dienstleistungsgeschäft kann das nicht funktionieren, denn hier geht es – wie wir in allen bisherigen Kapiteln lernten – um den Menschen, nicht um das Produkt. Die schicke Praxis, das gute Essen, die günstigen Kontoführungsgebühren reißen es nicht heraus, wenn sich der Dienstleistungsempfänger nicht in den richtigen Händen fühlt. Wichtigste Aufgabe der Führung, neben der Strategie, ist also das wirksame Managen der Humanressourcen.[281]

---

[280] Ken Blanchard Companies: The Leadership profit-chain, in: Perspectives 2006. Schneider, Benjamin/Bowen, David: Winning the service game, Harvard 1995. Bruhn, Manfred: Qualitätsmanagement für Dienstleistung, 2006, S. 275 ff.

[281] Wie Malik treffend feststellt, geht es nicht um die „ideale", sondern „wirksame" Führung (2001 Teil 1). „HRM" sensu Dave Ulrich: Strategisches Human Resource Management, München, 1999.

HRM: Cycle of Success

„The human equation: building profit by putting people first"*

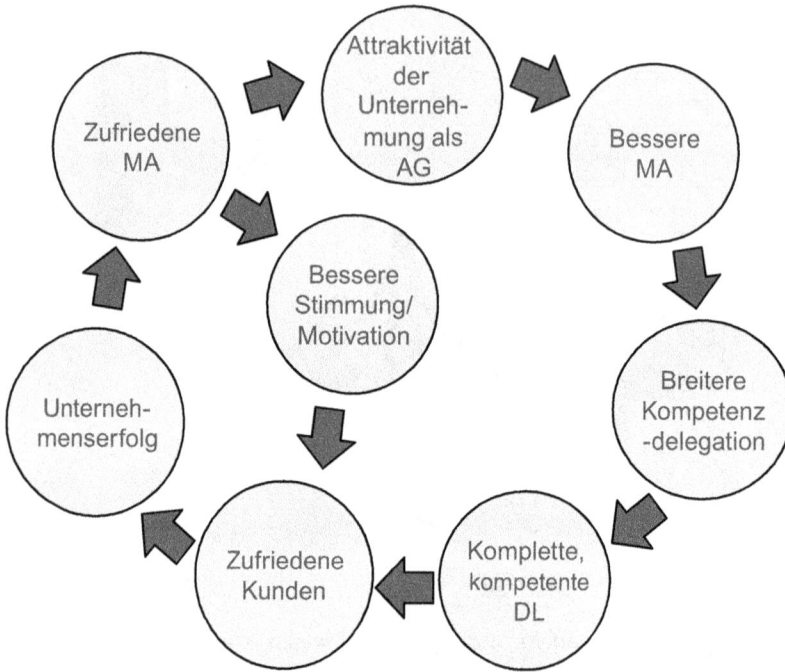

Mitarbeiterbegeisterung, der Schlüssel zur Kundenbegeisterung

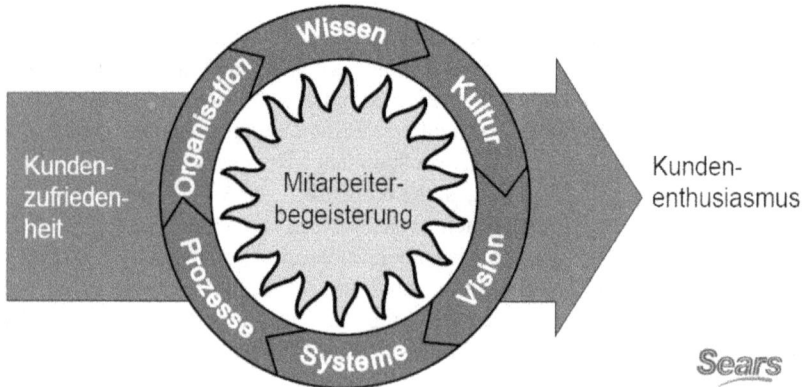

Abb. 62: the human equation[282] (mit freundlicher Genehmigung der IBM)

---

282   Rucci, A. The employee-customer-profit chain at Sears, in: HBR Jan/Feb. 1998

„Employees who perceive that leadership practices emphasize quality, customer service, and employee development tend to be more satisfied with their jobs and the organization overall. As a result, customers are more satisfied and will maintain a long-term relationship with the company. Whether employees are supported and enabled to manifest value for the customer ultimately depends on leadership" (Blanchard).

Tatsächlich sehen wir am Beispiel der Drogeriekette dm, die wir bereits als Benchmark im Kapitel 2.6.2 SCM kennenlernten, dass sich deren Personalphilosophie des „dialogisches Miteinander" positiv auf das Business auswirken: dm ist seit Jahren die No. 1 in Kundenbeliebtheit und genießt mit zweistelligen Zuwachsraten.[283]

3.5.1   Kompetente Mitarbeiter finden

Erfolgreiches Personalmanagement beginnt damit, die *richtigen* Mitarbeiter zu gewinnen und hier werden bereits die größten Fehler gemacht. Zum einen weiß man nicht genau genug, was man wirklich an Kompetenz braucht, und zum anderen selektiert man mit wenig validen Auswahlverfahren. Gesucht werden einfach die „Besten" (im Managerjargon „High Potentials") und gefiltert wird mit mehr oder weniger selbst gestrickten Methoden[284], gebraucht wird aber *Kompetenz* an der Kundenfront.

Kompetenz bedeutet das Zusammentreffen von individueller Fähigkeit und Rollenerwartung, „fit" im doppelten Wortsinne: passend und tauglich. Wir hörten schon im Kap. 1.6.1, dass dies mehr bedeutet als bloßes Wissen, es geht um das Fundament richtigen Handelns in den Dimensionen

- business: how well you analyze situations, make decisions & implement solutions
- interpersonal: how well you work with, manage & influence people and change
- personal: how well you adapt to change & make personal decisions.[285]

Daraus leiten wir das **Qualitätsmerkmal 1** der Rekrutierung ab: Entwickeln eines konkreten und realistischen *Anforderungsprofils*.

Dafür helfen weder Stellenbeschreibung (was ist zu tun), noch Clichées („innovativer, kreativer, unternehmerischer Teamplayer"), sondern nur das mühsame Analysieren der Kompetenzkriterien, die den Erfolg in kritischen Jobsituationen ausmachen.[286] Wir finden dann so (überraschende und wichtige) Anforderungen, wie „Sensibilität für heikle Fragestellungen" (Evangelische Kirche), „7x24 h Einsatzbereitschaft" (Greenpeace), „credible & winning others" (Telekom), „auch in schwierigen Situationen freundlich und korrekt" (Deutsche Bahn).[287]

---

[283]   laut Kundenmonitor Deutschland; gegründet von dem Anthroposoph Götz Werner gibt es z.B. keine erfolgsabhängige Vergütung und die Mitarbeiter machen ihre Dienstpläne selbst; 2000 Filialen 36 Tsd Mitarbeiter, Umsatz 5,6 Mrd. €

[284]   Schuler, Heinz: Die Nutzung psychologischer Verfahren der externen Personalauswahl in deutschen Unternehmen, ein Vergleich über 20 Jahre, in ZfPerspsy, 2/2007. Posthuma, Richard, et al: Beyond employment interview validity, a comprehensive narrative review of recent research and trends over time; in: Personnel Psychology, 55, 2002.

[285]   ASTD „Foundational Competency" competere (lat) = zusammentreffen, stimmen, kundig

[286]   Spencer, Lyle: Competence at work, a model for superior performance, Hoboken 1993

[287]   aus unseren Workshops; s.a. Deutsche Bahn: Kompetenzhandbuch, 2004

Es fällt auf, dass die Anforderungsprofile verstärkt Wert auf nichtfachliche Kompetenzen und persönliche Stärken legen, denn berufliches Knowhow veraltet zum einen relativ schnell, zum anderen lässt es sich relativ leicht trainieren (im Gegensatz zu individuellen Eigenschaften). Besonders deutlich wird das wieder mal bei Southwest Airlines: „we hire for attitude, train for skills".[288] Tatsächlich ist es wenig erfolgreich, Verhaltensdefizite zu entwickeln: das beste Outplacement ist die Nichteinstellung!

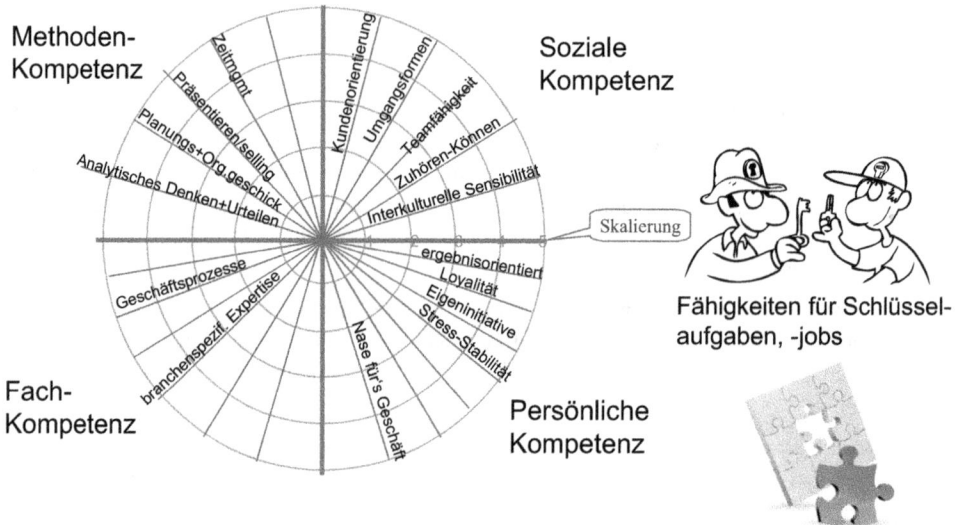

Abb. 63: die Richtigen finden

Nun ist es gar nicht so einfach, auf dem „hohen Ross" zu sitzen und die „Traumkandidaten" zu erwarten, wenn man nicht selbst anziehend wirkt. **Qualitätsmerkmal 2** erfolgreichen Recruitings ist deshalb wirksames Personalmarketing. Der Begriff ist etwas irreführend, denn es geht weder darum „Personal zu vermarkten", noch darum etwas Rouge aufzulegen, indem man die Werbetrommel rührt. Wirklich attraktive Arbeitgeber müssen gar nicht erst Imagekampagnen lancieren und auf allen möglichen Karrieremessen herumturnen, sie sind eine „Marke" („employer branding"), bei der sich die richtigen Kandidaten von selbst bewerben.

Warum hat das Modehaus Beck wenig Nachwuchssorgen? Und das in einer Branche, die gekennzeichnet ist durch unattraktive Arbeitszeiten, miese Führungskultur, ruppigen Umgangston, wenig spannende Tätigkeiten, stundenlanges Waren stapeln, niedrige Bezah-

---

[288] Freiberg (1996) p.64; laut BIBB fällt der Stellenwert der Fach- gegenüber der Sozialkompetenz (Report 07/2009)

lung.[289] Es ist die gelungene Mischung aus hard und soft facts, bei Beck die ökonomische Stabilität, die Premium-Labels und das in Kap. 2.5.2 vorgestellte Arbeitszeitmodell. Hier bewahrheitet sich auch das Motto „you don't have to be big to be great!" Besonders unterschätzt wird nach unserer Erfahrung als Managementconsultant die Arbeitszeitautonomie. Die Entscheidungsfreiheit zu haben, wann und wie lange man arbeitet, so wie bei Beck und IBM, wird ganz besonders geschätzt. Überhaupt kommt, wie wir im Kapitel „Leistungsmotivation" sehen werden, Gängelung durch betriebliche Vorschriften nicht gut an. Hier finden wir ein dankbares Aufgabenfeld für Manager: so viel wie möglich Regelungen beseitigen, anstatt deren Einhaltung zu kontrollieren.

Qualitätsmerkmal 3 der Rekrutierung ist die effiziente Vorselektion. Auch hier finden wir als Berater nach wie vor ein reiches Betätigungsfeld: während Konzerne dazu tendieren zu komplexe e-Recruiting-Verfahren einzusetzen, finden wir bei KMU zu wenig IT-Einsatz.

Beispiel für Erstere: Siemens stellte mit großem Aufwand ein Online-Assessment als Computerspiel/simulation ins Netz mit dem Ergebnis, dass man plötzlich statt geplanter 2000 Bewerber über 10 000 „selektierte" Kandidaten „am Hals hat".[290] Im Mittelstand dagegen (auch Kliniken, Hochschulen, Kanzleien), werden in traditionell händischer Weise Bewerbungsunterlagen gesammelt und – ohne groß zu sieben – zu viele Bewerber eingeladen.

Die Folge in beiden Fällen ist eine erhebliche Ineffizienz, die zu wochenlangen Wartezeiten bei Bewerbern, enttäuschten Hoffnungen, überlasteten Personalern, verschwundenen Unterlagen und Fehleinstellungen führt. Wirksames *Screening* sorgt aufgrund einer ausreichenden Datenbasis für den Abgleich von Soll- und Ist-Profil und bereitet Hypothesen für die Interviewfragen vor; es stellt ins Netz Biografische Fragebogen mit Kernkompetenzen und nutzt die hohe Validität von nicht standardisierten Bewerbungsschreiben.

Qualitätsmerkmal 4 ist, aus der üblichen Routine des Bewerberinterviews herauszukommen. Diese zeigt sich darin, dass Manager gerne (absehbare) Standardfragen stellen („was sind Ihre Stärken?") und vermeintlich originelle Aufforderungen („erzählen Sie von Ihren Niederlagen"); nicht selten reden sie auch mehr als der zu analysierende Kandidat. Der Bewerber versucht, sein Profil zu schönen und der Interviewer den Job. Diese Praxis des „Verstellungsgesprächs" führt dazu, dass die Vorhersage des Erfolgs im Job kaum besser ist als eine Zufallsauswahl (r = 0 – .25); dabei kostet eine Fehlbesetzung, wenn man alle damit verbundenen Aufwendungen zusammenzählt, an die drei Jahresgehälter.[291]

---

[289] Studie des Instituts für Handel, Zentes, Joachim: Der mittelständische Handel als attraktiver Arbeitgeber, Frankfurt 2005; s.a. Hofstetter/Strutz: Strategie des Personalmarketing, die Attraktivität des Unternehmens als Arbeitgeber, Wiesbaden 1992; Lufthansa Talent Relationship Management 2005; Trendence Institut für Personalmarketing: Studenten haben gewählt, 2011; www.kununu.com; Fortune, The 100 best companies to work for, 2011

[290] Siemens „Challenge Unltimited", SQT 2001. Schlank und effizient ist dagegen die Software „Taleo"; vgl. auch Jobmatcher von HRDiagnostics. Stone, Dianna: E-Recruiting, online strategies for attracting talents, in: Gueutal/Stone: The brave new world of eHR, San Francisco 2005

[291] der Korrelationskoeffizient „r" misst den statistischen Zusammenhang zwischen einem Prädiktor (z.B. Qualifikation) und einem Kriterium (Erfolg); Schuler, Heinz: Das Einstellungsinterview, 2002; ders: Psychologische Personalauswahl, 1996. Hunter, John/Schmidt, Frank: The validity and utility of selection methods; in: Personnel Research, 9/1998.

Auswahlinterview

> anforderungsbezogen
> verhaltens/situationsbezogen
> subjektive Einflüsse verringern
> professionelle Durchführung

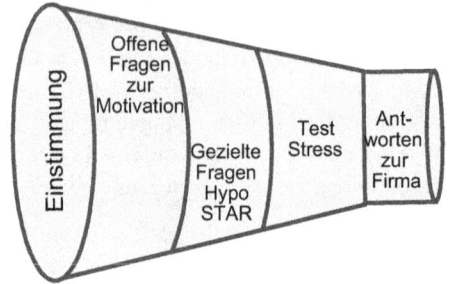

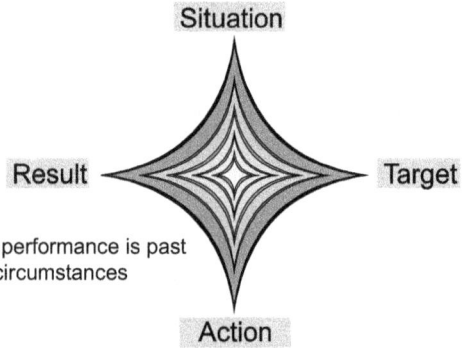

The best predictor of future performance is past performance under similar circumstances

Abb. 64: validere Bewerberinterviews

Die prognostische Validität des Auslese-Interviews lässt sich durchaus auf das Niveau gut konstruierter Assessment Center heben (r = .63), wenn man eine Methodik wählt, die das Verhalten in erfolgskritischen Jobsituationen eruiert und kleine Leistungstests mit einbaut.[292] Letzteres um die Tendenz zu stoppen, dass generell zu viel geredet und zu wenig getestet wird, ein Phänomen das auch bei ACs kritisiert wird („Forum für Schwätzer"). Natürlich ist das wahre Leben das valideste Assessment: „Probeehen" wie bei Douglas (3–5 Tage in einer Filiale), Marriott (Jobben in Küche, Housekeeping, Rezeption) zeigen am besten, ob man zusammenpasst. Aber auch in diesen Unternehmen ist vor dem Einsatzversuch eine Auslese notwendig.

Multimodale Interviews, die die bisherige Performance als Prädiktor für den künftigen Erfolg im Job analysieren, müssen sowohl Personaler als Fachvorgesetzte erst üben. Es hat sich sehr bewährt, dabei die Personaler als Multiplikatoren einzusetzen. Sind sie erst mal fit in der STAR-Methodik, sind sie wirksame Trainer ihrer Businesskollegen und verfeinern damit ihre Interview-Skills und ihre Rolle im Human Resource Management.

---

[292] sog. „STAR"-Interview bzw. „Targeted Selection® ": situation – target – action – result (wird u.a. eingesetzt von IBM, Delta Airlines, Kraft Foods, AT&T, Procter & Gamble, Bosch, Siemens, MBB, Coca Cola, Metro; source: www.ddiworld.com); Tests konnten die Fehleinstellungsquote von Azubis bei Siemens von 24% auf 6% senken.
Cohen, David: The talent edge, a behavioral approach to hiring, developing and keeping top performers, Hob 2001

Qualitätsmerkmal 5, die Urteilsbildung, ist deshalb delikat, weil sich da bewusste und unbewusste Anteile kaum differenzierbar vermengen. *Bewusst* werden Beziehungsnetzwerke („Seilschaften") genutzt, *unbewusst* schnelle Urteile gefällt („das ist ein Guter"); bewusst wird am Auftritt gefeilt („Impression Management"), unbewusst bleiben die Stereotypen des Beurteilers. Schon die klassische „3 V-Regel von Mehrabian" zeigt die Schwierigkeiten ein rationales Urteil zu fällen: danach sind 55% des Eindrucks, den ein Mensch auf uns macht, über nonverbale Kommunikation vermittelt (*visual*), 38% von der Rhetorik (*vocal*) und nur 7% vom Inhalt (*verbal*).

Vielfach untersucht ist der Pygmalion-Effekt bei der Rekrutierung („same old guy syndrome"): Karrieremacher finden Kandidaten besonders sympathisch, wenn sie so sind wie sie selbst.[293] Diese homosoziale Reproduktion führte z.B. in den letzten Jahren zur Monokultur von MBA-Absolventen in Konzernen und Consultingfirmen. Mintzberg führt die spektakulären Missmanagement-Fälle der letzten Zeit auf diese „ehrgeizigen, aggressiven, praxisfernen Söldner in der Chefetage" zurück.

Krishnamurti, der indische Philosoph, weist uns den Weg aus diesem Dilemma: Die höchste Form menschlicher Intelligenz ist die Fähigkeit zu beobachten ohne zu bewerten!

Erster Schritt hierzu ist es, im Assessment-Prozess die eigenen Eindrücke, inklusive der nonverbalen Kommunikation, sofort schriftlich festzuhalten und Beobachtung und Bewertung inhaltlich und zeitlich zu trennen. Das wiederum funktioniert nur, wenn die Anforderungskriterien hinreichend operationalisiert sind, denn je genauer Verhalten und zu erzielende Resultate beschrieben sind, desto genauer kann der Beobachter sie erfassen. Wichtig ist außerdem, die eigenen Wahrnehmungs- und Urteilsgewohnheiten zu analysieren, da wir alle unsere „Menschenkenntnis" gern überschätzen.[294]

Soll die Urteilsbildung nicht durch interne Machenschaften manipuliert werden, kommt man an einer diskreten, mikropolitischen Taktik nicht vorbei: finde und nutze die organisationalen Ungewissheitszonen, kontrolliere gezielt den Informationsfluss, suche gemeinsame Interessen und knüpfe daraus Netzwerke, erweitere deine Machtquellen.[295]

3.5.2   Mitarbeiter befähigen

„In most businesses, when you mention the word learning, people immediately think of a formal training/education group". Dieses traditionelle Missverständnis schadet Unternehmen gleich zweifach. Zum einen wird mit formalen Schulungsprogrammen eine Menge Geld und Zeit verschwendet, ohne dass die Mitarbeiter und das Unternehmen ihre Ziele besser errei-

---

[293] und das wir oft an so simplen Dingen festgemacht wie Haarfarbe, Geschlecht, Brille; Mackinnon, Jean (Uni Ontario): Birds of a feather sit together: physical similarity predicts seating distance, in: Personality & Social Psychology Bulletin July 2011; Mintzberg, Henry: Manager statt MBA, eine kritische Analyse, Frankfurt 2005

[294] ein bewährtes Werkzeug ist ORCEF (observe, record, classify, evaluate, feedback) von DEC. Ulrich, Dave: Results-based leadership, 1999. Wir haben in der Evolution nur gelernt, ob uns ein Mann oder Frau entgegenkommt (Hakim, Catherine: Erotic Capital; in: Sociological Review 4/2010). S.a. Supplement Übung 19

[295] Neuberger, Oswald: Mikropolitik, Stuttgart 1995. Hofstetter, Helmut: Die Leiden der Leitenden, Köln 1988, Kap. IV/4

chen. Zum andern weil die Illusion, dass Schulung die Leistung verbessert, ablenkt von den wahren Problemen, nämlich den rigiden Strukturen, Abläufen und Vorschriften.[296]

Ein schönes Beispiel hierfür bietet die Deutsche Bahn: unter dem Eindruck schlechter Umfragewerte (s. Kap.1.1) wurde vor vier Jahren die Schulungskampagne „Service-Werkstatt" lanciert; doch eine aktuelle Kundenbefragung von Infas stellt kaum Verbesserungen fest, weil die Mitarbeiter lediglich Qualitätsmängel der Züge und Missmanagement (gescheiterter Börsengang, Datenaffäre) ausbaden mussten.[297]

Außer Spesen nichts gewesen, kann man auch zu dem großen „Umerziehungsprogramm" des Berliner Senats bilanzieren, das deren 35000 städtischen Angestellten Benimmschulungen verordnete, um Ihnen den ruppigen Umgang mit Bürgern abzugewöhnen.[298]

Neben dem Missverständnis „Schulung als Patentrezept zur Kompetenzverbesserung", nehmen Geschäftsführung und Mitarbeiter diese *„Personalförderung"* gern als Incentive wahr; dazu gefallen sich junge, willfährige Personalentwickler in der Rolle des „Freitag von Robinson" und bringen den dernier cri an Training.[299] Zu kurz kommen dabei der Nachweis des ROI und die Verknüpfung mit der Organisationsentwicklung und Unternehmensstrategie.

Personalentwicklung ist viel *mehr* als Schulung/Seminar/Training, es ist ein ganzes Mosaik von Maßnahmen on the job und off the job und organisationellen Prozeduren mit dem Ziel, Vision und Strategie des Unternehmens umzusetzen.

Peter Senge, der Erfinder der „Lernenden Organisation" zeigt die Richtung und liefert die Werkzeuge: „in becoming a knowledge-enabled organization, a company must change how the leaders lead; how it structures communications up, down and throughout the company; how it measures and rewards employees; and how it structures work and job design".[300]

Das heißt nicht, dass Weiterbildung (off the job-Entwicklung) obsolet ist, im Gegenteil. Die Investition in die Förderung der Fähigkeiten der Mitarbeiter, die aus Perspektive des Kunden bzw. für das Erreichen des Unternehmensziels notwendig sind, steigert die Humankapitalrentabilität; und sichert die berufliche Zukunft des Mitarbeiters („employability"). Entscheidend ist, wegzukommen von isolierten, reaktiven Reparaturmaßnahmen an einzelnen Schmerzstellen. Personalentwicklung soll nicht nur die Effizienz und Effektivität steigern, sondern den Weg bereiten für den strategischen Erfolg des Unternehmens.[301]

---

[296]   Tobin, Daniel: The knowledge-enabled organization, moving from „training" to „learning" to meet business goals, New York 1998. Weiterbildung im Durchschnitt über 1000 € (3-4 Tage) p.a. pro Arbeitnehmer (imkoeln.de); Gris, Richard: Die Weiterbildungslüge, 2008; Öffentliche Geldverbrennung, IAB-Kurzbericht 23/2009 (SZ 21.11.2009)

[297]   Bachelorthesis HWR confid 2010

[298]   „Pöbeln statt fragen" Der Spiegel 1.5.1995, S.105ff.

[299]   Management-Andragoge Rolf Stiefel geißelt seit Jahren in der Zeitschrift MAO diese bloße „Handlangerfunktion" und die „verhuschten girl-Friday-PE-lerinnen"; s.a. die letzten Studien von Capgemini zu HRM

[300]   Senge (1993)

[301]   Boudreau, John/Ramstad, Peter: Beyond HR, the new science of human capital, Boston 2007; McKinsey-Studie: Wettbewerbsfaktor Fachkräfte, 5/2011

Personalentwicklung

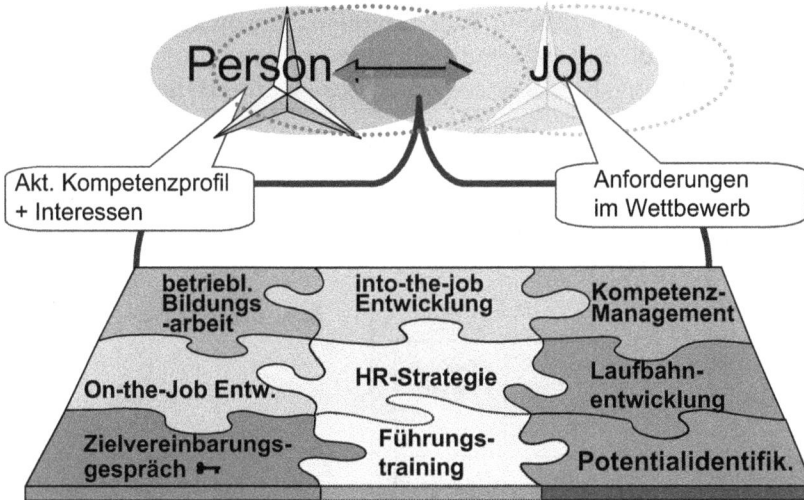

Abb. 65: was ist PE?

Dies ist, wie wir in unseren Workshops feststellten, für alle Arten von Dienstleistungsunternehmen gültig. „Personalentwicklung ist stets im Kontext (eines Veränderungsprozesses) zu sehen: outputorientierte Steuerung, kaufmännisches Rechnungswesen, sinkende Einnahmen; aktive, fördernde Begleitung um die Gaben der Mitarbeiter beruflich relevant werden zu lassen" (Evang. Landeskirche). Statt an diffusen, disparaten Zielen auszurichten, konzipieren wir die PE besser

- auf der Grundlage der Unternehmensziele und -strategie
- zielgruppenspezifisch („Spitzensport" und „Breitensport")
- pragmatisch („light/instant PE").

IBM ist auf dem von Tobin empfohlenen Weg „from training to *learning* to meet business goals" schon ziemlich weit: wie man in Abbildung 66 sieht, richtet sich das ganze Lernen an den Initiativen der Unternehmensstrategie und der Kunden aus und die Methodik deckt die gesamte Palette von Lernmöglichkeiten ab, von der Unterstützung im Workflow („embedded") bis zum persönlichen Coaching; die 300 000 Mitarbeiter und 30 000 Manager verbringen trotz 55 Stunden Lernen im Jahr die wenigste Zeit im Seminar.[302]

---

[302] IBM: Attracting, developing & retaining top talent; Global workforce summit, 2007; Managing talent, 2004; GBS: IBM's learning transformation story, 6/2004

Business & Learning

IBM

IBM's Strategic Learning Planning Process aligns business strategy
to formal and informal learning needs,
across the enterprise and across the business unit level.

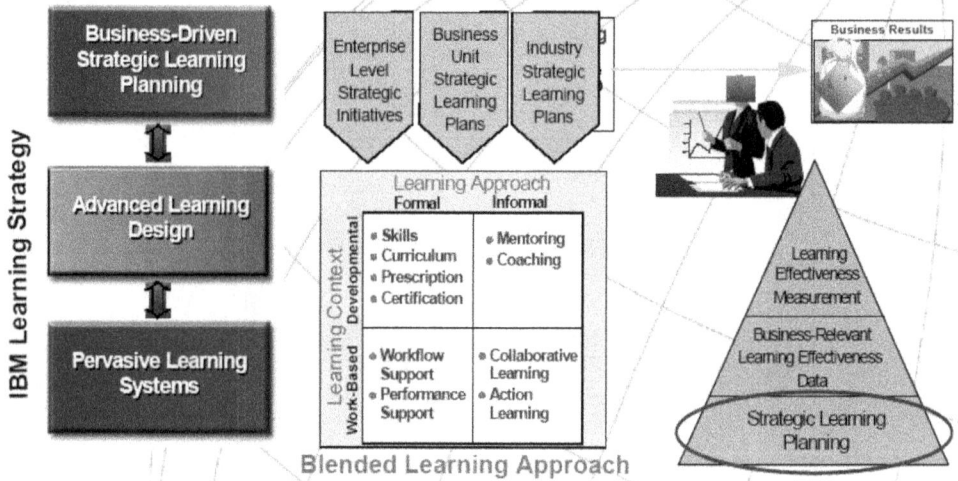

Mitarbeiter befähigen

IBM's vision is to become "Second-to-None" in Learning
by enabling Team and Organizational Learning to drive ongoing
business innovation and workforce performance

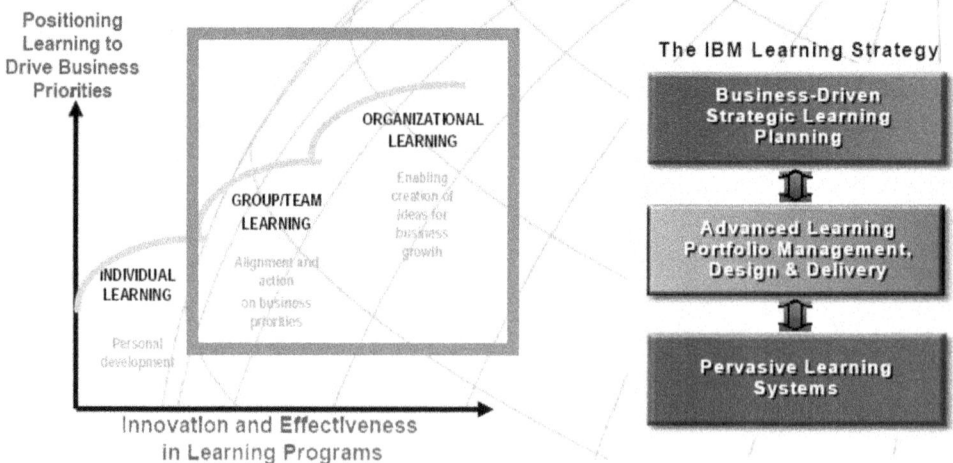

Abb. 66: Mitarbeiter befähigen (mit freundlicher Genehmigung der IBM)

Die strategische Zielrichtung „Client focus" und „Passion for business" wird praktischerweise gleich im Kompetenzmodell abgebildet[303] und genutzt für die kontinuierliche Passung von Person und Job. Dieses „Talent-Management" ist grundsätzlich selbstgesteuert und wird unterstützt durch einen psychometrischen Persönlichkeitstest, ein Wiki im Intranet (das Expertenwissen, Kompetenzzirkel, Problemlösungen und Aktivitäten mit Kunden verbindet) und Peer-Coaching.[304]

Man könnte nun meinen, so etwas Aufwändiges könne sich nur ein Weltkonzern leisten, aber ein Unternehmenswiki lässt sich im kleinsten Intranet realisieren (die Software ist sogar kostenlos) und Peer-Coaching ist nichts anderes als Lernpartnerschaften: Kollegen zeigen erprobte Problemlösungen in der täglichen Arbeitspraxis und lernen dabei selbst weiter (wenn sie sich bezüglich Inhalt und Urteil zurückhalten und nur auf den Prozess konzentrieren).

Lernen von/mit Experten hilft nur „in bekanntem, vertrautem Gelände"; bewegen wir uns aber in den unübersichtlichen Abgründen von turbulentem Wettbewerb und Change hilft nur *Action Learning*. Dieses Konzept von Revans[305] besticht durch „sophisticated simplicity", indem es Mitarbeiterentwicklung mit realer Problembearbeitung verbindet. Wenn Lernen nicht mehr von Arbeiten getrennt ist, fällt das leidige Transferpoblem[306] weg und man lernt schneller als die Konkurrenz. Dieses Projektlernen fördert eine kultursensitive Persönlichkeitsentwicklung, da man während des Bearbeitungs- und Umsetzungsprozesses echtes Feedback aus dem Feld erhält (und nicht die Simulation in der behaglichen Atmosphäre des Seminarhotels). Zudem bindet es als Probleminhaber die (obersten) Führungskräfte ein, die normalerweise von PE nicht erreicht werden.

3.5.3   Performance managen

Dienstleistungsunternehmen leben also davon, ihr Personal so auszuwählen, zu entwickeln und in eine Organisation einzubetten, dass Kunden- und Qualitätsorientierung entsteht. Dazu müssen die Mitarbeiter durch PE nicht nur befähigt, sondern durch das Management auch *ermächtigt* werden.

„Mitarbeitern echte Verantwortung und Autorität zu verleihen erfordert eine radikal verschiedene Organisationsstruktur, ein horizontales Modell, in dem die Arbeitsrollen neu definiert werden".[307] Dafür reicht es nicht, etwas Job-Enrichment, KVP-Zirkel und selbstbestimmte Arbeitszeiten einzuführen, vielmehr ist eine ganz andere Art von Führung notwendig: *Führen mit Zielen* statt per ordre du mufti.

---

[303] als „ foundational competencies", aber auch „trustworthiness", „creative problem solving" u.ä. und vermeidet damit verbreitete Leerformeln wie „Handlungskompetenz". Siehe unser Kap. 1.5.4, 1.6.1 „T-Modell"

[304] der Online-Test PAPI zeigt mit einem Radarchart zu welchem Job die eigenen Stärken passen. W3 learning@ibm ist ein Knowledge Network wie es Tobin vorschlägt. Hall, Douglas: Peer coaching, a relational process for accelerating career learning, in: Academy of Management Learning & Development 4/2008, p.487ff. Ein vorbildliches Wiki findet sich im Berliner Congress Center.

[305] Revans, Reginald: The origins and growth of action learning, Goch 1992; Pedler, Mike: Action learning in practice, Aldershot 1997

[306] Kirkpatrick, Donald: Evaluating training programs, the 4 levels, New York 2006

[307] Carlzon, Jan: Alles für den Kunden, Frankfurt 1988, S.162.

Nun werden viele Manager sagen, „das machen wir sowieso und das gibt es als MbO ja schon seit über einem halben Jahrhundert".[308] Tatsächlich finden wir in sehr vielen Unternehmen solche Dinge wie „Mitarbeiter-/Jahresgespräch, Zielvereinbarung, Leistungsbeurteilung, Anreizsysteme". Aber auch hier steckt der Teufel wieder im Detail.

Wie kommt es, dass trotz dieser vermeintlich best practices die Performance in vielen Unternehmen zu wünschen übrig lässt? Etliche empirische Studien belegen das, besonders profund (und repräsentativ) zeigt es eine Studie im Auftrag des Bundesministeriums für Arbeit & Soziales:[309] danach sind nur 31% der Mitarbeiter „aktiv engagiert"; und das Meinungsforschungsinstitut Gallup bestätigt, dass zwei Drittel „Dienst nach Vorschrift" machen. Die gezeigten Wirkungen auf den wirtschaftlichen Erfolg, auf Fehlerquote, Krankenstand und Fluktuation machen den Handlungsbedarf deutlich.

Muss das Management demnach mehr für die *Motivation* des Personals tun? Im Trend läge z.B. mehr für eine bessere Work-Life-Balance zu sorgen; aber die Empirie zeigt, dass damit „nur die Kosten steigen, nicht automatisch die Produktivität".[310] Auch die Versuche mit Leistungsprämien und immer aufwändigeren Incentives die Mannschaft anzuspornen, sind wohl nicht des Rätsels Lösung: Greenpeace hat z.B. keinerlei Sorgen hinsichtlich Engagement und Nachwuchs.

Kersten räumt gründlich auf mit dem „depressiv-pessimistischen Jammerzirkel" und dem „Mythos des noblen Mitarbeiters": „they demand more income than they merit, more respect than they have earned, more autonomy they can handle and more leisure time than they need".[311] Lösungen zweiter Ordnung liegen nicht darin, jemand geschickt zu motivieren, sondern die Barrieren zu beseitigen, die die vorhandene intrinsische Motivation erodieren. Was Arbeitende wirklich motiviert ist spätestens seit Herzberg bekannt und in Studien immer wieder bestätigt[312]: Leistungserlebnis, Verantwortung, Anerkennung, Avancement und Sinn.

Genau das ermöglicht das *Führen mit Zielen,* allerdings nur wenn es in ein ganzes System von „Performance Management" eingebaut ist:

- **Zielsetzung**
  Michael Mann, der detailbesessene Filmemacher, beschreibt wie er seine Schauspieler dirigiert: „du analysierst die Szene – was wollen die Figuren, wo kommen sie her, wo wollen sie hin, was ist dabei im Weg? – und dann sagst du ihm ein Ziel, nicht zwei, eins bitte; er muss ein Ziel haben und danach handeln".[313] Die Kunst der Führung besteht also darin zu analysieren, was die Stakeholder („Szene") wirklich wollen. Es kann nicht funktionieren, einfach die Unternehmensziele top-down herunterzubrechen, was – wie wir bereits

---

[308]   „Management by Objectives" von Drucker, Peter: The practice of management, New York 1954

[309]   BMAS/Psychonomics: Unternehmenskultur, Arbeitsqualität & Mitarbeiterengagement in den Unternehmen in Deutschland, 2008. Gallup Engagement Index 2/2010

[310]   London School of Economics Studie mit 723 Unternehmen in USA, F, D, GB; Bloom, Nick: Work-Life Balance, management practices and productivity, 2006 (open access publ.)

[311]   Kersten, El: The Art of Demotivation, Austin 2005, p.22

[312]   Herzberg, Frederick: The motivation to work, New York 1959; Myers, Scott: Harvard Business Review, 1/2 1964; Pink, Daniel: Drive, the surprising truth about what motivates us, Riverhead 2009; Ariely, Dan: Fühlen nützt nichts, hilft aber; warum wir uns immer wieder unvernünftig verhalten, München 2010. Jordan Evans/Kaye: Love 'em or lose 'em: getting good people to stay, San Francisco 2008.

[313]   Regisseur von u.a. Public Enemies, Collateral, Heat, The Insider im Interview SZ 5.8.2009

aus Kundensicht hörten – besonders bei Banken en vogue ist.[314] Kurzfristige Finanzziele werden dort schlicht auf die Mitarbeiter überwälzt und diese als Profitcenter geführt; die Vorgaben werden wöchentlich kontrolliert und der einzelne Banker steht im Wettbewerb/Benchmark mit anderen Filialen. Wir hörten schon in Kap. 3.4 („BSC") was passiert, wenn sich die Unternehmensspitze auf die Maximierung des Shareholder Values kapriziert: der Fisch stinkt vom Kopf.[315] „Dienen und Leisten" beginnt ganz oben: „zeige deinen Mitarbeitern, dass du sie kennst; zeige deinen Mitmenschen, dass du sie brauchst; zeige deinen Kunden, dass du sie achtest – und erhöhe die Schlagkraft, um den Wettbewerbern immer einen Schritt voraus zu sein".[316] Der „Kopf" der Otto-Group beweist, dass anspruchsvolle Renditeziele sehr gut mit Kunden- und Mitarbeiterorientierung einhergehen und, wie wir in Abb. 62 sahen, sich sogar gegenseitig beflügeln. Spitzenmanager müssen ihre Alpharolle gar nicht ablegen (wovon manche „-ogen" träumen), sie müssen nur für die richtige Zielbalance sorgen und überzeugen, statt diktieren.

Die Zielekommunikation erfolgt deshalb im persönlichen, strukturierten Mitarbeitergespräch nach der Formel „smart"; dies steht für

- *stretch:* anspruchsvolle, herausfordernde Ziele verleihen mehr Sinnhaftigkeit und Motivation[317]
- *messbar:* auch hehre Ziele müssen hinreichend konkret und operationalisiert sein, damit sie verstanden, umgesetzt und bewertet werden können[318]
- *akzeptiert:* was aufoktroyiert wird, wird nicht verinnerlicht; nur im Dialog werden die gegenseitigen Erwartungen transparent
- *realisierbar:* im gemeinsamen Einschätzen der Situation wird deutlich, was realistisch und was machbar ist
- *terminiert:* nur eindeutige Zeitfenster erlauben einen gesteuerten, statt zufälligen Arbeitsprozess[319]

- **Delegation**
„mach ich doch" hören wir dazu immer wieder und erleben, wie „delegieren" verwechselt wird mit „Arbeit weitergeben", dabei ist das entscheidende die Abgabe von Verantwortung. Das Problem ist, typisch für Führungskulturen, zweiseitig:
  - Mitarbeiter scheuen Verantwortung; z.B. der in Kap. 1.6.2 erwähnte Prüfbeauftragte der S-Bahn, der sich für Probleme oder deren Meldung nicht verantwortlich fühlte.[320]
  - Mitarbeiter bekommen keine Entscheidungsgewalt; der frühere Hoheitsträger der Deutschen Bahn „Schaffner" ist nur noch „Zugbegleiter" (Kaffeeholer?) und darf die Türe des ICE im Bahnhof nicht öffnen, auch wenn die Klimaanlage kaputt ist und die Passagiere in Saunatemperaturen kollabieren.

---

[314] Kap. 2.6.1. „CRM"; Uni Oldenburg/Böckler-Stiftung: Sie müssen es nicht verstehen, Sie müssen es nur verkaufen; Vertriebssteuerung in Banken, Berlin 2010

[315] Garrat, Bob: The fish rots from the head, New York 1997

[316] Hans-Otto Schrader, Vorstandsvorsitzender der Otto Group mit 50 Tsd Mitarbeitern in 20 Ländern, 123 Firmen (wie Hermes, SportScheck, Manufactum), Umsatz 11,4 Mrd €, 4% Umsatzrendite, 25% Eigenkapital, operatives Ergebnis verdoppelt, seit 34 Jahren im Betrieb

[317] s. Kap. 3.2 „Vision/Mission"; Kap. 3.3.4 „Hebelwirkung"

[318] s. Kap. 2.4 „KPI", Kap. 3.4 „BSC"

[319] s. Kap. 2.5 Serviceprozesse steuern

[320] oder mein Erlebnis bei einem Dienstleister als ich ihn auf die vertrockneten Pflanzen neben seinem Schreibtisch ansprach: „das sind nicht meine!"

Der Clou des „Führens mit Zielen" ist jedoch das finale Denken: der Sollzustand wird konkret beschrieben und keine Aussage zum Lösungsweg gemacht, weil der Mitarbeiter durch sorgfältige Auswahl und Entwicklung dafür selbst kompetent genug ist.

Dass dieses *„Empowerment"* des Personals funktioniert, zeigt Ritz-Carlton: Welcher Mitarbeiter auch immer eine Gastbeschwerde empfängt, ist „owner" und „muss Himmel und Hölle in Bewegung setzen" um den Gast wieder zufrieden zu stellen und das darf, ohne Rückfrage, bis zu 2000$ kosten! Nach strengen Auswahlverfahren und jährlich 120 Stunden Schulung bekommt jeder einzelne so viel Verantwortung wie möglich und wird zum „stolzen Intrapreneur".[321]

Ein gutes Beispiel ist auch Digital Equipment, das Unternehmen in dem ich als Personalmanager tätig war. Die „DNA dieser einzigartigen Unternehmenskultur" manifestiert sich in der Grundregel des Gründers und Chefs: „im Zweifelfall tu, was für den Kunden das Richtige ist". Individuen sind nicht nur in der Lage, sie sind auch stets dazu verpflichtet, persönliche Verantwortung zu übernehmen und das Richtige zu tun – und nicht darauf zu warten, dass einem gesagt wird, was man tun, oder wie man es tun muss.[322]

Führen mit Zielen: Performance managen

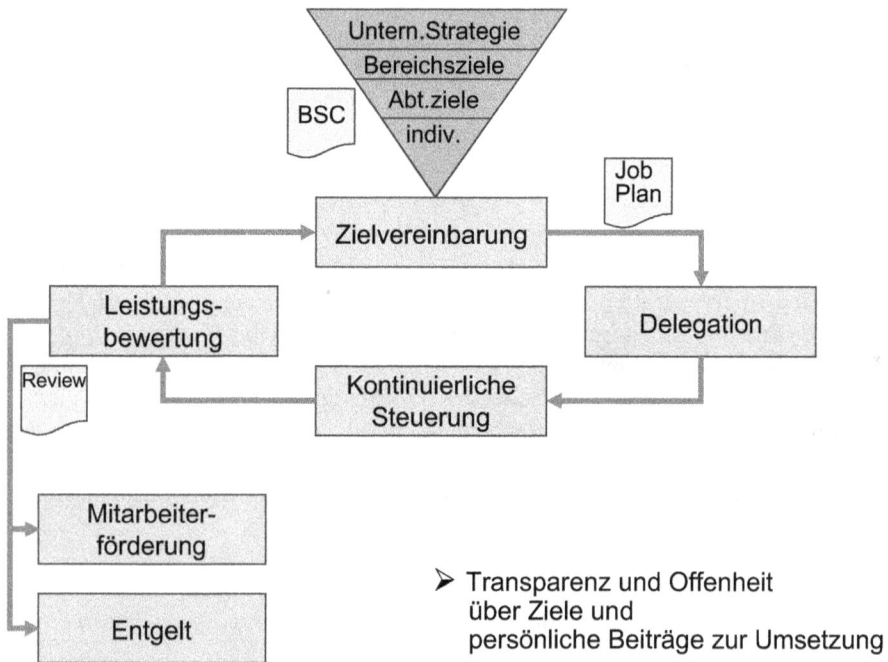

Abb. 67: MbO Performance managen

---

[321]   womit die Ritz-Carltons auch in dieser Hinsicht eine Spitzenposition einnehmen; zum Credo s. Kap. 1.7.3

[322]   Ken Olsen: „do what's right to do!" Schein, Edgar: Aufstieg und Fall von Digital Equipment Corporation, EHP 2006
        Beispiel dm-Drogeriemarktkette: „unsere Leute schauen nicht auf den Chef, sondern auf den Kunden und erhalten deshalb viel Freiraum für Entscheidungen"

Dieses unglaubliche Gefühl der Ermächtigung gibt einen eminenten Motivationsschub. Das bedeutet aber nicht, dass der Mitarbeiter alles allein stemmen muss und die Führungskraft nur noch am Schluss schaut, ob das Ziel erreicht wurde. Ihre Rolle verändert sich vom direktiven „Boss" zum unterstützenden „Coach".

- **Leistungsbewertung**
  Arbeit ohne Feedback ist tote Arbeit. Unsere Motivation entspringt aus Leistung (Aktivität) <u>und</u> Anerkennung. Seit George Herbert Mead ist bekannt, dass die Ich-Identität durch Interaktion entsteht, (mangelndes) Feedback bestimmt unseren Selbstwert. In Unternehmen ist es allerdings nicht selbstverständlich, konstruktive Rückmeldung zu seinem Leistungsverhalten zu bekommen. Entweder wird die Arbeit als selbstverständlich genommen („nicht getadelt ist genug gelobt"), oder man fühlt sich manipuliert von aufgesetzten „Streicheleinheiten".[323] *Wertschätzung* ist nicht nur für die eigene Motivation wichtig, sondern auch für die Verbesserung der Qualität aus Kundensicht. Was soll der Koch aus mehr oder weniger leer gegessenen Tellern schließen, wenn er nicht direkt mitbekommt, ob es den Gästen geschmeckt hat. Und erst seit dem Entstehen einer Feedback-Kultur durch regelmäßige Mitarbeitergespräche bekommt der Pastor eine realistischere Wahrnehmung seiner Predigt, als über die Kommentare von seiner Frau und muss sich nicht in Hochmut oder Demut begeben.[324]
  Die explizite Bewertung der Leistung sorgt für anspornende Erfolgserlebnisse und eine gegenseitige Standortbestimmung (sind wir noch im Zielkorridor?). Sie urteilt somit nicht „ab", sondern liefert den Schlüssel zur Personalentwicklung. Ist das Ziel erreicht, werden dem Mitarbeiter neue Perspektiven eröffnet (wie geht es mit ihm weiter); wurde das Ziel trotz Unterstützung und Nachsteuerung der Führungskraft nicht erreicht, bieten sich Maßnahmen zur Entwicklung der professionellen Kompetenz an.
  Um der Bewertung die Willkür zu nehmen, misst man den Leistungsbeitrag (Zielerreichungsgrad) an Key Performance Indicators. Aber „the moment you choose to manage by a metric, you invite your managers to manipulate it",[325] und besonders dann, wenn es um Geld geht.

- **Pay for performance**
  Wenn Arbeit und Engagement als lohnend empfunden werden sollen, werden (auf Dauer) wohl keine „warmen Worte" reichen, insbesondere nicht in einer Gesellschaft, in der Wertschätzung in Geld bemessen wird. Ob der eigene Leistungsbeitrag angemessen honoriert wird, stellt man durch Vergleich mit anderen fest[326]; die Gehaltshöhe wird geradezu zum Ausweis der Potenz. Die Erotik des Geldes hat aber, wie Forschung und Praxis zeigen, nur eine sehr begrenzte Wirkung auf die Leistung: Geld schießt nicht Tore und

---

[323] Sprenger kritisiert „Lob" als Herrschaftszynismus (Mythos Motivation, Frankfurt 2002, Kap. 2); zur aktuellen Forschung und Praxis s. Jöns, Ingela/Bungard, Walter (Hg): Feedbackinstrumente im Unternehmen, Wiesbaden 2005; „zum gute Arbeit abliefern gehört, dass der Häuptling seinen Indianern vermittelt, dass sie gute Indianer sind" (Clint Eastwood SZ 1.3.09)

[324] Kommentar eines Vertreters der Evang. Landeskirche auf einem unserer Workshops

[325] Likierman, Andrew: The 5 traps of performance management; in HBR 10/2009, p.101

[326] der Klassiker der Sozialpsychologie Festinger, Leon: A Theory of Social Comparison Processes, 1954 und aktuell Elger, Christian: Social comparison affects reward-related brain activity; in: Science, 23.11.2007

lässt nicht schneller denken. Im Gegenteil: statt zu leisten, verbringt man lieber einen Großteil der Zeit damit seine Boni zu kalkulieren.[327]

Was falsche Anreizsysteme anrichten, haben wir bereits bei Bankern gezeigt, Kickback-Zahlungen und Boni machten sie zu Marionetten der Zielvereinbarung und die Kunden zu Opfern. Im Gesundheitswesen führt die Praxis von sog. „IGeL" zu häufig unnötigen, oft fragwürdigen Leistungen.[328]

Es geht nicht darum, finanzielle Anreizsysteme abzuschaffen, wie es Sprenger vorschlägt, weil er sie als „Doping" empfindet, sondern *richtig* zu setzen. Die Totalkritik an „pay for performance" führt nämlich zu kuriosen Ergebnissen. So wurde z.B. bei der Berliner Flughafengesellschaft auf Druck des Betriebsrats die Leistungs- zu einer bloßen Anwesenheitsprämie umgewandelt, mit dem Resultat, dass dieser Airport in Fliegerkreisen als „no-service zone" (ineffizient und inkompetent) bewertet wird.[329] Wie schwierig es ist, verkrustete Strukturen mit einer neuen Servicekultur aufzubrechen, sehen wir auch bei der Deutschen Bahn.

Die „Zugchefs" sollen bewertet werden an der Einhaltung der Service-Standards und am Gastronomieumsatz; absurderweise wird aber mit dem Argument „Datenschutz" verhindert, dass diese Leistungsbeurteilung auf einzelne Mitarbeiter bezogen werden kann.[330]

Performance Management funktioniert nur als *System*. Fehlen z.B. die Konsequenzen bei der Bewertung des Zielbeitrags, wie es z.B. bei Siemens über viele Jahre praktiziert wurde, ist das Jahresgespräch ein leeres Ritual, das Mitarbeiter wie Manager gleichermaßen nervt.[331] Ist die Belohnung absehbar und zu hoch, führt sie zu kontraproduktivem Verhalten. Wird die Vision eines Unternehmens nicht in bewertbare Erfolgsfaktoren übersetzt, die von allen Stakeholdern geteilt werden, bleibt sie wirkungslos.

3.5.4   Das CARE-Paket für Führungskräfte

Für ein wirtschaftliches Umfeld, das volatiler, unsicherer und komplexer als je zuvor ist, sind überraschend viele Führungskräfte und Unternehmen unzureichend gerüstet, findet die größte Studie ihrer Art.[332] Ein großes Problem liegt darin, dass Auswahlgremien gern dem Irrtum unterliegen, dass die besten Fachkräfte auch die besten Führungspersönlichkeiten sind. Was Führungskompetenz ist, wie man sie erwirbt und feststellt, bleibt außen vor. Damit landen in

---

[327] Experimente dazu von Ariely, Dan: Fühlen nützt nichts, hilft aber; warum wir uns immer wieder unvernünftig verhalten, München 2010; „man kann mit Geld schaffen, dass die Leute zur Arbeit kommen, aber nicht, dass sie gerne kommen und den subjektiven Überhang freisetzen" (Sprenger)

[328] Individuellen Gesundheitsleistungen gegen Selbstzahlung (Deutsches Ärzteblatt 2009, Bd.26 S.433). Damit der Vertrieb dem Kunden nur das verkauft, was er wirklich braucht und nicht alles was Geld bringt, verzichtete DEC als einziges IT-Unternehmen auf Provisionen (Schein 2006 S.77)

[329] flyertalk; airportservicequalityawards.com; Airports Council International: Quality of service at airports, Geneva

[330] die notwendigen Instrumente wie mystery customer Stichproben und Kennzahlen wurden eingeführt, aber es dürfen keine individuellen Auswertungen gemacht werden (Bachelorthesis HWR confid 2010)

[331] weil die Auswirkung des Zielbeitrags auf Gehalt und Karriere intransparent blieb: Siemens Fit4 2010 versucht das zu verändern

[332] IBM befragte über 1.500 Top-Führungskräften aus Privatwirtschaft und öffentlichen Institutionen in 60 Ländern und 33 Branchen wie sie den neuen weltwirtschaftlichen Rahmenbedingungen begegnen (IBM CEO Study 2010)

vielen Führungspositionen Narzissten, Egoisten und Opportunisten, die abgehoben („Hochzeit im Himmel") bis cholerisch (Kontrollwut) Firmen- und Kundenwerte vernichten.[333] Wenn Dinge schief laufen, tendieren sie zu „sweep it under the carpet school of management".[334] Ein prägnantes Beispiel hierfür ist der sog. Münchner Klinikskandal: drei Nichtmediziner wurden von einem Rat aus SPD und Grünen als Geschäftsführer besetzt; diese verschwiegen monatelang das negative Gutachten über die Zustände in der Sterilisationsabteilung, bis sich Chirurgen weigerten mit verdrecktem OP-Besteck zu arbeiten.[335]

Andererseits haben wir in jedem Kapitel sehr erfolgreiche Köpfe und Unternehmen kennen gelernt und können zum Schluss ein Fazit ziehen.

Die aktuelle CEO-Studie soll uns einen Rahmen liefern, wie man den toxischen Triangel in ein *Dreieck des Erfolgs* transformiert:[336]

Abb. 68: Unternehmensführung in einer komplexen Welt

Eine neue Qualität der Kundenbeziehung erreichen

Erfolgreiche Unternehmen und Chefs, „standouts" in dieser Studie genannt, räumen der Kundennähe höchste Priorität ein. Dabei ist die Interaktion mit Kunden deutlich schwieriger geworden, denn noch nie hatten diese so viele Informationen und Möglichkeiten wie heute. Der Aufbau einer engeren Kundenbeziehung erfordert deshalb eine *neue Einstellung*, sowohl der Mitarbeiter als auch der Manager. Nicht mehr Orientierung an sich selbst, sondern Respektieren der Interessen und Bedürfnisse der Klienten, z.B. indem man die neue Kommunikationskanäle nutzt, um seine Kunden einzubeziehen und indem man sie in bei der Differenzierung und Innovation des Leistungsangebots mitwirken lässt.

---

[333] „High-powered people objectify others in a self-interested way" Galinsky, Adam: Powerful postures vs. roles, research paper Uni Illinois, Jan 2011; z.B. Schrempp (zur Fusion Daimler Chrysler), Middelhoff (Karstadt - Arcandor), Zumwinkel (Post), Weise (Mediamarkt)

[334] Garrat (1997); s.a. Dueck, Gunter: Lean brain management, Berlin 2006

[335] SZ 11.07.2010

[336] IBM CEO Study 2010

Cathey Pacific Airways versucht das mit der Maxime ‚Market of One', d.h. jeden einzelnen Kunden als eigenen Markt betrachten. Southwest Airlines geht noch einen Schritt weiter: jeder Manager ist dort verpflichtet 1/3 seiner Zeit im direkten Kontakt mit Kunden und Mitarbeitern zu verbringen, um den „Teamspirit" zu stärken.

Operative Agilität entwickeln

Erfolgreiche Führungskräfte managen Komplexität für ihr eigenes Unternehmen, ihre Kunden und ihre Partner, indem sie Arbeitsweisen und Prozesse vereinfachen und flexibilisieren. Mit geschickt gestalteten, firmenübergreifenden Wertschöpfungsketten ist man stets handlungsbereit, wenn Chancen oder Herausforderungen auftauchen. Dabei gilt es eine optimale Balance zwischen Zentralisierung und Dezentralisierung einerseits und globalen und lokalen Märkten andererseits zu erreichen. Ganz pragmatisch heißt das: beseitigen Sie unnötige Komplexität und machen Sie Ihren Kunden die Interaktion mit Ihrem Unternehmen so einfach wie möglich. Und gestalten Sie die Prozessketten gemeinsam mit Ihren Businesspartnern.[337]

Toyotas Just-in-Time-Prozesse sind dafür ein überzeugendes Beispiel: rigide Hersteller-Lieferanten-Beziehungen wären nach der Katastrophe von Fukushima nicht in der Lage gewesen, die empfindliche Produktion in so schneller Zeit wieder zum Laufen zu bringen. Nur eine „*Lernende Organisation*", in der Lernen nicht von oben verordnet, sondern von den Menschen selbst in die Hand genommen wird, ist krisenresistent. Es ist Sache der Führung für eine Kultur zu sorgen, in der man selbst Informationen sammelt, aufbereitet, zur Verfügung stellt und in Wissen und Prozesse tansformiert.

Kreativität zur zentralen Fähigkeit entwickeln

Es überrascht, dass CEOs Kreativität als wichtigste Führungsqualität für diese komplexer werdende Welt genannt haben. Kreativität bedeutet, neue Wege zu gehen, um schwierige Probleme zu lösen; fordert, bewährte Routinen zu brechen und Komplexität zu reduzieren, aber auch elaborierte, statt simple Lösungen zu entwickeln und zu implementieren.

Kreative Führungskräfte ermutigen ihre Mitarbeiter, ausgetretene Pfade zu verlassen, und sie pflegen einen offenen Führungs- und Kommunikationsstil mit Mitarbeitern, Partnern und Kunden. „Die Zeiten der Tycoons sind vorbei; Manager werden ernannt, die Führungsriege wird gewählt. Man muss Teil der Gesellschaft sein, in der man tätig ist und sich nicht von ihr abgrenzen. Das erfordert Bescheidenheit. Es geht nicht darum, dass uns die Leute folgen – sie müssen Teil von uns sein."[338]

Damit schließt sich der Kreis zu dem „Caring", das wir schon im ersten Kapitel kennen gelernt haben und wir können ein regelrechtes *Care-Paket* für Manager schnüren:[339]

- **C**reative, clear **C**ommunication (klare Ansagen)[340]
- **A**tmosphere & **A**ppreciation (Management by walking around)
- **R**espect & **R**eason for Being (Frankl's „Sinn")
- **E**mpathy & **E**nthusiasm.

---

[337]   Roland Berger Studie 2004 mit Sears, Carrefour, Metro „collaborative planning, forecasting & replenishment"

[338]   Ian Tyler, CEO, Balfour Beatty Plc, eines der größten Bauunternehmens der Welt mit rund 30 Tsd. Mitarbeitern

[339]   s. unsere Kap. 1.5.5, 1.7.3; Barbara Glanz; Tom Peters: The Heart of Business Strategy, tompeters.com posted 2/2009

[340]   z.B. „hold informal grape-vine sessions to control the flow of the rumor mill" (Tom Peters Joinville 2009)

„Remember, you will never get employees to treat customers better than they are being treated themselves!".[341]

Der Erfolg einer Fähigkeit und Kultur „of putting employees first" zeigt sich prägnant an den hier des Öfteren zitierten Unternehmen Marriott und Southwest Airlines.[342] Southwest ist seit 10 Jahren in der „Fortune's List of the top 10 most admired corporations" mit höchster Kundenzufriedenheit, als beliebtester Arbeitgeber und most shareholder friendly company.

Nach dem Erfolgsgeheimnis gefragt, verriet der Gründer und langjährige Kopf dieser Fluggesellschaft

„... the intangibles are far more important than the tangibles in the competitive world because, obviously, you can replicate the tangibles. You can get the same airplanes, you can get the same ticket counters, you can get the same computers. But the hardest thing for a competitor to match is your culture and the spirit of your people and their focus on customer service because that isn't something you can do overnight and it isn't something you can do without a great deal of attention every day in a thousand different ways. That's why I say that our employees are our competitive protection".[343]

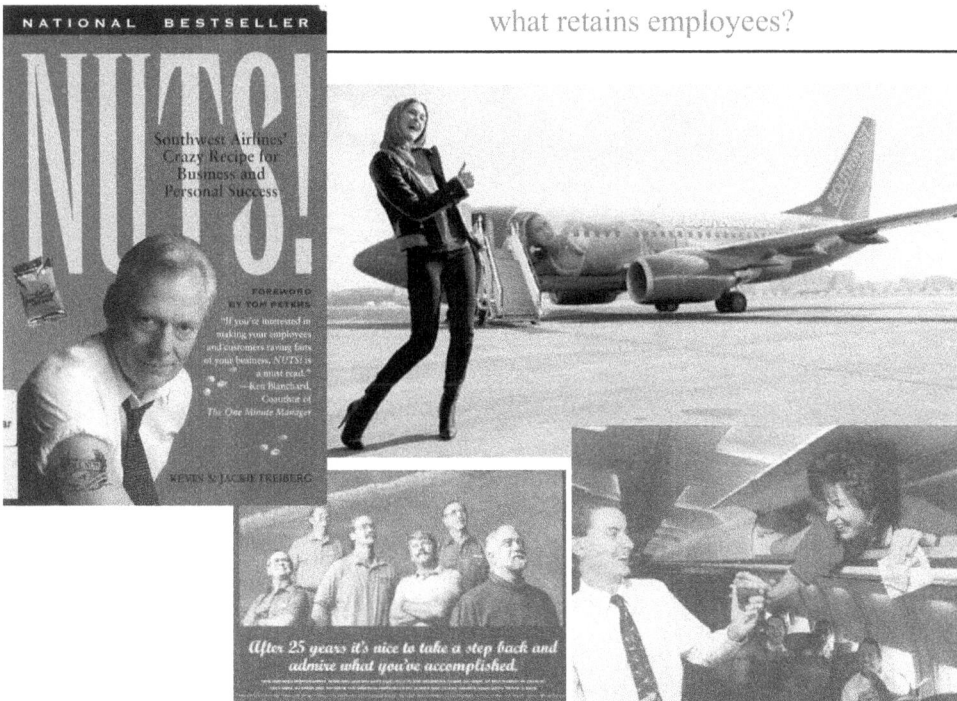

Abb. 69: Southwest Airlines

341 Barbara Glanz (Maine Energy Convention 6/2011)

342 „the philosophy is particularly important in our industry, because Marriott is in the people business, not just the service business" (Marriott 1997 p.35). Southwest Airlines mit 88 Mio. Passagieren zweitgrößte Fluggesellschaft der Welt, 550 Flugzeuge, Umsatz 12 Mrd. $, 35 Tsd. Mitarbeiter (2010)

343 Kelleher Southwest Airlines at Risk Management Association's annual conference, 1998; Freiberg (1996).

Supplement: Übungen

(1) Mindmapping

Mindmapping[344] ist die effizienteste und effektivste Methode an komplexe Themen heranzugehen, bzw. schwierige Probleme zu lösen. Sie ist keine schnelllebige Managementmode, sondern seit Jahrzehnten bekannt und in vielen Unternehmen im Gebrauch. Wir nutzen Sie zum Managen von Projekten mit Geschäftskunden, von Vorlesungen/Seminaren und zum Rezipieren oder Erstellen von Fachbüchern.

Nutzen Sie ein Mindmap als roten Faden für Ihren Workshop/Ihr Seminar zum Thema ‚Dienstleistung' für sich selbst und die Teilnehmer!

---

[344] Buzan, Tony: Use Your Head, 1974. Buzan, Tony: Kopftraining, 1993. Hertlein, Margit: Die kreative Arbeitstechnik, 1998. Software: Mindmanager von Mindjet, OpenMind von Matchware; Freemind (freeware). Die Grundidee der Mindmap geht schon auf Leonardo da Vinci zurück!

(2) Übung: Kawa

Das Denkwerkzeug „KaWa"©bedeutet Kreatives Analograffiti, Wort Assoziationen). [345] Der Moderator erklärt die Methode, zeigt Beispiele und definiert das Thema (hier z.B. „Service"). Jeder Teilnehmer bekommt ein Blatt Papier und bunte Filzstifte, um ein Wort-Bild zu skizzieren. Zum Stimulieren wird das Thema in großen Lettern auf das Papier geschrieben und man versucht zu jedem einzelnen Buchstaben, frei zu assoziieren. Wichtig ist, dass die Punkte nicht nur „logisch-linkshirnig" hinterfragt werden, sondern möglichst den Gedanken freien Lauf gelassen wird. Nach 5-10 Minuten ist das individuelle Assoziieren beendet. Das Team soll nun aus den Einzelentwürfen ein *gemeinsames* Wortbild auf einem Flipchartbogen erstellen.

Im Gegensatz zu Plenumsdiskussionen, die gern Lippenbekenntnisse produzieren, tauchen hier unbewusste Einstellungen auf (wenn man die Anonymität sichert), z.B. zum Buchstaben „K" = „Kritik, Kosten, Krämerseele, Kasse klingelt…" Ist der Workshop erfolgreich, ändert sich die negative Einstellung in „Klient, Kommunikation, Kompetenz, Kundenzufriedenheit, König…", die Basis für eine tragfähige Kundenbeziehung (customer relationship).

In unseren Workshops zu Dienstleistung/Service stellen wir für diese Übung die Frage „was verbinden Sie mit dem Wort Kunde?"

Interessanterweise sehen viele den Kunden als König und sich als dessen Knecht. Die meisten Dienstleister empfinden ein „oben" und „unten", eine deutliche Distanz, d.h. eigentlich respektiert man den Kunden nicht, man liebt ihn nicht!

Im angelsächsischen Markt sieht man den Kunden eher als „Freund", eine Studie (BBC) zeigte, dass Deutsche um 60% weniger „bitte" und „danke" sagen als die Engländer; wir Deutsche gelten als professionell, zuverlässig, fleißig, aber eher stur, unhöflich, rechthaberisch.

---

[345] Birkenbihl, Vera: Birkenbihl on Service, Berlin 2005, S.13, 26, 166ff.

(3) Tagebuch zur Dienstleistung

I. Service Diary Assignment (Group Project)

The purpose is to get students to critically examine the drivers of their *service experiences*. Each student is to select three days early in the quarter where they will record all their service encounters (moments of truth). Choose days that are likely to produce a sufficient number and variety of service encounters to provide substance for the service diary. The days need not be consecutive. Please record factual information (where, when, nature of transaction) as well as your perceptions and feelings about each service experience. Once this individual exercise is completed, each team is to meet and select three encounter descriptions from each student's experience to compile into a team diary. It may be helpful for each team to discuss ahead of time the nature of the entries that a student will make to make collation easier. The diary should be comprehensive, detailed and organized in a consistent manner. The team is next responsible for creating a five-page report on lessons learned (double-spaced pages) from the service diary assignment. In these pages, you will present the most important insights you have gained about service quality from your collective experiences. Be sure to integrate the concepts discussed in class into the lessons learned report.

Grading criteria include the organization, range, and depth of your diary entries, the quality of writing, and evidence of learning as reflected in the diary. We will discuss the service diary project in class. Be prepared to discuss your „lessons" and to describe the worst or best service experiences in your diary. Sample diary formats will be posted on the course website.

II. Customer Correspondence Assignment (Individual project)

This is a follow-on assignment from the service diary project. Based your three day experience set, you will each select your *worst* service experience and your *best* service experience and *contact* the respective companies or organizations. The communication should be in a written form (hard copy or electronic) that is most acceptable to the company with whom you are trying to communicate.

Each letter should be no longer than one full page (a maximum of 400 words). You must describe the service experience, compare the service received to the service expected and offer suggestions for improvement, or on the aspects of the service that were especially satisfying. Students are free to write to the owner, local manager, or senior corporate officer.

Grading criteria include the clarity with which students describe the service delivered and their expectations, the sense of understanding of service operations and service quality the letters convey, the quality of the constructive suggestions in the letters, and the overall professionalism of the correspondence.[346]

---

[346] Neeli Bendapudi: Services Marketing for MBA, Fisher College of Business, Ohio State University, Columbus, Spring 2006

(4) Übung: Wie charakterisieren wir unsere eigene Dienstleistung?

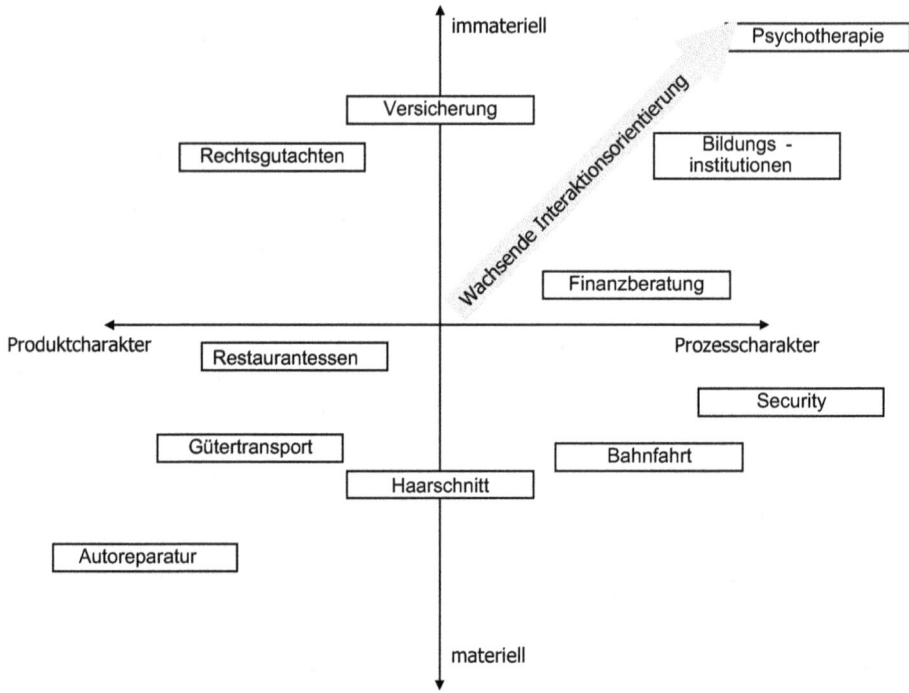

Leitfragen für die Gruppenarbeit:

- Ordnen Sie Ihre Dienstleistung(en) im Koordinatenkreuz ein![347]
- Inwiefern ist unser Kunde ausschließlich am Endergebnis interessiert?
- an der Teilnahme am Leistungserstellungsprozess selbst?
- an einer Interaktion mit unseren Mitarbeitern?
- Welche Leistung wird in ihrem Kern als persönlicher Dienst erbracht?
- Welche Leistungen werden in nicht-persönlichen Diensten erbracht?
- Wie können wir immaterielle Leistungskomponenten „materialisieren" (tangibel machen)?
- Wie sieht der gewünschte Mix aus der Sicht unterschiedlicher Kundengruppen aus?
- Welche Schlussfolgerungen ziehen wir daraus?

Anmerkung zur Auswertung:

Je weiter weg vom Koordinatenursprung innerhalb des zweiten Quadranten entfernt eine DL einzuordnen ist, desto stärker ist die Interaktionsorientierung.

---

[347] Fitzsimmons (2008) ch. 2 „The Nature of Services"

(5) Übung: „Selbstbild"

Selbstbild/Feedback

Andere teilen mir über mich mit

- nicht urteilend, pauschal,
  sondern konkret!
  (nicht: „so bist Du!" sondern „so seh ich Dich")

- zum richtigen Zeitpunkt!
  („passt es Ihnen jetzt?")

- angemessen
  („al dente", zuerst positiv – dann negativ)

- Hinweis auf Konsequenzen!
  (welche Folgen ich sehe)

- ohne Gegenantwort!
  (nicht: „so bin ich!"
  sondern „aha so wirke ich auf Dich")

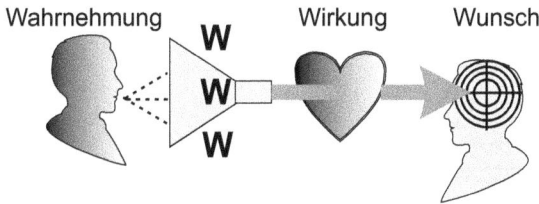

	bekannt MIR	nicht bekannt
bekannt	ÖFFENTLICHES ICH	BLINDER FLECK
nicht bekannt	VERBORGENES ICH	UNBEKANNTES ICH

ANDEREN

Meine Geheimnisse

Wahrnehmung   Wirkung   Wunsch

W
W
W

Übung:

Die Teilnehmer notieren auf einer Liste 12 Eigenschaften von sich (Selbstbild). Diese Listen werden ohne Namenskennung eingesammelt. Die Teilnehmer setzen sich im Stuhlkreis, so dass sich alle gut sehen können. Die Listen werden mit der Schrift nach unten in die Mitte des Stuhlkreises gelegt. Ein Teilnehmer nimmt sich eine Liste, liest daraus 3 Merkmale seiner Wahl vor und äußert dann eine Vermutung, von wem diese stammen könnten. Stimmt die Vermutung, fährt die so erkannte Person fort. Stimmt die Vermutung nicht, wird das Blatt zurückgelegt und ein erneuter Versuch unternommen. Gelingt dem Teilnehmer die Zuordnung erneut nicht, dürfen die anderen ihre Vermutungen äußern. Trifft die Vermutung zu, fährt die so erkannte Person fort.

Auswertung:

Diskussion über Schwierigkeiten und Nutzen von *Selbsterkenntnis* und *Feedback*, Einführung in das Hilfsmittel Johari-Fenster.[348]

---

[348] Fitzsimmons (2008) ch. 2 „The Nature of Services"s.a. Francis, Dave/Young, Don: Mehr Erfolg im Team, Hamburg 1998, S. 154ff. Günther, Ullrich/Sperber, Wolfram: Handbuch für Kommunikations- & Verhaltenstrainer, München 1995, S.50ff. Maturana (1987) S.23, 29, 260

(6) Übung: Transaktionsanalyse

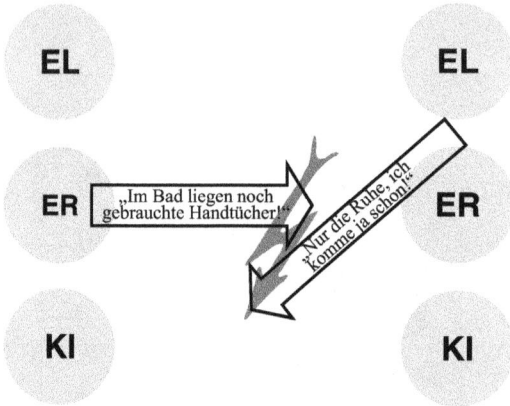

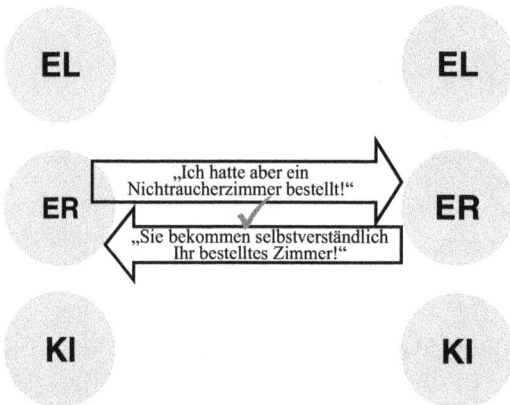

EL   **EL**

ER „Im Bad liegen noch gebrauchte Handtücher!"   „Nur die Ruhe, ich komme ja schon!"   **ER**

KI   **KI**

EL   **EL**

ER „Ich hatte aber ein Nichtraucherzimmer bestellt!"   „Sie bekommen selbstverständlich Ihr bestelltes Zimmer!"   **ER**

KI   **KI**

Übung zu Ich-Zuständen:

Ein Kunde lobt den guten Service.

a) „Danke, das freut mich _____ "

b) „Na ja, wir versuchen halt immer das Beste_____ "

c) „das hört man gern, aber selten (meistens schimpfen die Kunden bloß) _____ "

d) „ich sehe, Sie haben ein gutes Urteilsvermögen_____ "

Übung zu Transaktionen:[349]

Für eine angenehme DL-Atmosphäre empfiehlt sich eine *parallele* Transaktion (Interaktion) zwischen ER, um genügend Informationen zu bekommen und Interesse zu zeigen (und zuwendende Mimik, Körperhaltung):

„Ihre Depotgebühren sind mir zu hoch!"

„Es tut mir leid das zu hören, unsere Geschäftsbedingungen für diese Leistung bewegen sich im banküblichen Rahmen von 1% des Kurswerts am Jahresultimo."

Nach einer *gekreuzten* Transaktion bricht die Kommunikation vorübergehend zusammen: „Ist das Expresspaket für die Fa. Meier & Co. gestern rausgegangen?

„Was hab ich damit zu tun, fragen Sie doch den Müller!"

Wenn es zu einem sog. Wortwechsel zwischen zwei Menschen kommt, handelt es sich meist um ein „Spiel". Bei derartigen *psychologischen Spielen* geht es nur scheinbar um Sachthemen, im Grund genommen aber um die Beziehung. Mit Hilfe der *Transaktionsanalyse* (TA), einem Oldtimer im Gruppentraining, werden diese Psychospielchen aufgedeckt und neue Verhaltensmuster entwickelt.

Der Ursprung nicht erwachsener Reaktionen liegt in der NICHT O.K.-Anschauung des Kindheits-Ichs. Mit dieser (unbewussten) Einstellung „liest" man in die Kommunikation etwas hinein, das eigentlich gar nicht enthalten war:

„Wo hast du die Steaks gekauft?"

„Warum? Sind sie nicht in Ordnung?"

Die unpassende Reaktion des Partners kommt nicht von dem Ich-Zustand, an den die Botschaft adressiert war, sondern von einem anderen Ich-Zustand des Partners.

Haben Dienstleister die Grundeinstellung „ich bin o.k. – du bist o.k.", sehen sie auch Konflikte nicht als Bedrohung (mit der Folge kindlich oder elternhaft zu reagieren), sondern gehen souverän damit um, agieren auf „gleicher Augenhöhe".

Aber auch in unkritischen Situationen lohnt sich eine Eingehen (pacing) auf den Kunden: Studien stellten fest, dass Kellnerinnen die eine Bestellung nicht nur notieren, sondern diese wörtlich wiederholen, bis zu 70% mehr Trinkgeld bekommen.[350]

---

[349] Mohr, Günther: Coaching und Selbstcoaching mit Transaktionsanalyse, 2008.
[350] Neubarth, Achim: Lobkultur und Feedback im Unternehmen, 2011.

(7) Übung: Service from the heart

Listen
Empathise
Apologise
Respond
No Delay

Video Ken Blanchard/ Barbara Glanz: the simple truth of service Johnny the Bagger (You-Tube)

- Video im Plenum zeigen, anschließend aufteilen in Kleingruppen
- Was bedeutet es für Sie, dass eine hervorragende Dienstleistung „aus dem Herzen kommt"?
- Was sind die typischen „moments of truth" (prägende Eindrücke) mit Ihren Kunden?
- Welche Art von Kunden haben Sie, was sind deren (sachlichen) Interessen und (emotionalen) Bedürfnisse?
- Kreieren Sie Ideen für „a personal signature/a personal touch" für diese Augenblicke
- Planen Sie für sich persönlich, mit welchen (kleinen) Schritten Sie das umsetzen wollen

Tipps von Barbara Glanz:[351]

- Know your customers (**l**isten)
- Think outside the box (**e**mpathise)
- Surprise your customers (**a**pologise)
- Go the extra mile for them (**r**espond)
- Make it appropriate (**no** delay)

In ihren Seminaren pinnt sie die Flipcharts an die Wände mit ihren wichtigsten Botschaften und Skizzen. Und zum Abschluss bekommt jeder Teilnehmer eine Art Visitenkarte mit der Aufschrift „thank you for CARE-ing" und auf der Rückseite „spread contagious enthusiasm – pass it along!" mit der Bitte das an Dienstleister weiterzugeben, mit denen man sehr zufrieden war.

Für den deutschen Geschmack wirkt die Story von Glanz etwas larmoyant und der Auftritt von Barbara als typischer US hype. Man bedenke aber, das IBM die „Signature Selling Methode" weltweit einsetzt, indem es sie in die jeweiligen kulturellen Gepflogenheiten übersetzt.

---

[351] Barbara Glanz: CARE Packages for the Workplace, dozens of little things you can do to regenerate spirit at work New York 1996; s.u. Kap. 1.5.5

(8) Übung: Umgang mit Beschwerden

> Ma: Guten Tag, Spedition Schneck, mein Name ist Unützer.
> Kd: (aggressiver Tonfall) Sie glauben wohl, Sie können mich verarschen. Das mache ich nicht mehr mit. Ihr Verein ist ja wirklich das hinterletzte und wenn das weiter nicht funktioniert, mache ich Sie Tussi höchstpersönlich für meine Geschäftsausfälle verantwortlich!!
> Ma: (laut protestierend) Heh Moment mal, mäßigen Sie gefälligst Ihren Tonfall!!
> Kd: Ich mich mäßigen, von so 'ner inkompetenten Ignorantin wie Ihnen lass ich mir gar nix sagen!!
> Ma: (aufgeregt und verunsichert) Also so geht das nun wirklich nicht! Jetzt sagen Sie mir mal in aller Ruhe was los ist oder ich lege auf.

Diagnose:

* z.B. der Kunde will offensichtlich Dampf ablassen …
* …
* …

Lösungsvorschläge:

* …
* …

Tipps:

Seien wir ehrlich; keiner mag Kritik. Allerdings steigert eine falsche Reaktion auf die Beschwerde des Kunden die Kundenunzufriedenheit massiv und verhindert das Lernen aus Fehlern. Die Art der Reaktion sollte deshalb eine sachliche Klärung des Problems und eine schnelle Problemlösung ermöglichen.

Das klappt nur, wenn ein „*Reframing*" stattfindet, d.h. „den begrifflichen und gefühlsmäßigen Rahmen, in dem eine Sachlage erlebt und beurteilt wird, durch einen anderen zu ersetzen"[352] (z.B. „Feedback is breakfast for champions").

Und wenn es gelingt die Auseinandersetzung auf gleiche Augenhöhe zu heben: also nicht von „oben herab" oder „untertänig buckeln", sondern von ‚ER' zu ‚ER' (s. TA Übung 6).

---

[352] Watzlawick, Paul: Lösungen, Bern 1988; Kap.8
s.a. Birkenbihl on Service, 2005, S.68ff

(9) Übung: Wertschöpfung

Value chain Music Industry

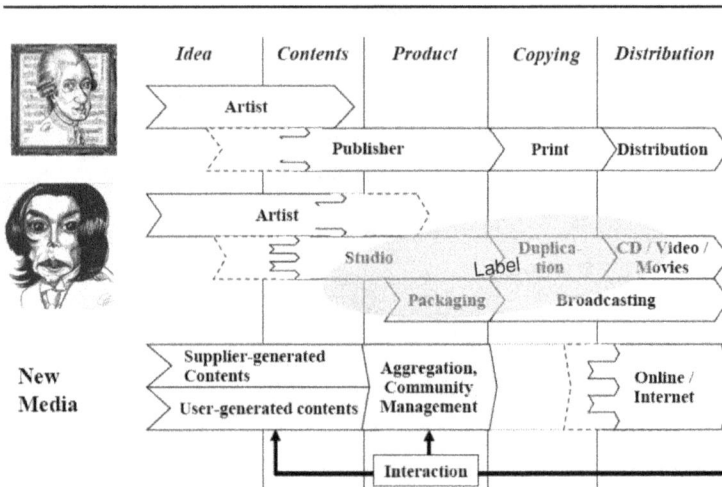

Eine Gruppenarbeit, die großen Anklang findet, weil das Thema viele bewegt.

Thema: Veränderung der *Musikbranche* gestern – heute – morgen; wie haben Sie es selbst erlebt, was sagen die Fakten?

Fakten:[353]

- in former times: artist = content, publisher = power
- until now: artist + studio = content, label = power
- tomorrow: Internet = platform; On-Demand-Streaming

Die Major-Labels Universal Music Group, Sony BMG, EMI Group, Warner Music Group profitieren sogar von der neuen Situation. Ihr Anteil an der Wertschöpfung stieg von 31 auf 48% und die Künstler verdoppeln gar ihren Anteil! Zudem haben jetzt auch kleine Labels mehr Chancen durch Verträge mit iTunes-Store.

iTunes-Store wurde bereits 2008 mit 10% des Gesamtumsatzes von Apple gewichtiger als die iPhone-Verkäufe: Downloads im Wert von 3,34 Mrd $. (2007 2,5 Mrd);[354] Künstler und Labels verdienten dort seit Start 4 Mrd $! Apple verkündete 2/2010 den 10milliardsten mp3-Verkauf;

Anteil Downloads am Gesamtumsatz der Musikindustrie: USA 40%, Eu 15%;

Umsatzplus Musik-Downloads D 34%

2004–2009 wuchs Internetumsatz weltweit um 940% (allerdings ging Gesamtumsatz u.a. wegen illegaler Downloads um 30% zurück)

---

[353] Gerd Leonhard/David Kusek: The future of music - a manifesto for the digital music revolution, in: Wired Magazine (e-Book Kindle Jan 2009); Cebit 2010

[354] Allerdings „explodierte" dann der Verkauf von iPhones geradezu (20,3 Mio. Stück in Q1, 2011); s.a. Fn 157, 258.

(10) Übung: Blueprint

Case: 100 Yen Sushi House Layout

- Prepare a service blueprint for the 100 Yen Sushi House.
- What features differentiate 100 Yen Sushi House and how do they create a competitive advantage?
- How has the 100 Yen Sushi House incorporated the just-in-time system into its operations?
- Suggest other services that could adopt the 100 Yen Sushi House service delivery concept.

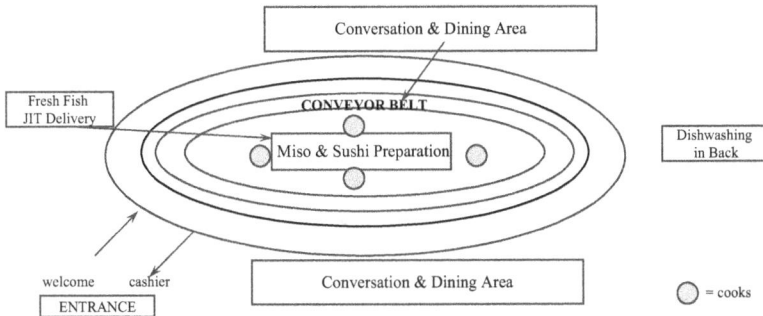

Prepare a service blueprint for the 100 Yen Sushi House[355]

What features differentiate 100 Yen Sushi House and how do they create a competitive advantage?

How has the 100 Yen Sushi House incorporated the just-in-time system into its operations?

Suggest other services that could adopt the 100 Yen Sushi House service delivery concept.

Hotel guest touch points:

Are they planned? Managed? Documented?

Are all „touchers" properly trained? Enroll your complete staff in the vision.

Any way to increase the effectiveness of the touch?

Any way to increase the number of touches?

- Erfassung der *Prozessschritte* in Tabelle, Flowchart
- Blueprint als Instrument für Planung und Kontrolle von DL-Prozessen:
  - alle Kundenkontaktpunkte werden in zeitlicher Reihenfolge horizontal abgebildet; damit wird der Kundenpfad visualisiert
  - mit der „line of visibility"(Wahrnehmungslinie) werden die unternehmensinterner Prozesse in kundensichtbare und in unsichtbare Aktionen abgegrenzt (back-office/back-stage)
  - die „externe Interaktionslinie" zeigt die Schnittstellen zwischen Kunden (Prosumer) und Dienstleister
  - die „interne Interaktionslinie" grenzt Aktivitäten innerhalb des Unternehmens ab.

Wenn sich die Teilnehmer gruppenweise auf ihr eigenes Dienstleistungsunternehmen zuordnen lassen, bietet es sich an, sie Blueprints *dafür* zeichnen zu lassen.

---

[355] Fitzsimmons (2008, p.83f.)

(11) Übung: Prozessoptimierung im Restaurant

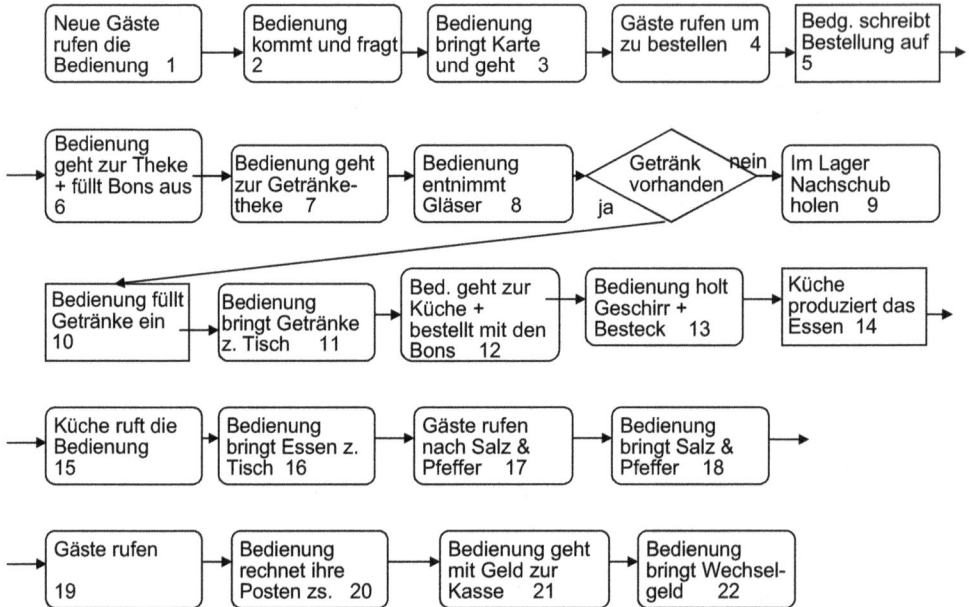

Neue Gäste rufen die Bedienung 1	Bedienung kommt und fragt 2	Bedienung bringt Karte und geht 3	Gäste rufen um zu bestellen 4	Bedg. schreibt Bestellung auf 5

Bedienung geht zur Theke + füllt Bons aus 6	Bedienung geht zur Getränke- theke 7	Bedienung entnimmt Gläser 8	Getränk vorhanden *nein* / *ja*	Im Lager Nachschub holen 9

Bedienung füllt Getränke ein 10	Bedienung bringt Getränke z. Tisch 11	Bed. geht zur Küche + bestellt mit den Bons 12	Bedienung holt Geschirr + Besteck 13	Küche produziert das Essen 14

Küche ruft die Bedienung 15	Bedienung bringt Essen z. Tisch 16	Gäste rufen nach Salz & Pfeffer 17	Bedienung bringt Salz & Pfeffer 18

Gäste rufen 19	Bedienung rechnet ihre Posten zs. 20	Bedienung geht mit Geld zur Kasse 21	Bedienung bringt Wechsel- geld 22

Aufteilen der Teilnehmer in Kleingruppen mit der Aufgabe diesen umständlichen, gleichwohl oft zu findenden Ablauf zu optimieren.

Tipps:

Eliminieren: 1, 3, 4, 21, 22

Reihenfolge ändern: 3,13,18

Verschmelzen: 2+3, 5+6, 20+22

Automatisieren: 5, 6,12, 20 (PDA, Chipkarte)

Beschleunigen: 2, 4,12,15, 19–22

In der Gastronomie ist Rumstehen und Rumlaufen leider typisch, so dass der Blickkontakt zum Gast zu kurz kommt. Aber noch mehr profitiert der Wirt von der Optimierung: ohne mehr Personal einzusetzen ist eine Kapazitätserhöhung von 50 auf 80 Gäste möglich (20 Tische mit 3–4).

(12) Übung zu GPO

GPO: vorher

So sah z.B. der Kreditverkaufsprozess früher aus!

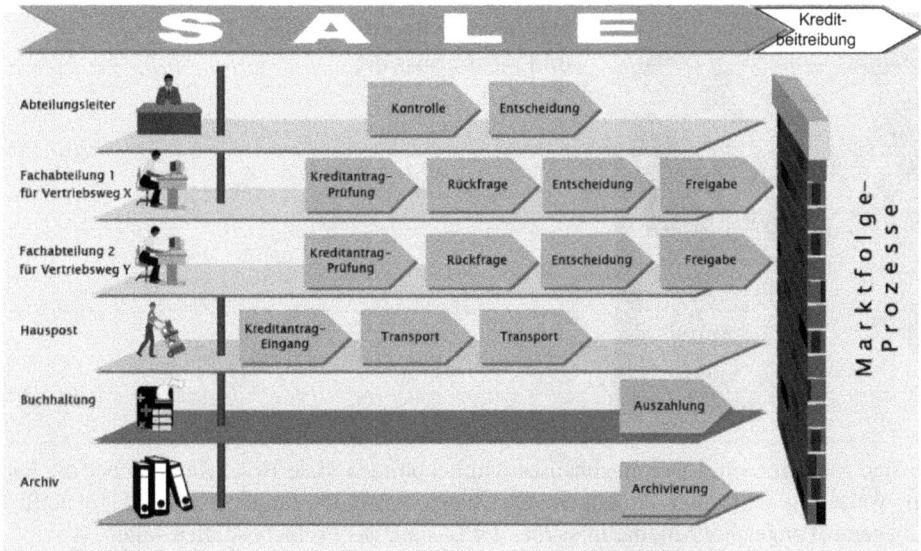

Banken zeichnen sich durch das bürokratische 8-Augenprinzip bei Kreditentscheidungen aus, so dass am Ende auf einem Kreditantrag oft bis zu 6 Unterschriften stehen. Das verlängert die Bearbeitungsdauer auf etwa zwei Wochen (mit einer wertschöpfenden Arbeit von gerade 90 Minuten). Dabei entscheiden die Vorgesetzten aufgrund der gleichen Aktenbasis, sind also nur Flaschenhals im Prozess und bringen keinen Mehrwert. Die Zersplitterung der Organisation in Fachabteilungen verlängert nicht nur die Durchlaufzeit, sondern verhindert mit ihren „Mauern", dass die Kreditvergeber die Rückzahlungsdisziplin der Kunden mit bekommen. Kein Wunder, dass Banken auf vielen faulen Krediten im Immobiliengeschäft sitzen blieben.

Fordern Sie Ihre Teilnehmer auf für den Kreditvergabeprozess eine Geschäftsprozessoptimierung (GPO) durchzuführen.

Tipp:

Easycredit von Noris mit Workflow und Risikomanagement: Kreditentscheidung online in 30 Sek![356]

---

[356] siehe auch Hammer/Champy: Reengineering the corporation, 1993, chapt.2

(13) Übung: Warten am Lift

Verfügbarkeit
des Aufzuges:

Man fordert den Aufzug an
und nichts passiert

Sie sind Manager eines Bürohochhauses und bekommen viele Beschwerden über die langen Wartezeiten an den Aufzügen. Sie haben deshalb einige Firmen für Facility-Management angesprochen, die Ihnen bei der Lösung des Problems helfen sollen.
Das Gebäude hat 40 Stockwerke und zwei Treppenhäuser mit je 4 Aufzügen. Es ist belegt von verschieden großen Firmen unterschiedlicher Branchen.
Vergeben Sie beim Erstgespräch den Auftrag bewusst mit keinen weiteren Informationen (zwischen Tür und Angel, weil Sie zu Ihrem Vorstand müssen) nur an die Projektleiter; beruhigen Sie gegebenenfalls diese Auftragnehmer damit, dass Sie in der ersten Projektteamsitzung (hier ca. in 10 Minuten) nochmals zur Verfügung stünden, falls noch Fragen aufkommen sollten. Auch in der zweiten Gesprächsrunde halten Sie sich mit klaren Aussagen möglichst bedeckt.

Arbeitszeit für die Projektteams 40 Min, anschließend präsentieren die Projektleiter ihre jeweilige Lösung im Wettbewerb zueinander.

Sublime Auswertung:

Eine typische Gefahr bei Projekten ist, die falschen Probleme präzise zu lösen (und damit noch mehr schwere Probleme zu schaffen). Die Ursache liegt darin, wie Individuen und Organisationen überhaupt Probleme formulieren. Damit werden bereits Weichen in eine ganz bestimmte Richtung gestellt und andere Perspektiven und Lösungsoptionen ausgeblendet.

Das Aufzugproblem ist ein klassisches Beispiel dafür, wie aufgrund des Vorverständnisses von Problemen die Problemkomplexität vergewaltigt und der Lösungsraum beschränkt wird. Nach dem Motto: wenn man als Werkzeug nur den Hammer kennt, wird man jedes Problem wie einen Nagel betrachten.

Tipp: Never accept a single definition of an important problem![357]

(hier die simple, „selbstverständliche" Vermutung, das Problem liege im Gebäude)

Erster Schritt: Hinterfragen des Kunden

Ist das Problem überhaupt ein Problem? Besteht Handlungsbedarf? Warum?

Ist ein Projekt „not" – „wendig"? (viele Projekte wären besser nie begonnen worden)

Gibt es Zahlen, Daten, Fakten für eine begründete Entscheidung?

Der seriöse Projektleiter wird die Wahrnehmung, Definition, Modifikation und Diffusion von Problemen innerhalb einer Organisation hinterfragen.

Zweiter Schritt: nicht nur den nächstliegenden und mächtigsten Stakeholder betrachten

Denn ein typischer Fehler ist, den Auftraggeber zu umschmeicheln und den Nutzer zu vergessen.

Tipp: Never assume that others will see a situation as you do!

Ein praktisches Beispiel, dem gerecht zu werden, ist das sog. Issue-Management (z.B. bei CIBA; Los Angeles Police Department), d.h. die Interessen betroffener Zielgruppen werden als besondere Frage behandelt.

Dritter Schritt: Aufspannen verschiedener Lösungsoptionen

Beim Aufzugproblem wird der Unterschied der Problemformulierung und Lösungswege eklatant. Die technische Perspektive ist die „korrekte", die psychologische Perspektive ist die „passende". Das Problem ist nämlich nicht die objektive Wartezeit, sondern die subjektive. Die technische Lösung löst also das falsche Problem präzise. Zeit hat, argumentieren Zeitforscher, eine antihedonistische Tendenz: je mehr sich jemand wünscht, sie möge schnell vergehen, desto länger scheint sie sich zu dehnen. Andererseits sind Menschen durchaus gerne bereit, zu warten.

---

[357] Mitroff, Ian: Smart thinking for crazy times, the art of solving the right problems, San Francisco 1998

(14) Übung: Ishikawa-Diagramm

Cause-and-Effect Chart for Flight Delay (Fishbone Chart)

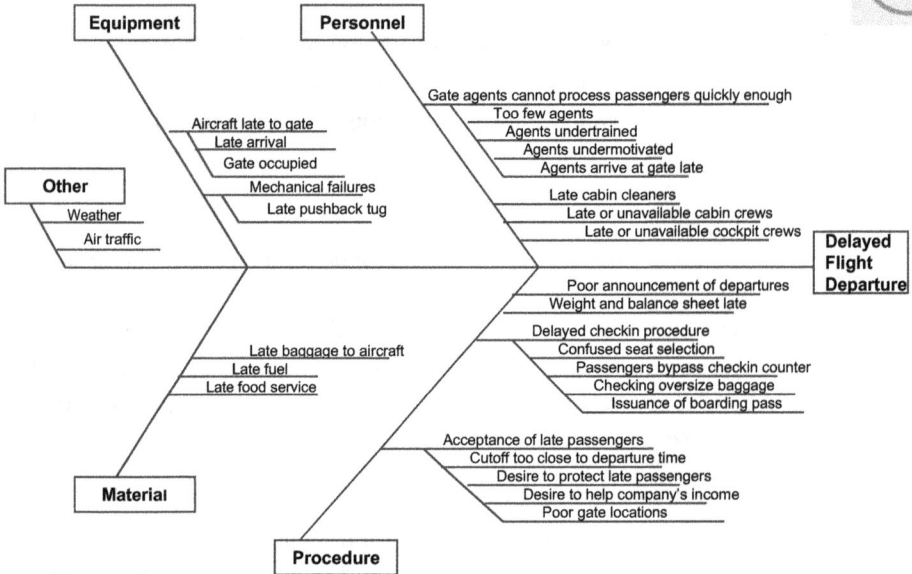

Kleingruppenarbeit:

Zeichnen Sie ein Ishikawa-Diagramm zu einem drängenden Problem Ihres Dienstleistungs-unternehmens (z.B. Verspätungen, Wartezeiten). Tipp: die „7M" als Haupteinflussgrößen = Mitarbeiter, Manager, Material, Maschine, Methode, Milieu, Money.

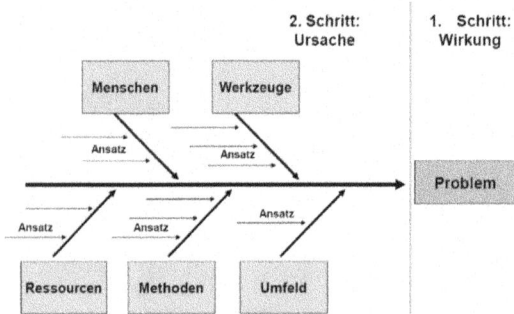

Das Ursache-Wirkungs-Diagramm ist ein schnell einsetzbares, wirksames Werkzeug zur systematischen Ursachenforschung und Lösungsfindung im Team.[357]

---

[357] s. unser Kap. 2.7 und Obermann/Schiel: Trainingspraxis, 1997, S.390f

(15) Übung zu SCM

Bullwhip-Effekt

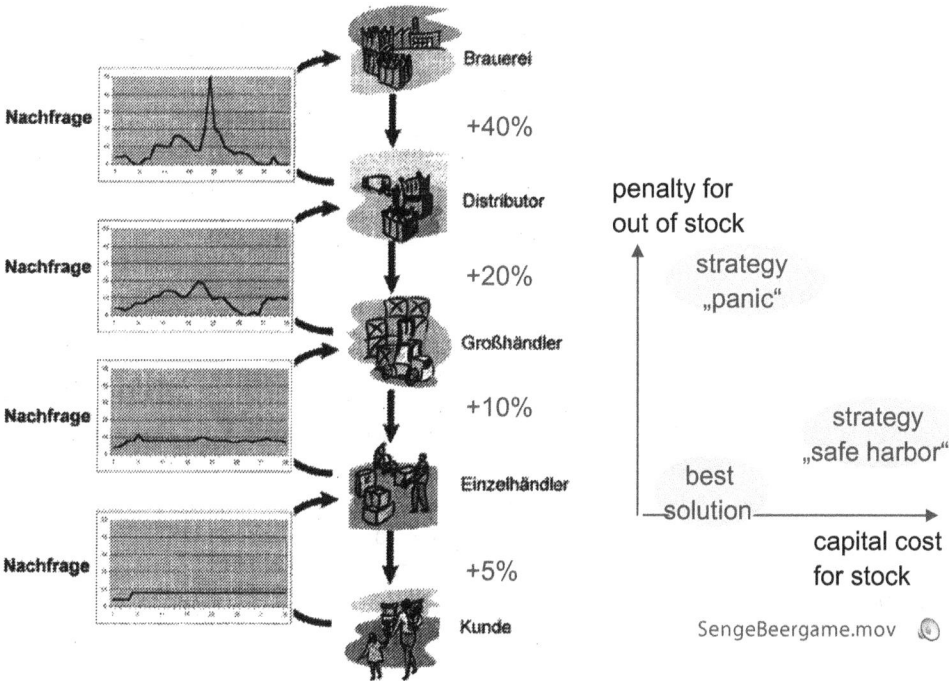

Das Beergame ist eine Simulation, in der die Spieler verschiedene Rollen in der Supply-Chain übernehmen: Einzelhändler, Großhändler, Verteiler, Brauerei. Sie versuchen dabei den Informations- und Lieferfluss so zu managen, dass keine unnötigen Kosten und Lieferrückstände entstehen. Das Spiel wurde vom MIT zum Managementtraining entwickelt und ist online verfügbar unter www.beergame.lim.ethz.ch

Auswertung:

Die Simulation lässt sehr gut den sog. „Peitschenschlageffekt" (bullwhip effect) erleben, d.h. die zunehmenden Schwankungen der Nachfrage in den stromauf gelegenen Stufen der Supply Chain durch Lieferverzögerung und Engpasspoker.

Wenn die Zeit fehlt, diese sehr lehrreiche Simulation durchzuspielen, ist es eine schöne Abwechslung die Originalstimme von Peter Senge zum typischen Ablauf dieses Beergames zu hören.[358]

---

[358] Peter Senge: The fifth discipline Audiobook ISBN 978-0553456349
s.a. Senge (1992) ch. 3; Laudon (2010) ch.9; s. unser Kap. 2.6.2

(16) Übung: Vision & KPI

Vision	shape for the future	deliver top project performance	optimize the product portfolio	build new businesses	develop a 1st class team & performance
Strategic targets	Kosten-reduktion, Kapazitäten	Gewinnmargen, Null Fehler, on time delivery	stars & cash cows, paretooptimal	leads	performance management system
Key success factors					

Kleingruppenarbeit:

Ziel ist im Team ein gemeinsames Selbstverständnis zu erarbeiten mit den Fragen „Wozu gibt es uns überhaupt? Welche Botschaft wollen wir dem Kunden vermitteln? Was bieten wir besonderes?" Damit soll das „größte chronische Problem" (Covey) von Menschen und Organisationen angegangen werden: weg vom bloß ereignisgetriebenen hin zu einem sinn- und prinzipiengesteuerten Handeln.

Zweiter Schritt ist das „Erden" der Ambitionen, also die Beantwortung der Frage wie man diese realistisch umsetzt in messbare Ziele, Maßnahmen und Mittel. (Tipp: Napoleon holte seine Generäle von den Höhenflügen ihrer Strategien mit der nüchternen Frage, wie viel Pferde man wohl dafür brauche).[359]

Zitate:

„Leadership is vision" (Peter Drucker); „Wenn Du ein Schiff bauen willst, trommle nicht Männer zusammen um Holz und Werkzeuge zu beschaffen oder die Arbeit einzuteilen, sondern lehre sie die Sehnsucht nach dem endlosen, weiten Meer" (Antoine de St Exupéry); „I have a dream" M.L.King; „Offenheit, Optimismus, Führung" (Perikles Athen vor 2500 J.); „Volks"wagen (Ferdinand Porsche); „encircle Caterpillar" (Komatsu), „third screen after TV & Laptop" (iPhone), „the artificial intelligence factory" (Google); „a vision provides focus and energy for learning and creative tension" (Peter Senge)

---

[359]   Malik, Fred: Führen, Leisten, Leben, 2001, S.22. Peter Senge: The 5th discipline, 1992, ch.11; Frankl, Viktor: Der Mensch vor der Frage nach dem Sinn, 1983. Covey, Stephen: First things first, 1994, chap.5. Tichy, Noel: Regieanweisung für Revolutionäre, 1995, S.80. Roam, Dan: The back of the napkin, solving problems & selling ideas with pictures, 2008, p.117f. Belasco, James: Teaching the elephant to dance 1990

(17) Übung: SWOT-Analyse

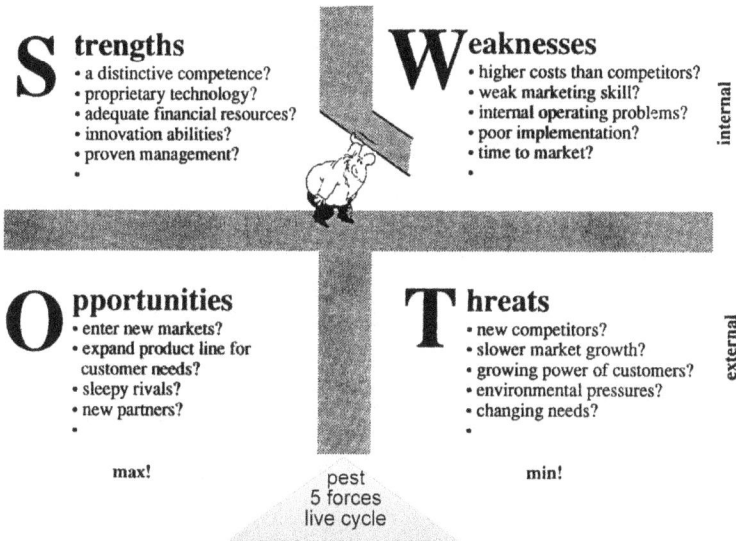

S trengths
- a distinctive competence?
- proprietary technology?
- adequate financial resources?
- innovation abilities?
- proven management?
- •

W eaknesses
- higher costs than competitors?
- weak marketing skill?
- internal operating problems?
- poor implementation?
- time to market?
- •

internal

O pportunities
- enter new markets?
- expand product line for customer needs?
- sleepy rivals?
- new partners?
- •

T hreats
- new competitors?
- slower market growth?
- growing power of customers?
- environmental pressures?
- changing needs?
- •

external

max!   min!

pest
5 forces
live cycle

Kleingruppenarbeit:

Entwickeln Sie im Team eine SWOT-Analyse Ihres Unternehmens indem Sie den vier Quadranten Stärken, Schwächen, Chancen und Risiken (Bedrohungen) zuordnen.

In einem zweiten Schritt geht es um die Querverbindungen der Quadranten: Welche Schwächen müssen eliminiert werden, um Bedrohungen abzuwehren? Welche Risiken unterminieren die Stärken? Wie können Stärken besonders wirksam für Chancen werden? Wie verhindern Schwächen das Nutzen von Chancen?[360]

---

[360] Schawel/Billing: Top 100 Management Tools, 2009, S.182. Kotler, Philip: Marketing Management, 2007, S.102.

(18) Kreativitätsübung

Verbinden Sie die 9 Punkte mit 4
Geraden ohne abzusetzen

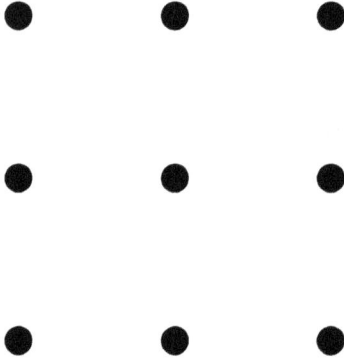

●   ●   ●

●   ●   ●

●   ●   ●

Individualübung:

Jeder Teilnehmer soll für sich auf einem Blatt Papier die Lösung versuchen. Da diese Kreativitätsübung sehr populär ist, empfiehlt es sich zu fragen, wer diese bereits kennt und diesen Teilnehmern eine der Folgeübungen zu geben.

Der große Lerneffekt dieser Übung ist das „out of the box-Denken" (über die selbst imaginierten Grenzen hinaus) und das Fassen von Mut, Grenzen überhaupt zu überschreiten (vgl. die Regel für Intrapreneure von Pinchot „Komme täglich zur Arbeit mit der Bereitschaft, Dich feuern zu lassen")[361]

Weiterführende Übungen:

(2) Verbinde die neun Punke mit drei Geraden!

(3) … mit 3 Geraden ohne abzusetzen!

(4) … mit 1 Linie ohne Ecken!

(5) … mit 1 Geraden!

(6) Verbinde 12/16 Punkte mit 5/6 Geraden ohne abzusetzen!

Tipp: verknüpfen Sie diese Übung mit unserem Beispiel Ikea (Kap.3.3.3. Fn 255): zeichnen Sie eine Gießkanne und stapeln Sie 1 Dtzd. davon in 1 Kiste

---

[361] De Bono, Edward: de Bonos neue Denkschule, kreativer denken, effektiver arbeiten, mehr erreichen, 2010

(19) Übung: Anforderungsprofil

z.B.	zu wenig	lo	mid	hi	excel	zu stark
1. Fachkompetenz						
1.1 Fachkenntnisse general.	Einseitig					oberflächlich
1.2 Fachkenntnisse tief	keine spez.					Fachidiot
1.3 „Szenen"erfahrung	greenhorn					Guru
1.4 fundierter Background	ohne Grad					Forschertyp
1.5 selling	brav					aufdringlich
2. Methodenkompetenz						
2.1 Präsentation	einschläfernd					Feuerwerk
2.2 persönl. Arbeitstechnik	chaotisch					bürokrat.
2.3 Terminsicherheit						
2.4 Projektmanagement						
3. Sozialkompetenz						
3.1 Kommunikation extravert.	Introvertiert					Hansdampf
3.2 Interaktion, Kooperation	autistisch					Betr.nudel
3.3 Sensibilität für Reaktionen	ignorant					brutal offen
3.4 Motivieren, Stimulieren						gr. Zampano
4. Persönliche Kompetenz						
4.1 Leistungsmotivation	lazy					workaholic
4.2 Stressresistenz	fragil					rigide
4.3 Integrität	tricky					dogmatisch
4.4 Lernfähigkeit	festgefahren					butterfly

Typische Situation:	Action:	Resultat:

Kleingruppenübung:

Entwerfen Sie ein differenziertes, konkretes, realistisches Anforderungsprofil Ihrer eigenen Stelle. Dabei ist nicht die Stelle/Position, sondern die sich stellende Aufgabe, der Auftrag gründlich und gewissenhaft zu durchdenken und welche speziellen Stärken dafür erforderlich sind! Nutzen Sie die Taxonomie („Kompetenzen") und die 6-stufige Ankerskala des obigen Beispiels. Suchen Sie außerdem erfolgskritische Situationen (critical incidents), in denen sich erfolgreiches Verhalten von nicht erfolgreichem differenzieren lässt („Targeted Selection").[363]

---

[363] s.u. Kap. 3.5.1

Abkürzungsverzeichnis

B2B	=	Business to Business (Geschäftskunden)	KPI	=	Key Performance Indicators
B2C	=	Business to Customer (Endkunden)	ÖPV	=	Öffentlicher Personennahverkehr
BSP	=	Bruttosozialprodukt	OLA	=	Operational Level Agreement (SLA)
CRM	=	Customer Relationship Management			
DB	=	Datenbank	PDCA	=	Plan, Do, Check, Act
DL	=	Dienstleistung	PE	=	Personalentwicklung
EBIT	=	Earnings before Interests & Tax	POS	=	Point of Sales
FTE	=	Full Time Employee/Equivalent	ROI	=	Return on Investment
FTL	=	Frequent Traveler	s.a.	=	siehe auch
GPO	=	Geschäftsprozessoptimierung	SCM	=	Supply Chain Management
HBR	=	Harvard Business Review	SLA	=	Service Level Agreement
HRM	=	Human Resource Management	SSME	=	IBM Service Science, Management & Engineering
IAZ	=	Individuelles Arbeitszeitmodell			
JiT	=	Just in Time	SZ	=	Süddeutsche Zeitung

Abbildungsverzeichnis

Literaturverzeichnis

Ahlert, Dieter: CRM im Handel, Heidelberg 2002

Akerlof, George/Shiller, Robert: Animal Spirits, wie Wirtschaft wirklich funktioniert, Frankfurt/New York 2009

Albrecht, Karl/ Zemke, Ron: Service America, Grand Central 1990

Ansoff, Igor: The new corporate strategy, New York 1988

Ariely, Dan: Fühlen nützt nichts, hilft aber; warum wir uns immer wieder unvernünftig verhalten, München 2010

Bandler, Richard/Donner, Paul: Die Schatztruhe, NLP im Verkauf, Paderborn 1999

Barlow, Janelle/Möller, Klaus: Eine Beschwerde ist ein Geschenk, der Kunde als Consultant, Landsberg 1996

Barney, Jay: Gaining and sustaining competitive advantage, New York, 2007

Bateson, Gregory: Ökologie des Geistes, Frankfurt 1985

Bergmann, Katja: Angewandtes Kundenbindungsmanagement, Frankfurt 1998

Berry, Leonard: On great service, a framework for action, New York 1995

Biermann, Thomas: Kompakttraining Dienstleistungsmanagement, Herne 2006

Birkenbihl, Vera: Birkenbihl on Service, Berlin 2005

Boudreau, John/Ramstad, Peter: Beyond HR, the new science of human capital, Boston 2007

Brandes, Dieter: Konsequent einfach, die Aldi-Erfolgsstory, Frankfurt 1998.

Bruhn, Manfred: Qualitätsmanagement für Dienstleistung, 2006

Bryson, John/Daniels Peter: Service worlds, people, organisations, technologies, New York 2003

Buzan, Tony: Kopftraining, München 1993

Buzan, Tony: Use Your Head, London 1974

Cable, Dan: Change to strange, Wharton 2007

Carlzon, Jan: Alles für den Kunden, Frankfurt 1989

Carnegie, Dale: Besser miteinander reden, Frankfurt 2008

Cialdini, Robert: Die Psychologie des Überzeugens, Bern 2002

Cohen, David: The talent edge, a behavioral approach to hiring, developing and keeping top performers, Hoboken 2001

Collin, James/Porras, Jerry: Built to last, Harper 2004

Covey, Stephen: The 7 habits of highly effective people, first things first, New York 1994

Davenport, Thomas/John Beck: The attention economy, understanding the new currency of business, Boston, 2001

DeMarco, Tom: People Ware, New York 1999

Dörner, Klaus: Der gute Arzt, Stuttgart 2001

Drucker, Peter: Dienstleister müssen produktiver werden; in: Harvard Manager 2/2002, S.64

Drucker, Peter: The Practice of Management, New York, 1954

Elliot, Jay/Simon, William: The Steve Jobs way, iLeadership for a new generation, New York 2011

Ferriss, Timothy: Die 4-Stunden-Woche, mehr Zeit, mehr Geld, mehr Leben, München 2011

Festinger, Leon: A Theory of Social Comparison Processes, 1954

Fitzsimmons; James: Service management, operations, strategy, IT, New York 2008

Foscht, Thomas/Swoboda, Bernhard: Käuferverhalten, Wiesbaden 2005

Franck, Georg: Ökonomie der Aufmerksamkeit, München (dtv) 2007

Freiberg:, Kevin Nuts, Southwest Airline's crazy recipe for business & personal success, New York 1996

Friedman, Thomas: The world is flat, release 3.0, New York 2007

Gallup: Manage your Human sigma, Princeton 2007

Gálvez, Cristián: Du bist, was Du zeigst, Erfolg durch Selbstinszenierung, München 2007

Garrat, Bob: The fish rots from the head, New York 1997

Glanz, Barbara: CARE Packages for the workplace, dozens of little things you can do to regenerate spirit at work, New York 1996

Goffman, Erving: Wir alle spielen Theater, die Selbstdarstellung im Alltag, München 2009

Gris, Richard: Die Weiterbildungslüge, Frankfurt 2008

Hamel, Gary/ Prahalad, C.K: The core competence and the corporation, in: HBR 5/6 1990, p.79ff.

Hamel, Gary/Prahalad, C.K: Wettlauf um die Zukunft, Wien 1994

Heath, Chip: Made to stick, why some ideas survive and others die, New York 2007

Herzberg, Frederick: The motivation to work, New York 1959;

Hofstetter, Helmut/Strutz, Hans: Strategie des Personalmarketing, die Attraktivität des Unternehmens als Arbeitgeber, Wiesbaden 1992

Hofstetter, Helmut: Die Leiden der Leitenden, Köln 1988

Horovitz, Jacques: Die 7 Geheimnisse erfolgreicher Service-Strategie, Prentice Hall 2000

Horovitz, Jacques: Service entscheidet, München 1995

Hussey, David: The implementation challenge, Chichester 1996

Iacobucci, Dawn: Mapping the world of customer satisfaction; in: HBR 5/6, 2000, p.30ff.

IBM: Attracting, developing & retaining top talent; Global workforce summit, 2007

IBM: Global CEO Study 2010, ibm.com/services/de

Jackson, Brad: Management gurus and fashion, London 2001

Jacobi, Simone: Personalmanagement in transnationalen Dienstleistungsunternehmen, München 2009

Jöns, Ingela/Bungard, Walter (Hg): Feedbackinstrumente im Unternehmen, Wiesbaden 2005

Jordan Evans/Kaye: Love 'em or lose 'em, getting good people to stay, San Francisco 2008

Kamin, Maxine: Customer Service Training, ASTD, Alexandria 2003

Kaplan, Robert/Norton, David: Balanced Scorecard, Stuttgart 1997

Kaplan, Robert/Norton, David: Der effektive Strategieprozess, erfolgreich mit dem 6-Phasen-System, 2009

Katzenbach/Smith: The wisdom of teams, creating the high-performance organization, HBS 1993

Ken Blanchard Companies: The leadership profit-chain, in: Perspectives 2006

Kersten, El: The Art of Demotivation, Austin 2005

Kim, Chan: Blue Ocean Strategy, how to create uncontested market space and make the competition irrelevant, New York 2005

Kirkpatrick, Donald: Evaluating training programs, the four levels, New York 2006

Kober, Jeff: The Wonderful World of Customer Service at Disney, Kindle Ed 2009

Kotler, Philip/Bliemel, Friedhelm: Marketing Management, Stuttgart 2001

Kühl, Stefan: Wenn die Affen den Zoo regieren, Frankfurt 1998

Kuss, Alfred/Tomczak, Torsten: Käuferverhalten, Stuttgart 2007

Lanham, Richard: The economics of attention, style and substance in the age of information, Chicago 2006.

Laudon, Kenneth: Management Information Systems, New Jersey 2010

LeRoux, Paul: Visual Selling, Wiley 2007

Likierman, Andrew: The 5 traps of performance management; in: HBR 10/2009, p.101

Lindstrom, Martin: Buy-ologie, warum wir kaufen, was wir kaufen, Frankfurt 2009

Locke, E./Latham, G: A theory of goal-setting and task performance, Englewood Cliffs, 1990

Luhmann, Niklas: Zweckbegriff und Systemrationalität, Frankfurt 1973

Malik, Edmund: Führen, Leisten, Leben, München 2001

Marriott, Bill: The Spirit to Serve, New York 1997

Maturana, Humberto/Varela, Francisco: Der Baum der Erkenntnis, München 1987

Mewes, Wolfgang: Mit Nischenstrategie zur Marktführerschaft, Zürich 2000

Meyer, Anton (Hrsg.): Handbuch Dienstleistungsmarketing, Stuttgart 1998

Mintzberg, Henry: Manager statt MBA, eine kritische Analyse, Frankfurt 2005

Mintzberg, Henry: Strategy Safari, eine Reise durch die Wildnis des strategischen Managements, Frankfurt 1999

Mintzberg, Henry: The manager's job, folklore and fact; in: HBR 7/8/1975

Mintzberg, Henry: The rise and fall of strategic planning, New York 1994

Neuberger, Oswald: Mikropolitik, Stuttgart 1995

Obermann, Christof/Schiel, Frank: Trainingspraxis, Stuttgart 1997

Parasuraman, Berry: A conceptual model of service quality, Journal of Marketing 4/1985, p.41ff.

Payne, Adrian/Rapp, Reinhold: Handbuch Relationship Marketing, München 2003

Pedler, Mike: Action learning in practice, Aldershot 1997

Pepels, Werner: Servicemanagement, Rinteln 2005, S.17

Pfeffer, Jeffrey/Sutton, Robert: The knowing-doing gap, how smart companies turn knowledge into action, Harvard 2000

Pinault, Lewis: Consulting demons, New York 2000

Pink, Daniel: Drive, the surprising truth about what motivates us, Riverhead 2009

Pöhm, Matthias: Präsentieren Sie noch oder faszinieren Sie schon, Heidelberg 2006

Popper: Logik der Forschung, Tübingen 1971

Porter, Michael: Competitive Strategy, New York 1999

Porter, Michael: Wettbewerbsvorteile, Frankfurt 1986

PricewaterhouseCoopers: Global Banking & Wealth Management Survey 2009

Raupold, Claudia: Konsumentenverhalten und Warteschlangen-Management, Hamburg 2009

Revans, Reginald: The origins and growth of action learning, Goch 1992

Ringlstetter, Max et al: Strategien und Management für Professional Service Firms, Weinheim 2004

Roam, Dan : The Back of a Napkin, solving problems and selling ideas with pictures, New York, 2008

Rogers, Carl: On Becoming a Person, London, 1961

Sagan, Carl: Der Drache in meiner Garage, die Kunst der Wissenschaft Unsinn zu entlarven, München 2000

Schein, Edgar: Aufstieg und Fall von DEC, Köln 2006

Schneider, Benjamin/Bowen, David: Winning the service game, Harvard 1995.

Schuh, Günther, et al: Fit für Service, Industrie als Dienstleister, München 2004

Schuler, Heinz: Das Einstellungsinterview, Göttingen 2002

Schuler, Heinz: Die Nutzung psychologischer Verfahren der externen Personalauswahl in deutschen Unternehmen, ein Vergleich über 20 Jahre, in: ZfPerspsy, 2/2007

Schüller, Anne: Endlich erfolgreich durch loyale Kunden, Göttingen 2004

Scott-Morgan, Peter: The unwritten rule of the game, New York 1994

Senge, Peter: The fifth discipline, New York 1993

Shapiro, Eileen: Fad Surfing, Cambridge 1998

Shostack, Lynn: How to design a service; in: Donnelly/George: Marketing of services, Chicago 1981, p. 221ff.

Simon, Hermann: Die heimlichen Gewinner, Frankfurt 1997

Singer, Wolf: Der Beobachter im Gehirn: Essays zur Hirnforschung, Frankfurt 2007

Spencer, Lyle: Competence at work, a model for superior performance, Hoboken 1993

Sprenger, Reinhard: Mythos Motivation, Frankfurt 2002

Stauss, Bernhard: Qualitätsmanagement und Zertifizierung, Wiesbaden 1994

Thompson, Arthur: Strategic Management, concept and cases, New York 2003.

Tobin, Daniel: The knowledge-enabled organization, New York 1998

Ulrich, Dave: Results-based leadership, Harvard 1999

Ulrich, Dave: Strategisches Human Resource Management, München, 1999.

Watzlawick, Paul: Lösungen, zur Theorie und Praxis menschlichen Wandels, München 1988

Watzlawick, Paul: Menschliche Kommunikation, Bern 1971

Watzlawick, Paul: Wie wirklich ist die Wirklichkeit, München 1976

Webster, Frederik/Wind, Yoram: Organizational buying behaviour, Englewood Cliffs 1972

Zeithaml, Valerie/Parasuraman, Berry: Qualitätsservice, was Ihre Kunden erwarten, was Sie leisten müssen, Frankfurt 1995

Stichwortverzeichnis

9 783486 597301